臺灣歷史與文化 研究輯刊

十 編

第 15 冊

高樹客家話語言接觸研究

徐賢德 著

花木蘭文化出版社

國家圖書館出版品預行編目資料

高樹客家話語言接觸研究／徐賢德 著 — 初版 — 新北市：花
木蘭文化出版社，2016〔民 105〕
目 4+218 面；19×26 公分
（臺灣歷史與文化研究輯刊 十編；第 15 冊）
ISBN 978-986-404-796-3（精裝）
1. 客語 2. 比較語言學
733.08 105014944

臺灣歷史與文化研究輯刊
十 編 第十五冊 ISBN：978-986-404-796-3

高樹客家話語言接觸研究

作 者 徐賢德
總 編 輯 杜潔祥
副總編輯 楊嘉樂
編 輯 許郁翎、王筑 美術編輯 陳逸婷
出 版 花木蘭文化出版社
社 長 高小娟
聯絡地址 235 新北市中和區中安街七二號十三樓
電話：02-2923-1455／傳真：02-2923-1452
網 址 http://www.huamulan.tw 信箱 hml 810518@gmail.com
印 刷 普羅文化出版廣告事業
初 版 2016 年 9 月
全書字數 165767 字
定 價 十編 18 冊（精裝）台幣 36,000 元

高樹客家話語言接觸研究

徐賢德 著

作者簡介

徐賢德，民國 64 年生，屏東縣高樹鄉人。臺北市立師範學院語文教育系 86 級畢業，臺北市立教育大學社會科教育研究所 93 年畢業，臺北市立大學中國語文學系博士班 103 年畢業。臺北市國民教育輔導團本土語言輔導員。曾師事簡後聰教授、古國順教授、吳中杰教授，研究領域：客家語言學、台灣南部客家研究、國小客家語教材教法。自小對高樹鄉及其周邊三地門鄉、美濃地區一帶之語言族群及移民源流、義民信仰具有濃厚興趣。

提　　要

　　高樹地區位於屏東縣的最北端，也是六堆地區最晚開發的右堆鄉鎮之一。高樹和美濃隔著荖濃溪而鄰，在乾隆初年，移民自里港武洛跨越荖濃溪、隘寮溪至美濃與高樹開墾。高樹境內的語言由於族群的不同而有明顯的差異，本文就目前現有的研究文獻資料來梳理，從語言與族群遷徙兩大面向來敘述本區的語言分布狀況，以及探討語言現象背後的成因，做出大膽的假設，希望能呈現出較為全面性的一種推論。

　　本文分為以下幾個部分：一、高樹客家話方言點簡介。二、高樹地區客家話的比較。三、高樹地區的語言分布。四、以開發史印證語言與族群分布。五、高樹地區的語言接觸現象。六、語言接觸現象的分析。七、結論。內容討論了當前語言使用狀況與實際上的複雜程度，及其背後所代表的意涵、和居民遷移至此的歷史。並以語言接觸的角度討論閩客語接觸的現象，最後以族群歷史和語言現象的對照，作出兩者之間互相影響的結論。希望能夠將複雜的表面現象，一層一層的解析，還原成更接近原來現實的狀況。

　　漢人（閩、客族群）開發此區域後，經過了兩三百年的族群融合，此地的語言現象和族群分布所呈現的是錯綜複雜的現象，本論文試圖以語言學上的證據，例如語言的分布現況、語言間的差異及語言接觸現象，來對照歷史上客家族群遷徙至此地的開發過程。以高樹境內所具備複雜的語言現象，來印證客家族群移民的歷程；以客家開發六堆的歷程來詮釋複雜的語言現象，乃至於客家族群在六堆開發過程中與其他族群，如：福佬、平埔、高山族之間的相互的關係。因此本文雖以客家語言和族群遷徙為主體，但是論述時也兼顧其他族群的觀點。

致　謝

　　首先誠摯的感謝指導教授古國順博士及吳中杰博士，兩位老師悉心的教導使我得以一窺客家語言研究領域的深奧，不時的討論並指點我正確的方向，使我在這些年中獲益匪淺，老師對學問的嚴謹更是我輩學習的典範。

　　本論文的完成尚需感謝口試委員的用心指正，中央大學客家學院的羅肇錦院長以及本校人文藝術學院葉鍵得院長、臺中教育大學退休的洪惟仁教授以及南台科技大學鍾榮富教授的大力協助。因為有你們的體諒及幫忙，使得本論文能夠更完整而嚴謹。

　　十年的日子，四百多公里的距離，我對故鄉的情感轉化為學術上的討論，最後化為一紙論文，這中間的過程曲折，就像在跑一場馬拉松，路程中歷經風雨，但也有眾多的夥伴、貴人相助，其實最大的敵人乃是自己。在抵達終點前的任一時刻，都有可能放棄，唯有不斷鍛鍊自己的意志，才能堅持到底，這完全是一場和自己的比賽啊！不和別人比較，也不論時間長短，而我竟也完成了。

　　感謝本系系主任張曉生老師、黃怡雅助教、楊名龍學長、劉勝權學長以及同學陳昱升、邱建綸、左春香不厭其煩的指正我研究中的缺失，且總能在我迷惘時為我解惑，也感謝臺北市國民教育輔導團本土語言工作小組的協助，以及徐建華校長幫忙，謝謝大家扶持賢德順利走過這幾年。仁愛國小的同仁們當然也不能忘記，你/妳們的幫忙及寬容，教務處協助我處理課務，讓我銘感在心。

　　家人在背後的默默支持更是我前進的動力，沒有家人的體諒、包容，相信這幾年的生活和論文的寫作無法如此順利，感謝週遭的家人、朋友、同事以及長官，還有老天爺的庇佑。

目

次

致　謝

第一章　緒　論 …………………………………………… 1

　第一節　研究意義與目的 …………………………… 1

　第二節　研究方法與研究範圍 …………………… 6

　第三節　文獻回顧 ……………………………………… 17

第二章　高樹客家話方言點簡介 ……………… 33

　第一節　背景概述 ……………………………………… 33

　第二節　高樹地區簡介 ……………………………… 37

　第三節　高樹客家話的音韻系統 ……………… 43

第三章　高樹地區客家話的比較 ……………… 61

　第一節　高樹和六堆客家話的語音差異 …… 61

　第二節　高樹和六堆客家話的詞彙差異 …… 83

　第三節　六堆客家話的類型 ……………………… 86

第四章　高樹地區語言的分布 …………………… 93

　第一節　區域語言分布圖的繪製 ……………… 93

　第二節　語言與族群分布的現象 ……………… 100

　第三節　閩南話優勢區 ……………………………… 103

　第四節　語言和族群分布的狀況 ……………… 114

第五章　以開發史印證語言與族群分布⋯⋯⋯123
　第一節　屏東平原上的族群分布狀況⋯⋯⋯124
　第二節　各族群開發高樹地區的歷程⋯⋯⋯128
　第三節　高樹地區語言分布的解釋⋯⋯⋯137
　第四節　高樹地區各族群的競爭與變遷⋯⋯⋯141
第六章　高樹地區的語言接觸現象⋯⋯⋯149
　第一節　語言接觸的定義⋯⋯⋯149
　第二節　高樹客家話中的閩南話借詞⋯⋯⋯153
　第三節　高樹地區的雙重語言現象⋯⋯⋯157
　第四節　潮州客屬的客家話殘餘⋯⋯⋯163
　第五節　語言轉移和身分認同⋯⋯⋯174
第七章　高樹地區語言接觸現象分析⋯⋯⋯183
　第一節　相關的語言接觸理論⋯⋯⋯183
　第二節　影響高樹地區語言變化的因素⋯⋯⋯188
第八章　結　論⋯⋯⋯197
參考書目⋯⋯⋯207

表　次

　表 2-2-1　高樹地區的語言使用和人口狀況表⋯⋯⋯39
　表 3-1-1　六堆客家話中的舌尖元音〔i〕的類型⋯⋯⋯63
　表 3-1-2　六堆客家話中前高元音〔i〕前零聲母摩
　　　　　　擦現象類型⋯⋯⋯69
　表 3-1-3　六堆客家話名詞詞尾類型⋯⋯⋯69
　表 3-1-4　高樹、佳冬客家話中的 v 聲母⋯⋯⋯71
　表 3-1-5　非母字在高樹、佳冬客家話中的表現⋯⋯⋯72
　表 3-1-6　曉、匣母字在高樹、佳冬客家話中的表現
　　　　　　⋯⋯⋯72
　表 3-1-7　六堆地區「螃蟹」唸法⋯⋯⋯75
　表 3-1-8　六堆地區聲調比較⋯⋯⋯76
　表 3-1-9　高樹客家話語音差異對照表⋯⋯⋯77
　表 3-2-1　馬來西亞蓮霧、番石榴的稱呼表⋯⋯⋯84
　表 4-3-1　日治時代屏東地區平埔族群主要的分布
　　　　　　地區（高樹部分）⋯⋯⋯107

表 4-3-2　平埔族在高樹之聚落分布表 ················· 109
表 4-3-3　平埔族殘餘詞彙表 ····················· 109
表 4-4-1　高樹語言族群分布類型表 ··············· 115
表 4-4-2　大正十五（1926）年的高樹庄在臺漢人的
　　　　　祖籍分配狀況表 ····················· 118
表 5-3-1　清代臺灣南部漢人移民屬性分類表 ········ 140
表 5-4-1　高樹水患居民遷徙表 ··················· 145
表 6-4-1　親屬稱謂詞彙比較表 ··················· 164
表 6-4-2　生活用語詞彙表 ······················ 166
表 6-4-3　大埔村居民語言認同與族群認同表 ········ 167
表 6-5-1　家庭因素影響雙能力調查 ··············· 180
表 7-2-1　Thomason 借用量表（borrowing scale）··· 189

圖　次

圖 1-1-1　六堆客家分布區域圖 ····················· 2
圖 2-1-1　高屏地區語言分布圖 ··················· 35
圖 2-1-2　屏東北部語言分布圖 ··················· 36
圖 3-1-1　舌尖元音〔i〕地理分布圖 ·············· 67
圖 3-1-2　名詞詞尾〔-i〕或〔-e〕地理分布圖 ······ 70
圖 3-3-1　鍾榮富六堆客家話的分片圖 ············· 88
圖 3-3-2　張屏生高屏地區客家話分區圖 ··········· 89
圖 3-3-3　六堆客家話的分區圖 ··················· 91
圖 4-1-1　高樹周邊地區語言分布圖 ··············· 99
圖 5-4-1　高樹聚落遷徙圖 ······················ 144
圖 6-3-1　雙重語言和雙層語言的關係 ············· 161
圖 6-4-1　語言接觸模型 ························ 172
圖 7-1-1　閩南雙語人語言的運作 ················· 186
圖 7-1-2　客家雙語人語言的運作 ················· 186

第一章　緒　論

　　本論文以「高樹客家話語言接觸研究」為題，討論高樹地區客家話的語言接觸現象，並藉由高樹地區客家話的描寫、比較，以及語言接觸現象的討論，揭示高樹地區語言和族群多樣性的面貌。

第一節　研究意義與目的

一、研究意義

　　高樹鄉是個語言相當複雜的地區，原因是自古以來此地為多元族群居住之地，高樹在高屏地區的六堆客家聚落之中，位於最北邊的右堆，也是六堆較晚開發的地區，它不像其他中堆（竹田）、前堆（長治、麟洛）、後堆（內埔）、先鋒堆（萬巒）等六堆核心地區，其居民組成是以客家人為主體，且數量較多，並相對集中（麟洛客籍比例達九成），高樹地區在六堆是屬於比較邊陲的位置，其移民來源包含了閩南人、客家人及原住民族的排灣族、平埔族等，高樹地區恰好位於各個族群分布錯雜的交界地帶。

　　由於高樹是六堆客家人較晚開發的地區，故研究高樹地區的語言和族群現象，不僅可以釐清此地區錯綜複雜的語言和族群關係，也可以比較六堆地區客家話之間的方言差異，印證前人對六堆客家話的論述，同時也歸納出移民和語言之間的關係。本文先以微觀的方式來觀察高樹的語言現象，但不僅侷限於高樹一地，而必須擴大範圍，關切其周邊範圍，再以宏觀的視野來俯瞰整個六堆和屏東平原的大趨勢！本文以高樹地區為一個客家話和其他語

言接觸的起始點，企圖探討的是高樹地區和整個六堆地區的語言接觸及族群分布關係的對應。

　　要追溯一地語言的來龍去脈，所採的文獻和語料涵蓋的範圍就不能侷限於一個面向，除了目前已有的客家話語音、詞彙、語法、語用等方面的研究成果之外；有關移民的源流，開發的過程，以及客家與閩南、平埔、原住民族語言和文化風俗的接觸與揉合……等相關文獻資料，亦是本文重視與佐證的議題。

圖 1-1-1　六堆客家分布區域圖

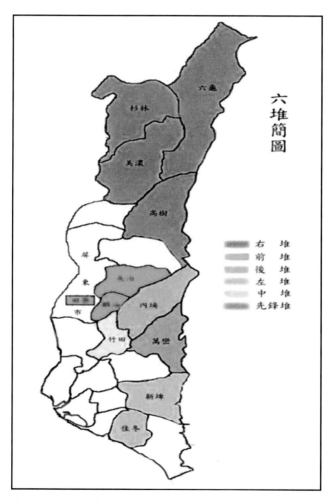

資料來源：行政院客家委員會部落格屏東縣南方客文史導覽
　　　　　協會 archives.hakka.gov.tw

本文嘗試從高樹地區小區域的語言接觸，來討論語言和族群分布的關係，歸納出高屏地區許多鄉鎮之內共有的普遍現象，即是語言和族群關係之間的多元性，以說明語言接觸和地區開發史之間的關係。

二、研究目的

鍾榮富先生近年在南部六堆《福爾摩沙的烙印——臺灣客家話導論》中曾經揭示出數項對於臺灣南部客家話研究的幾個前瞻性的問題，他說：

> 對於南部六堆四縣話內部方音之異同，以及南北四縣話的差異比較研究，目前都尚付之闕如，希望後繼者能調查出更完整的語料，才能作好語音、語法及其他語言層面的理解。〔註1〕

鍾先生希望後繼的研究必須把客家話的研究與語言學理論的發展結合，以期做到以經驗語料來驗證理論，用理論來分析語料內在的本質，本研究希望可以朝向前揭南部四縣客家話研究的不足的部分努力，因此本文研究目的有下列幾項：

（一）高樹地區語言分布狀況探究

高雄、屏東地區本是一個多元族群的社會，屬於漢族有閩南、客家以及軍眷和義胞，原住民族則有平埔、鄒族、布農族、魯凱族、排灣族等，單單高樹鄉就有閩南、客家、平埔和大陳義胞等四種族群，加之鄰近是三地門鄉（排灣族）和原屬高雄縣的茂林鄉（魯凱族）的南島語族等。

和相鄰的美濃地區，都是閩、客、平埔族群雜居之地，亦是語言接觸相當頻繁的區域，值得再深入探討其語言接觸與族群之間關係以及語言接觸的狀況。

（二）比較高樹地區與六堆客家話次方言的差異

本文先將高樹客家話劃分為四區，必須說明的是，此處的分類並非經過嚴謹地比較後產生的類型學上的語言分類，而是根據現有研究成果文獻與初步訪談當地語言使用現況及當地人語感等條件後，所做的區分，可作為我們調查前的參考依據：

〔註1〕鍾榮富：《福爾摩沙的烙印——臺灣客家話導論》（臺北：文建會，2001），頁37。

1. 高樹中部（市區）

包含高樹、東興、東振、長榮、建興等村，根據宋兆裕（2008）的研究〔註2〕，認為使用客語為主的六個村中，高樹、東興、東振、長榮四村自成一區，且位於高樹鄉交通輻輳地帶。

2. 大路關（廣福、廣興村）

高樹南端的廣福、廣興二村自成一區，值得留意的是，大路關廣福村屬於高屏六堆四縣客家話，但其腔調卻明顯與六堆其他次方言有所差異，也和高樹市區有差異，目前有宋兆裕、賴維凱等二位年輕學者針對廣興、廣福二村做了初步的語料收集與比較等研究。

3. 大埔、建興、舊寮、菜寮、司馬

目前可以確定大埔、建興兩村先民由廣東潮州府大埔縣移居而來，但本區現在通行的語言是閩南話，大埔村民原本是說客家話的，至今還有些親屬稱謂還殘存客家話成份，且因為鄰近美濃、東振和高樹等客家庄，居民因通婚和語言接觸，部分村民重新把客家話學回來，但是並非原有之潮州府客家話，而是參雜閩南話和高樹地區的客家話、美濃的客家話，吳中杰以及筆者均有論文提及大埔村客家人被福佬化的相關研究。〔註3〕

4. 新豐村（尾寮）

新豐村舊名尾寮，為臺灣北部關西、竹東一帶地區的移民，本地人稱為「北仔客」、或是「臺北客」，是日治時期才從北部新竹關西地區等地搬來的客家人，所說的是海陸客家話。

以往六堆的客家話被劃分為四縣話的南部腔，與苗栗腔有顯著的差異，除了在詞彙上，甚至在語音上也有明顯的區別，近年來的客家話研究和客家委員會的客語認證，已將南部四縣客家話與北部四縣客家話逐漸區分開來，六堆境內各鄉鎮的客家話中，尚存在著次方言的差異，表現在語音、詞彙和語法上。

〔註2〕 宋兆裕：〈屏東縣高樹鄉大路關廣福村客家話研究〉（高師大臺灣文化及語言研究所碩士論文，2009 年），頁 4～5。

〔註3〕 吳中杰：〈多族群混居下的語言與空間變遷——以高樹鄉東振、大埔為例〉（行政院客委會邊陲與聚焦——建構南臺灣的客家研究，2007 年 6 月）。徐賢德：〈六堆客家語言接觸研究〉（第三屆青年學者臺灣語言學術研討會，2013 年 10 月）、〈六堆地區客家語言接觸研究——以高樹為例〉（臺灣語言及其教學國際學術研討會，2012 年 10 月）。

本文的文獻探討部分，著重的是語言接觸現象的解釋，分析這些次方言間的差異，並尋求合理的解釋這些語言現象的答案。

（三）探究高樹地區的語言接觸的現象

本文意圖探究高樹地區語言接觸的現象，吳中杰近年來對於高樹地區族群聚落和語言變遷關係的研究，認爲本區的語言現象複雜，賴維凱的碩士論文《高樹大路關與內埔客家話比較研究》也提到關於語言接觸問題，以及借用等類型觀察，大路關與內埔和梅縣同源的詞彙有不少，經過語言混合後向閩南語移借的詞形或詞素也不少。

該論文的結論中提及語言接觸對本地語音以及詞彙、語法的影響，並認爲需要透過比較才能將本地的語言變遷現象釐清〔註4〕，這和本文所抱持的態度是一致的。

（四）詮釋高樹地區語言接觸的理論

本文也嘗試相互印證高屏地區語言與族群分布的理論，進一步了解爲什麼語言會是這樣的形式、這樣的分布，與這樣的發展。

洪惟仁提出高屏地區語言競爭的法則：弱肉強食的「語言進化論」〔註5〕，以及引用簡炯仁所謂的「撞球原理」、「骨牌效應」是「語言進化論」等歷史體現，這說明目前高屏地區的語言分布現象，由東而西爲：抵抗力最弱的原住民南島語＞客家話＞閩南語的順序，以及各語言被華語所侵蝕的「骨牌效應」，本文以前人的研究爲前導，對於高樹地區的客家話進行接觸的研究。

本文以高樹鄉境內所呈現複雜的語言接觸現象，來印證各族群開發本地的歷程，以高樹地區開發的歷程來詮釋複雜的語言接觸現象，也探討客家族群在六堆開發過程中與其他族群，像是閩南、平埔、高山族之間的相互的關係，因此本文雖以客家話和族群爲主體，但是論述時亦兼顧客家與其他族群的關係。

有關漢人開發本地區的部分，至少在這移民的三百多年之間是有文獻記載可供探討的，現今臺灣史研究，也讓我們有充分的資料可以掌握南部六堆客家的開發過程與客家族群移民源流，本文研究目的也就是以「語言接觸」

〔註4〕賴維凱：《高樹大路關與內埔客家話比較研究》（國立中央大學客家語文研究所碩士論文，2008）。

〔註5〕洪惟仁等：〈高屏地區的語言分布〉《第二屆漢語方言小型研討會》（中央研究院語言學研究所調查室），頁117～152。

和「族群開發史」二者爲主軸,作爲雙重證據且互爲參照,解釋語言和族群在空間的分布,再透過社會科學的方法、跨學門的整合觀點,將上述比較的結果加以理論分析,最後再以語言接觸的理論詮釋高樹地區的語言接觸現象。

第二節　研究方法與研究範圍

客家話是僅次於官話,分布最廣的漢語方言,而它的特色便是「居無定所」〔註6〕,臺灣各地的客家話,其實都是不同祖籍地的客家移民所融合而成的變體,甚至吸收了閩南話、原住民語和華語的成分,形成好幾種次方言,對於這些新的次方言,語言研究者和生活在其中的使用者,若能更細緻的描寫和研究,將使我們對語言和文化的關係有更清楚的認識。〔註7〕

在社會科學的架構下語言學的研究無可避免的一定會牽涉到人類學的族群遷徙問題,此二者是兩條不同的線索,但也是相互爲證的。語言不能脫離人而獨立,語言的發展必定和人類的活動有關,因此沒有人類的活動,必然沒有語言的活動,所以研究某種語言在某一地區的發展必定不能脫離人類在此區域活動的歷程。

一、研究方法

方法是語言學的靈魂,每種方法亦有其優越與限制之處,世界上亦沒有任何一種單一的方法可以完整描述或者表現出一種語言的全貌,徐通鏘曾說:

> 千百年來,人們曾給語言下過各種各樣的定義,每一個定義只涉及語言的一個側面,猶如瞎子只摸到大象的某一部份就說大象像什麼一樣,我們現在對語言的認識,也還沒有擺脫「瞎子摸象」的階段,只是儘可能設法「摸」得全面一點而已。〔註8〕

洪惟仁亦說過:

> 文獻研究與方言調查是臺語研究計畫的兩個主軸。兩者相輔相成如

〔註6〕張光宇:《閩客方言史稿》(臺北:南天書局,1996年初版一刷,2003年二刷),頁18。

〔註7〕江俊龍:《兩岸大埔客家話研究》(嘉義:中正大學中文系博士論文,2001年),頁3。

〔註8〕徐通鏘:《語言學是什麼》(北京大學出版社2007年,1月第1次印刷),頁2。

　　鳥之雙翼、車之兩輪不可偏廢。〔註9〕

　　本文採取的研究方法以跨學門的觀點，從各種角度以社會科學的方法對本區的語言現象進行觀察與分析，本文取徑的幾種理論與面向：

（一）二重證據法

　　首先提出「二重證據法」的學者是王國維，他把乾嘉學派的考據方法和西方學術的邏輯思辨方法結合起來，運用「紙上之材料」即文獻記載，與「地下之材料」即出土文物互相印證發明的「二重證據法」。其論證的材料多爲古文、甲骨文。

　　這種獨創的研究方法論是中西學術融合下嶄新的一頁。而魯國堯繼王國維之後，提出「歷史文獻考證法＋歷史比較法」即是系出同源的概念。魯國堯（2003b）視爲「新的語言學二重證據法」，歷史比較法可以讓我們在音韻的歷時演變軌跡上得到合理的解釋，而歷史文獻考證法則可以讓我們找出語音演變的相對年代。透過中西語言學理論合併的研究方法，相信對我們認識漢語方言，能有更深入的認識。

（二）田野調查法

　　田野調查法是一種藉由實地參訪並紀錄來獲致當地語彙資料的方法，也是蒐集第一手語料的重要方法，語言本身是一種客觀的存在，客觀存在的事實不是憑想像就可以了解的，必須經過調查〔註10〕。過去的漢語方言調查所沿用的大多是中國社會科學院的字表，而後董同龢先生採讓發音人自然發音而記音的方法，缺點是每一個方言的材料都很貧乏，每個方言出現的資料也都不一致。

　　臺灣南部客家話各次方言的材料，不論是詞彙、俗諺、還是口語，這些材料都是相當豐富的，這些材料必須拿來比較，才知道各次方言間的差異，反映出六堆客家話各次方言之間的方言差。

　　此外，田野調查尚需注意發音人是否具有代表性，以及研究者的審音能力必須交代清楚，調查後也必須有深刻的理論修養，並具備解釋語言現象的能力本文採取的方法是曾彩金和張屏生二位所做過的，以字表調查並且提供

〔註9〕洪惟仁：《臺灣方言之旅》（前衛出版社 1994 年，10 月修訂二版第一刷），扉頁。

〔註10〕洪惟仁：《臺灣方言之旅》（前衛出版社 1994 年，10 月修訂二版），扉頁。

發音人一個適當的語境和提示。

（三）比較分析法

比較語言學的研究領域包含了兩個範疇：一是以歷史和比較的方法對語言進行研究的歷史比較語言學，二是以語言共性為研究對象的廣義比較語言學；研究每種自然語言所顯現的，也在其他所有語言中都能體現的共同特徵，如語言結構的特徵。

共時比較為本文採取的研究方法之一，其重點是語言類型學上的分類，本文將高樹地區的各種客家話進行比較，包括高樹中部（東振、長榮、高樹、東興）、大路關（廣興、廣福）、新豐村等和其他六堆四縣客家話次方言間的異同，對象包括佳多、新埤、武洛、美濃、內埔，透過共時的比較法，有助於了解當地客家話的特色。

（四）快速隱密調查法

預先設計好問題表，在說話人不察覺的情況下，快速調查紀錄自然語料。實際上是被調查人在調查人有計畫誘導之下，在預期的語境之中，提供調查人所需要的自然語料。〔註11〕

拉波夫在《紐約市百貨公司（r）的社會分層》就是採用這種方法，及調查人假裝是顧客，在百貨公司進行紀錄，用了六個半小時，記錄了 264 個人的語料，本文在調查過程也使用這種方式，分別是於農曆年期間，進入大陳新村時假借問路與尋人，偷聽村人之間的對話是以何種語言來進行，快速隱秘調查法的特點是被調查人沒有察覺被調查，這樣調查出來的語料是最自然不過的。

（五）參與式觀察法

由於筆者曾經在高樹地區生活，研究過程也以參與者的角度觀察，藉著參與式的觀察法，可以對本區域發生的事件、參與事件的人或物、事件發生的時間地點、事件發生的歷程，透過參與者的角度所了解的原因，進行描述。

經由參與觀察法，在特殊情境下發生的原因、過程、人群及事件的關係、人群及事件的組織、長時間的連續現象、模式以及人類存在社會文化環境的研究而言，參與式觀察的方法論都是優異的選擇。

〔註11〕鄒嘉彥、游汝傑：《社會語言學教程》（臺北：五南圖書，2007 年），頁23。

（六）深入訪談法

深入訪談是以口頭形式，根據被詢問者的答覆，搜集客觀的、不帶偏見的事實材料，以準確地說明樣本所要代表的總體的一種方式。尤其是在研究比較複雜的問題時需要向不同類型的人瞭解不同類型的材料，以及做不同向度的交叉提問與訪談，以確立事實性。

二、學理依據

李壬癸說：

> 現代的語言學和其他學科一樣，已經是越來越廣，兼容並包，而且很富有哲學性的一門學問了。〔註12〕

這句話要說明的是；語言學的研究不應侷限於狹窄的軌道之內，研究一種語言的演變不能只以語言現象來做解釋，必須輔助以其他學科研究作為佐證的研究方式。

目前臺灣的客家語研究側重於各地語言的描寫，且語言描寫材料的累積也已經足夠幫助我們做釐清並分析、研究各次方言間的親屬關係。

從整個語言研究的大面向來看，相對地從語言狀況探討族群關係與移民的研究，數量上並不多；舉例來說：在臺灣語言學界早期有李壬癸對南島語的分布研究、洪惟仁對臺灣的各族群語言的地理分布研究、呂嵩雁對臺灣東部的語言接觸的研究、江敏華對東勢客家族群以及客贛方言的關係研究，以及吳中杰的客語和移民源流關係等研究、張屏生對高屏地區各類客家話語言接觸的研究等。

上述諸位學者均曾對臺灣的各種語言做過語言和族群關係的研究，其中李壬癸先生也曾經以語言學的方法，研究有關南島民族的起源和早期遷移、擴散的問題，並說過：

> 有些語言現象確實可以提供重要的線索解決若干學術問題，而這些問題往往不是單靠其他任何一種學科（如歷史學、考古學、人類學）所能解決的。〔註13〕

語言（包括方言）之間的關係，可能是類型上的相同，也有可能是地理

〔註12〕李壬癸：《台灣南島民族的族群與遷徙》（臺北：前衛出版社，2011年），頁1。
〔註13〕同上註，頁71。

上的近似，或者是親屬譜系上的繼承，但這三種分類在語言學裡往往是涇渭分明，互不相干的。〔註 14〕因此以往在討論語言之間的親屬關係時，類型上的共通現象以及地理上的共同特點都應該先行排除，只探討語言間的親屬關係；而討論語言類型時，地理上的分布以及語言親屬上的關係也不應該納入考慮，同理，考察語言間因為相互接觸而產生的影響時，也必須先去除語言分化以及類型上的共通點。

這原本是涇渭分明的三種分類，或者稱之為三種面向，我們若是依其研究課題的需求與順序，以交互運用方式，進行分類與歸納，例如：先將語言現象進行分類歸納，找出各類型的地理分布情況，再探究其來源和演變，以橫向的區域推移，來追溯歷時的縱向發展，此種研究方法在研究許多特殊的語言（方言）現象時，往往會有出人意表的發現，而且此種取徑有助於釐清許多看似複雜的問題。

（一）描寫語言學（descriptive linguistics）

描寫語言學又稱為結構主義語言學，創始人是索緒爾（F.de.Saussure，1859～1913）。他認為語言現象不能孤立的分析，必須進行系統性的研究，語言學可以分為「內部語言學」和「外部語言學」二大類，內部語言學只研究語言系統的內部結構，而外部語言學則把地理因素、社會因素等和語言本身結合起來研究，從索緒爾的觀點來看社會語言學即是外部語言學，結構主義語言學就是內部語言學，只研究語言的本體，也就是語言自身的結構〔註 15〕，就是擷取某一歷史階段的語言，對其語音、詞彙、語法等結構要素進行描寫和觀察，或是進一步分析與研究。

索緒爾又有語言（language）和言語（parole）之分，語言指抽象的語言系統，言語是指具體的個人的說話，描寫語言學優先考慮的是語言，而非言語。

美國描寫語言學派代表人物布龍菲爾德（L.Bloomfield,1927）認為，描寫語言學只研究語言的本體，及語言自身的結構，而社會語言學則是反其道而行，研究的對象不僅僅是語言本身，而是兼顧語言本體之外的社會因素。他認為語言是一連串刺激和反應的行為，主張通過形式特徵來描寫語言結構，

〔註14〕 參見王本瑛〈漢語方言中小愛稱的地理類型與演變〉（清華學報，1995 年四月）。

〔註15〕 鄒嘉彥、游汝傑：《社會語言學教程》（臺北：五南圖書，2007 年），頁 2。

反對用心理因素等非語言學的標準來分析語言，在共時分析中應該排除歷時的因素。這些觀點被美國描寫語言學派的信奉者視爲教條，而其所著《語言論》這本著作也被認爲是美國描寫語言學派正式誕生的標誌。

傳統的方言學也是從描寫語言學的立場出發，在調查一種方言的時候，要求盡可能全面記錄這種方言，再來歸納這種方言的音位、聲韻調系統，其目的是爲了描繪這種方言系統的全貌。

描寫語言學收集語言材料，然後加以描寫、分析、歸納，也非常重視口語，常常收集許多語料，接著對語料進行分析研究，通常有三個步驟，一是把材料切到最小單位語素，然後通過對比法來確定音位，再通過替換法對音位加以歸類，二通過對比法確立語素，以替換法對語素加以歸類，三再用替換法劃分詞類，然後確立句子的形式，此三步驟就是描寫語言學的三平面，音位學、形態學、句法學。

描寫語言學認爲語言是同質有序（ordered homogeneity）的，是指一種語言或方言的系統在內部是一致的，在同一個語言社區裡，所有的人群在所有的場合，他們所使用的語言或方言是同一標準且一致的，而其結構和演變是有規律的。

（二）社會語言學（sociolinguistics）

社會語言學的基本內涵有兩方面，一是從語言的社會屬性出發，用社會學的方法研究語言，從社會的角度解釋語言變體和語言演變。二是從語言變體和語言演變的事實來解釋相關的社會現象，及其演變和發展的過程。前者稱爲社會語言學 language in society，後者是 sociology of language 語言社會學。〔註16〕

社會語言學所研究的對象不僅僅是語言，而是兼顧語言包含語言本體之外的社會因素，研究在社會生活中實際的語言是如何運用的，所以社會語言學研究的對象是社會生活中實際使用的語言。

拉波夫（Labov，1972）認爲，社會語言學是一種現實社會的語言學，如果研究資料取自日常生活中的語言，加上透過使用者的社會背景，例如：社團、階層、地位、性別、年齡、人種、方言、地域、風格等來研究他們所使用的語言變體和特點，一定能更快沿著科學的軌道發展。〔註17〕

〔註16〕鄒嘉彥、游汝傑《社會語言學教程》（臺北：五南圖書，2007年），頁1。
〔註17〕同上註，頁2。

　　例如拉波夫自己在紐約百貨公司中對 r 的語音社會分層、黑人英語語法特點的研究，就是屬於在社會環境中的語言集團，在共時的語言平面上，研究語言的規則和演變，試圖建立一套理論來解釋這些規則和演變，從索緒爾的觀點來看社會語言學就是外部語言學。

　　因此社會語言學旨在研究語言學與社會學的關係，在社會語言學家看來，對語言的研究如果不聯繫社會來進行，就會缺乏理論依據，社會語言學被定義為研究語言學和社會學的關係，社會語言學所考察的是人們如何使用語言，如何傳遞訊息，所關心的是人們在語言的使用過程中，其表達方式會因為語境不同而相異，並試圖對這些變異的現象進行解釋。

　　社會語言學認為語言是異質有序的（ordered heteroogeneity），指一種語言或方言系統在內部是不一致的，會因為人群、場合而異，而不同的階層，也存在著差異，但是其結構和演變仍然是有規律的。

　　社會語言學和接觸語言學分別從歷時和共時的角度，研究語言接觸所引起的語言演變和語言變化，並且重視研究現實語言使用的過程，和正在變化的狀況，把語言接觸做為一個正在進行中的過程來描寫，不能只記述像語言借用和語言混合等語言影響所引起的結果。

（三）語言地理學

　　語言地理學也是一種語言的研究方法，先把詞、語法和發音的地區差異畫在地圖上，並分析其分布，構擬出一個區域的語言變化過程。這個方法是 20 世紀初在法國誕生的，到 20 世紀末，已經在日本極為普及〔註18〕，《漢語方言地理學》所說：語言地理學研究的主要特點是：

（1）慎重遴選少量語音、詞彙以及語言片段（syntagm），到較多的地點進行調查，記錄下其發音。

（2）每個調查項目製作成一張地圖。這時對語言現象不做任何修改，以實際記錄到的形式表現出來。

（3）把詞及所指對象聯繫起來，也就是研究詞彙中所反映出來的物質和精神的文化現象

（4）對地圖進行解釋，對於語言學者來說這是最重要的工作，並以上述

〔註18〕賀登崧著，石汝傑、岩田禮譯：《漢語方言地理學》（上海教育出版社，2003），1 序。

三項工作爲前提。〔註19〕

語言地圖的作用是爲語言（方言）間做比較，爲語言演變的歷史提供可靠的材料，能確定語言的和文化的地理界線，也能夠進而研究語言和文化相互影響的問題。

張光宇在〈論條件音變〉說過：

　　方言是歷史產物，橫的差別代表豎的發展。〔註20〕

張先生接著又提到：

　　漢語方言間的對應關係呈現的條件音變就是實證工作的一部份，比較法和方言地理學如爲孿生兄弟，則漢語語音史的研究與漢語方言對應關係的研究實爲一體之兩面。〔註21〕

因此以漢語方言的材料來建構漢語語音史，是一項浩大且生生不息的工程。

（四）語言地理類型學

在中國第一個重視語言地理類型學，且取得重大成就的學者是日籍的橋本萬太郎（Hashimoto Mantaro），他的《語言地理類型學》不但說明了漢語方言在地理類型上的南北不同，更重要的是他揭示了東西方語言類型的不同，西方印歐語是「畜牧民型」語言，漢語則是「農耕民型」語言。

印歐語自遠古以來各自獨立發展，而分布到了廣大地區，北自仰見極光的俄羅斯及斯堪的維亞半島（斯拉夫語、日爾曼語）南到熱帶印度次大陸（梵語）；東起中亞沙漠地帶（吐火羅語），西達靠近冰島的愛爾蘭（凱爾特語）。

是什麼原因造成這樣大規模的區域遷移呢？主要原因應該說是有史以來說這些話的人以畜牧爲主要生產方式，在乾燥地帶放牧，必須有大片草地才能展開，不像東方靠耕種小塊土地就能生活。所以，我們把這樣情況下得到發展的語言，暫名爲「畜牧民型」語言。〔註22〕

亞洲大陸，尤其是東亞大陸，語言的發展非常不同，東亞文明的策源地是在黃河流域，還是東南亞？總之以某個文明發源地爲中心（我們暫且認爲

〔註19〕賀登崧著，石汝傑、岩田禮譯：《漢語方言地理學》（上海教育出版社，2003），1序。

〔註20〕張光宇〈論條件音變〉（清華學報新三十卷第四期，2000年），頁427～475。

〔註21〕同上註。

〔註22〕橋本萬太郎：《語言地理類型學》（世界圖書出版公司，2008年6月），頁12～13。

以黃河流域為中心）非常緩慢地同化周圍的少數民族該是沒有疑問的。語言也通過同一方式發展起來。那麼，其原始語言該是什麼模樣呢？〔註23〕

橋本萬太郎也直接指出了東西方漢語發展型態的不同，這也意味著西方的語言學研究方法不見得全然適用東方漢語的研究。

語言地理學以同言線束表現語言或方言的差異，可以體現出各語言或方言在地理分布上的關係，而且也能體現出其在歷史演變上的各階段現象，這也是方言地理學在歷史語言學的應用中很重要的角色和基本假設。

岩田禮說：

> 一個詞的方言形式在地理（空間）上所形成的「橫」的分布，可反
> 映各種形式在歷史（時間）上的「縱」的層次。〔註24〕

因此語言地理學可以用來恢復或研究語言的歷時發展，也因此可以和歷史語言學相互為用，以歷史比較法構擬出來的古音和方言地理學的同言線分布相互為證，最好的例子便是漢語語音史裡中古音的恢復。

《語言地理類型學》是一本運用波傳理論的方言地理學重要著作，該書將印歐語和東亞大陸的語言分為「畜牧型語言」和「農耕型語言」，藉著東西方不同文明生活型態與不同的語言發展方式，以譜系樹理論適用於印歐語的發展，而波傳理論則適用於農耕型語言的發展，即假設本來就有不同的語言，而後漸漸同化為同一種語言，這種觀點對於漢語語言史的研究具有相當的啟發性。〔註25〕

（五）語言接觸理論

「語言接觸」，英語叫做 language contact、languages in contact、contact between languages，從語言發展變化的歷史角度來看，世界上應該沒有所謂「純粹」的語言，每種語言在發展變化的歷程中，或多或少都受到了周圍各種語言的影響。在與周圍語言發生接觸的過程中因而產生了像是借貸（代）語言成分及兼用兩種語言或是轉用別種語等現象，這些語言接觸的現象不僅僅只發生在沒有親緣關係的不同語言別之間，甚至有親緣關係的同種語言間的不同方言之間亦會產生語言接觸，因此在意義上可以說「任何語言都是語言接

〔註23〕 橋本萬太郎：《語言地理類型學》（世界圖書出版公司，2008 年 6 月），頁 12
～13。

〔註24〕 江敏華：《客贛方言關係研究》（臺灣大學中國文學研究所博士論文，2003 年），
頁 9。

〔註25〕 同上註，頁 12。

觸而形成的『融合體』或『混合物』」。〔註 26〕

　　語言接觸術語之由來是 20 世紀中 50 年代馬丁在 Uriel Weinreich《語言接觸》（1953）之序中提出，之後開始廣泛使用，在此之前多以「語言混合」或「語言融合」來表示語言之間的習染，張興權所著《接觸語言學》中曾引用多位前蘇聯語言學者說法，在俄語中的「融合」一詞乃是從生物學中「雜交、交配」一詞中借過來的，它對語言學領域很有影響，另外「語言相互影響」、「語言相互作用」、「語言相互關係」等術語都曾在前蘇聯及中國的語言學界經常被使用，指的都是語言接觸的現象，在國際上「語言接觸」則是在 1960 年代以後廣泛爲語言學界使用。

（六）語言和族群的關係

　　臺灣地區的族群並不是來源於單一個省縣，而大部分是來自於福建、廣東二省廣大的範圍，再加上原住民高山族和平埔族，還有最後來的外省人，況且客家移民也是從不同地點分批前後來臺發展的，這種移民模式有其歷史的因素和條件，而一地的客家話也是在經過競爭與融合之後產生出來的，以某一優勢客家方言爲主軸，雜糅其他次方言或別種方言而形成的新客家話〔註 27〕，江俊龍就認爲東勢大埔話是以當地墾首的語言爲主的優勢語言，形成所謂「頭家的語言」，而清朝臺灣地區的開墾便是「墾首制」，所以這種推斷便能在語言和地方與族群開發史之間找到連結，本文採取社會科學的研究方法，參考人類學、族群遷移等證據，重建出族群遷移和語言發展的路徑，並探討其相互之間的關係。

（七）波傳論（Wave Theory）

　　波傳論是施密特（Schmidt, J. 1872）在 1872 年提出的理論。語言變體以類似水中漣漪的方式，從一個中心向周圍擴散，最終至無法對話。

　　歷史比較法在印歐語系的典範應用，卻不完全適用於漢藏語系。尤其紛雜的南方漢語，不能做單純的譜系觀之，自施密特提出波傳理論後，以方言的波浪擴散來解釋方言間的複雜關係，也被應用在漢語研究之中。

　　波傳理論大大加深了人們對音變規律的認識，在這種情況下，方言地理

〔註 26〕張興權：《接觸語言學》（北京：商務印書館，2012 年），頁 1。
〔註 27〕江俊龍：《兩岸大埔客家話研究》（嘉義：中正大學中文系博士論文，2001 年），
　　　　頁 19。

學給予我們在研究上很多的啟發，有助於我們解釋許多音變的現象，尤其是許多未必有規則的方言接觸。

波傳理論將語言的變化視為水平方向的傳播，也將語言變化比喻為波的擴散：將一塊石頭投入水中所激起的一圈圈漣漪，需經過一段時間，水面才會恢復平靜。

每一項語言變化就是一顆丟入水中的石頭，其影響也像波浪般自發生的起點向四周圍擴散，其影響力具有空間與時間上的向度，而空間上影響不同範圍的變化，也造成許多相互交錯、或重疊、平行的「同言線（isogloss）」，每條同言線都代表不同的語音特點，因此法國方言學家 Jules Gillieéron 提出「每個詞都有它的歷史」，可以作為波傳理論的詮釋，而運用波傳理論最要小心的課題是：如何鉅細靡遺地將所有語言特點網羅殆盡，並從中選取具有代表性的語言特徵以進行方言的分類。

波傳論可以解釋語言競爭的過程當中，新興的語言或語言形式向外傳播的過程，由中心向外圍擴散的語言特徵傳播，也是一種比喻，是一種較為溫和的作用，用來解釋語言特徵或是詞彙的地理擴散，但對於語言競爭程度相當激烈的高屏地區，激烈的語言戰爭的形式，似乎無法完全以波傳論來解釋。

三、研究範圍與限制

高樹在語言和族群上呈現出多元的風貌，也屬於六堆客家移民的末端，所以研究高樹地區並不只是一個地點的深入，而是藉此比較探討各個族群在六堆，甚至是屏東平原開發的歷程。

本文的研究以高樹鄉的客家話為主，包含十九個村落之下的自然聚落，為調查的方言點，用來比較的語料包含高樹中部（市區）、南部（大路關）及六堆其他地區主要的客家話（內埔、竹田、萬巒、佳冬、新埤、長治及美濃）與北部四縣客家話（以苗栗為主）做比較。

本文研究的主軸是以探討高樹客家話的描寫及南部四縣客家話的比較，並以理論解釋其語言接觸的現象為主，朝向探討影響南部四縣客家話變化的內部及外部因素，至於原鄉（嘉應州、汀州、潮州）移民來源之地的客家話比較，以及原始客語、客語底層等相關問題，則不在本文討論的範圍之內。

四、研究架構

本文的研究架構如下：

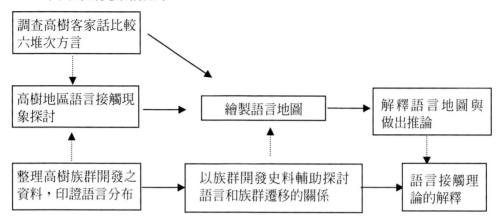

第三節　文獻回顧

有關臺灣南部地區的客家話，以往被歸類為四縣腔，通常以「高屏地區客語」、「南部四縣話」或「六堆客語」稱之，原本高屏地區客家話研究的文獻在數量上並不多，但近年來隨著南部客家學術研究的興起，也積累不少研究成果。

一、南部四縣客家話相關相關文獻

（一）小川尚義

1907 年，臺灣總督府《日臺大辭典》主持人小川尚義，是日據時代最偉大的語言學家，一生貢獻於臺灣各地的方言研究。其卷首所附〈臺灣語言分布圖〉詳細描繪出漳泉客各方言在臺灣的分布情形，對照洪惟仁的調查與實際情形十分接近，可信度高達 95%，其後所繪製的方言地圖沒有一張超過它〔註28〕。

1931 年，臺灣總督府《臺日大辭典》主持人小川尚義，所收集詞彙九萬餘條。所有詞彙均採自臺灣的活語言、語音與詞彙。兼收漳州、泉州、安溪、長泰、同安、漳浦、灌口等方言。

〔註28〕見洪惟仁〈閩南語客家語方言網狀調查〉《臺灣方言之旅》，頁 30，小川尚義（1869 年 3 月 21 日～1947 年 11 月 20 日）是日本明治至昭和前期的語言學者、臺語和臺灣南島語言研究者、辭書編纂者。臺北帝國大學名譽教授。有「臺灣語言學先驅」、「臺灣語言學之父」之稱。

（二）楊時逢

1957 年，楊時逢《臺灣桃園客家方言》是第一部的臺灣客家話的記音整理，〔註29〕開臺灣客家方言調查之先河。1971 年，楊時逢《美濃地區客家方言》特點是說美濃客家話中〔n〕、〔l〕不分的現象，楊時逢（1971）〈美濃客家方言〉也是第一篇研究南部地區客家話的論文，除了首次揭櫫美濃客家話中有〔n〕、〔l〕不分的現象，也是影響後續南部地區客家話研究十分重要的觀點和論述。

爾後鍾榮富先生和張屏生先生陸續針對此觀點也提出進一步的看法，鍾榮富先生認為，這種現象只出現於美濃地區的廣興里（竹頭背），並不出現於美濃其他地區；張屏生先生認為，有部分美濃的老年層其實〔n〕、〔l〕是分的很清楚的，相對的有些老年人會將和陽聲韻合併的〔l〕唸成〔n〕，而且有向青年層擴散的趨勢。

（三）丁邦新

1985 年，丁邦新取梅縣、桃園、美濃與海陸四個方音的音系做比較，並以客語和古漢語做比較音韻〔註30〕，也收集了許多當時的語料，例如〈渡臺悲歌〉等內容，該書也初步提到臺灣的各種多元族群以及多種不同語種，各語言間相互接觸的普遍情形。

（四）羅肇錦

1985 年，羅肇錦《客語語法》一書對客語詞法、句法及語法特性做了完整的系統介紹，雖書名為《客語語法》，但是對於語音也有述及，尤其著重於四縣客語的描寫，是一部里程碑式的著作。

1987 年羅肇錦〈臺灣客語次方言間的語音現象〔註31〕〉是一九八五年和日人合作調查臺灣南部六堆，及屏東縣竹田、萬巒等地，也是第一篇探討臺灣客家話內部次方言現象的文章，後來並擴充收錄於羅肇錦所著《臺灣的客家話》中第六章〈臺灣客家話的次方言現象〉，本文是羅肇錦先生一九八五年和日本學者千島英一、樋口靖合作調查臺灣南部六堆幾個地區，包含屏東縣

〔註29〕楊時逢：《臺灣桃園客家方言》（中央研究院歷史語言研究所單刊甲種之 22，臺北：中央研究院歷史語言研究所，1957 年初版，1992 影印一版）。

〔註30〕丁邦新：《臺灣語言源流》（臺北：臺灣學生書局，1985 初版）。

〔註31〕羅肇錦：〈臺灣客語次方言間的語音現象〉《國立台灣師範大學國文學系國文學報》（臺北：臺灣師範大學，1987 年），頁 289～326。

竹田、萬巒、長治、內埔、高雄縣美濃等地所收集的二百多條語料。

1990 年《臺灣的客家話》承接《客語語法》的資料與基礎，語料更擴及海陸和臺灣各地次方言的現象，尤其是對六堆地區的數個方言，包含長治、萬巒、內埔、竹田、美濃和新埤等地，和楊梅、東勢、苗栗點做了聲、韻、調和詞彙的比較，是六堆地區客語研究的重要參考資料，其中對於美濃和楊梅有部分字 n、l 不分的問題和韻母〔ien〕、〔iu〕及〔ioi〕的探討、前字陰陽平變調等問題都有探討。

2001 年羅肇錦《臺灣客家族群史——語言篇》，對臺灣客家話的歷史、變遷、特點都有更詳細的描述，其中引述吳中杰 1999「佳冬、新埤、高樹客家人說佳冬話」的發現。〔註 32〕

（五）千島英一、樋口靖

1986 年，千島英一、樋口靖合著〈臺灣南部客家方言概要〉〔註 33〕也對臺灣南部的客家話做了方言調查記音，是南部客家方言調查記音的濫觴，千島英一、樋口靖（1986）〈臺灣南部客家方言概要〉一文中，初步比較了長治、竹田、內埔、萬巒、新埤、美濃等地的客家話詞彙，主要探討這些六堆地區客家話在音韻系統上的差異，例如佳冬和新埤沒有〔i〕、〔im〕、〔ip〕、〔in〕、〔it〕等韻母。

此研究是依一般方言調查的題綱來陳列的，多數的評論會認為該文所採用的語料太少，也沒有把南部地區四縣客家話相較於臺灣其他客家話的差異表現出來。

（六）洪惟仁

1992 年開始洪惟仁先生也根據自己的調查，參考前人的文獻，繪製了幾張漢語方言分布圖，近年來隨著進一步深入調查及文獻的陸續發表，也不斷在修正語言方言分布地圖。洪惟仁將臺灣本土語言分類，主要有漢語和南島語，漢語除華語為標準語外，又有閩南語和客語兩種不相通的語言，這兩個語言之下又各有幾種差異不小的次方言製作成精確的分布圖，是自小川尚義

〔註 32〕羅肇錦：《臺灣的客家話》（臺北：協和文教基金會臺原出版社，1996 年第一版 4 刷）。

羅肇錦：《臺灣客家族群史——語言篇》（臺灣：台灣省文獻委員會，2000 年）
〔註 33〕千島英一、樋口靖：〈臺灣南部方言紀要〉（《麗澤大學紀要》第 42 卷，1986年），頁 95～148。

（1907）以來最可靠精確的語言、族群以及祖籍分布圖。

1997 年《高雄縣閩南方言》認爲，高雄縣境內閩南方言的一致性相當高，屏東縣歸屬於漳泉混合型的臺灣優勢腔。

2006 年的〈高屏地區的語言分布〉一文中，提到高樹地區的複雜性，其中關於高樹地區語言的複雜程度，是這樣形容的：

> 語言最複雜的是高樹鄉，這個鄉是客家人和閩南人雜居之地，閩南語佔優勢。〔註34〕

該文也將高樹鄉的語言狀況描述得十分詳細，十九村中客家話占優勢的只有中部高樹、東興、東振、建興四村和南部大路關廣福、廣興二村，即使這些村落也有不少閩南人，說閩南語。

北部大埔、菜寮、舊寮、司馬四村的客家人已經閩南化，說閩南語。新豐村東隅有海陸客和四縣客雜居，當地客籍居民來自桃園中壢、新竹關西、苗栗頭份一帶。

高樹鄉也有幾個平埔村，其中新豐村的平埔族多半由鹽埔、西瓜寮、加蚋埔、萬金、赤山遷來，泰山村民由里港塔樓遷來，都講閩南語。除此之外，提到大埔村：

> 「百畝新村」（第一新村）、東興村的「虎盤新村」、鹽樹村的自強、日新、南麓三個新村爲大陳義胞社區，說浙南閩南語，兼通溫州話。

洪惟仁先生這篇文章已經揭示出高樹客家話的重要性，本文是依洪惟仁先生的描述語言分布，將調查單位再下修至聚落。

（七）鍾榮富

鍾榮富先生自 1988 年始，將外國的語言學理論引進臺灣，用以分析漢語的結構，1990 年〈客家話的韻母結構〉以及 1994 年的〈論客家話的〔v〕聲母〉，這二篇文章都是以六堆客家話爲研究對象，從自主音韻理論來分析客語的聲母、韻母及其結構限制，是臺灣客家話研究的一大突破。〔註35〕

1997 年，鍾榮富《美濃鎮誌：語言篇》對美濃地區的客家話做了一個較

〔註34〕洪惟仁等：〈高屏地區的語言分布〉《第二屆漢語方言小型研討會》（中央研究院語言學研究所調查室，2006 年），頁 117～152。

〔註35〕鍾榮富：〈客家話韻母的結構〉《漢學研究》1990 年。〈客家話的[V]聲母〉（《聲韻學論叢》第三輯，臺北：學生書局 1991 年），頁 435～455。《美濃鎮誌語言篇》（高雄縣美濃鎮公所出版，1997 年），頁 1317～1477。

爲全面性的描寫，比較起楊時逢 1957 年的研究更爲精確、仔細。

　　1998 年〈六堆地區各次方言的音韻現象〉首揭六堆地區各次方言的內部差異，2001 年《福爾摩沙的烙印：臺灣客家話導論》，該書對於臺灣客家話的分類、分布，客家話研究的文獻整理以及各次方言間的語音差異、音韻現象做出了許多建設性的論述，也是本文撰寫時相當重要的參考依據，

　　2001 年《六堆客家社會文化發展與變遷之研究──語言篇》是針對六堆客家話的一部較爲全面性的論述，其中對於構詞和音韻關係的描述十分詳盡，以及六堆內部次方言詞彙差異做了初步的陳述。

　　2004 年的《臺灣客家語音導論》是集合鍾榮富先生對臺灣客語語音和語法研究大成的一部著作，對於臺灣客語各次方言間的音韻比較相當詳盡與精闢。

　　接續以往的研究，這些文章除了描述六堆地區客家話次方言的音韻現象外，也對六堆地區的客家話做了分區，根據韻母〔i〕的有無，把沒有〔i〕的高樹、佳冬、新埤地區和六堆其他地區開，將整個六堆地區分爲二片，對於南北四縣差異和六堆四縣分片都是很重要的貢獻。

（八）張屛生

　　張屛生先生 1997 年〈客家話讀音同音字彙的客家話音系──並論客家話記音的若干問題〉主要是歸納李盛發 1997 年《客家話讀音同音字彙》一書中的音系，並檢討客家話文獻記音上的問題，從 1997 年〈臺灣客家話調查所發現的一些現象〉開始〔註36〕，以及接下來的 1998 年〈臺灣客家話部分次方言的詞彙差異〉、2002 年〈六堆客家話各次方言的語音差異〉等，張屛生先生陸陸續續地調查高屛地區多個有特色地點的語料，例如：車城保力村、美濃、長治、武洛、大路關、新埤、佳冬等地。

　　2003 年〈六堆地區客家話和閩南話的語言接觸〉將屏東縣里港鄉茄苳村、南州鄉萬華村的客家話和車城鄉保力村以及萬巒鄉新厝村的閩南話通過比較，說明閩南、客家方言因長期的接觸而相互影響和滲透。

　　2003 年《臺灣語言演變與發展──客家語部分》涵蓋臺灣各次方言，其中和六堆語料相關部分，對於客語的記音及音系有相當獨到的見解，探討了

〔註36〕見張屛生〈臺灣閩南話調查所發現的一些現象〉，（母語教育研討會論文，新竹師院，1997 年 6 月）。〈客家話讀音同音字彙的客家話音系──並論客家話記音的若干問題〉（臺灣語言發展學術研討會論文，新竹師院，1998 年）。

幾個問題，如：j 的音位化問題、〔n〕、〔l〕不分應是條件音變，〔ien〕〔iet〕可以和〔ian〕〔iat〕合併，〔ŋ〕聲母的定位、〔f〕、〔v〕聲母的考量、〔iun、iut、iuŋ、iuk〕的描寫等。

2004 年〈臺灣四海話音韻和詞彙變化〉及 2006 年〈六堆地區客家方言島的語言使用調查——以武洛地區為例〉都是將本地區的語言接觸複雜現象呈現出來，且透過不斷調整自己的研究方式，所進行的整理和研究。

2012 年《臺灣客家族群史專題研究 4-1 臺灣客家之區域與言調查：高屏地區客家話多樣化現象研究》，集結了多年調查高屏地區客家話的語料，本書的字表也借鏡自該書。

張屏生先生對於本區的客家話研究已累積有相當具體的推論，且成果十分顯著，其中和高樹地區有關的研究則有高樹地區雖無舌尖元音〔ɿ〕，但「唇」唸〔sun¹¹〕，「十」唸〔sup⁵〕，以及反應低調相斥性的大路關陽平變調規則等相關的討論。

（九）吳中杰

吳中杰 1999 年《臺灣福佬客分布及其研究》認為高屏六堆客語以蕉嶺縣客語為主幹，以美濃、內埔、佳冬為代表，該文把六堆地區客家話分為三區：一為美濃、高樹鄉的大埔、荖寮、里港的武洛；二為內埔、竹田、萬巒、麟洛；三為佳冬、新埤、高樹。區分為三個次方言的條件和前揭鍾榮富先生所提的條件大致相同，主要為〔ɿ〕元音的有無；韻母〔iai〕、〔ian〕、〔iat〕的有無；小稱詞〔e〕和〔i〕的差異；以及第三人稱「伊」i 和「渠」ki 的差別，但是特別把美濃獨立出來，呈現美濃客家話在六堆地區的特殊性，也符合於六堆客家話的現狀。

吳中杰 2007 年〈多族群混居下的語言與空間變遷——以高樹鄉東振、大埔為例〉。以語言轉用的概念詮釋高樹地區多元的語言與族群混居縣象，針對大埔村以及鄰近東振村的客家族群和大陳義胞的語言和族群狀況，進行調查分析，為本文的前導研究。

（十）鄧明珠

2003 年鄧明珠《屏東新埤客話研究》整理出新埤客話的音韻系統，剖析了此地語音與詞彙的共時現象，透過中古音的比對也解釋了歷時現象，是六堆客家話的描寫語言學先期作品。

（十一）賴淑芬

2004 年賴淑芬《屏東佳冬客話研究》分別整理出新埤和佳冬客話的音韻系統，剖析了此二地語音與詞彙的共時現象，也透過中古音的比對也解釋了歷時現象。

2012 年博士論文《臺灣南部客語的接觸與演變》更提供了整個南部客語和海陸話之間接觸演變的類型，並提供了大致共同的脈絡與軌跡，其中有關海陸客家話在南部四縣地區的變異可以和本文的研究相互對話參照。

（十二）鍾麗美

2005 年鍾麗美《屏東內埔客話的共時變異》，國立高雄師範大學臺灣語言及教學研究所碩士論文，利用共時音韻的比對，分別對 f 聲母和 v 聲母做了大規模的調查，作者在內埔鄉 14 個客家村中，區分了老、中、青、少四個年齡層，並預測內埔客家話中的 f/v 聲母得以保存，可和賴淑芬 2012 年博士論文《臺灣南部客語的接觸與演變》對麟洛客語的 f/v 聲母所做之討論，互相比對參照。

（十三）賴維凱

2008 年賴維凱碩士論文《高樹大路關與內埔客家話比較研究》指出高樹客家話的音變現象，其詞彙語法也和內埔客家話有所不同，也提出和福佬話語言接觸產生語法上和詞彙上的變異，主要差異為有無〔i〕元音，例如:「高樹人駛車子，直直駛，駛到廳下去」「駛」、「死」不分，詞彙上變成:「駕車、起車、開車」的高樹客家話的音變現象。

名詞詞尾用〔i〕以及/ian/一率唸成〔ien〕，比較了大路關和內埔客話的語音特點，也比較了大路關和內埔客話與閩南話接觸時的共時差異。

（十四）宋兆裕

宋兆裕（2009）碩士論文《屏東高樹大路關廣福村客家話研究》，認為使用客語為主的六個村中，高樹、東興、東振、長榮四村自成一區，且位於高樹鄉交通輻輳地帶，而廣福、廣興二村自成一區，值得留意的是，大路關廣福村屬於高屏六堆四縣腔客語區，但其腔調卻明顯與六堆其他次方言有所差異，關於本區的客家話目前已有宋兆裕、賴維凱等二位年輕學者針對本區廣興、廣福二村做了初步的語料收集與研究。

（十五）呂茗芬

呂茗芬 2007 年碩士論文《屏東地區閩客雙方言接觸現象——以保力、武

洛及大埔爲例》，針對屏東地區的保力、武洛及大埔三地語言接觸現象整理出此三地的音韻系統，以及提出：（1）全盤借用（2）語音拗折（3）閩客套用（4）曲折對應等滲透方式，也說明分析閩客雙方言的語言接觸社會因素。

（十六）徐賢德

徐賢德自 2007 年起有數篇小型論文發表。2007 年〈高樹地區的語言分布與族群遷移〉以及 2010 年〈右堆高樹大埔村的語言及族群歸屬探討〉（北京第九屆客家方言研討會），2012 年〈六堆地區客家語言接觸研究〉（中央大學的臺灣語言及其教學國際學術研討會），以及 2013 年〈六堆客家語言接觸研究──以高樹爲例〉（國立高雄師範大學的第 3 屆青年學者臺灣語言學術研討會）等。

以上數篇論文都是以語言接觸的角度來探討高樹地區語言現象的研究，也嘗試從開發史和地理分布等角度來分析高樹地區語言的複雜面向。

二、語言接觸相關理論

（一）Weinreich《Language In Contact：Findings And Problem》

Weinreich 的研究是以雙語和多語等語言接觸內容作爲出發點，1953 年其著作《Language In Contact：Findings And Problem》是本傑出的著作，除了提出接觸定義外，本書也界定了雙語兼用、雙語人和語言干擾。

Weinreich 提出所謂「接觸」的定義，是也同時存在於雙語者腦中的兩套語言系統彼此間互動的狀態，可以稱爲「干擾」（interference），換句話說如果一個人使用兩種以上的語言，我們便可以說這幾種語言之間互相接觸，而語言接觸的結果，會有「干擾現象」（interference phenomena）的產生。而「干擾」表示了外來的成分導致了原本高度系統化的語言結構（包含的語音系統、詞彙與句法等各方面）產生了模組重組（rearrangement of patterns）。〔註37〕

大部分的人類學家將語言接觸視同爲文化接觸的一部分，而語言干擾（Language interference）則是文化適應與同化的過程，但是 Weinreich 強調研究語言干擾時必須要同時注重結構與非結構的兩種因素對於語言干擾所造成的影響，所以借用（brrowing）不能視爲僅僅是詞彙數目的增加而已，而必須同時注意借用現象所帶來對語言的干擾程度，與干擾之間的共性。

〔註37〕 Weinreich, Uriel. 1979.《Language in Contact: Findings and Problems》. Mounton Publishers, The Hague.

　　Weinreich 同時也強調在分析語言干擾的時候，無論干擾程度的大小，除了注意本身語言內部系統的變化之外，對於語言的外部因素，如說話者的心理以及其他的社會因素，我們也應該同時注意，如此才能釐清語言干擾的擴散、持續、或是消長的情形。

　　Weinreich 也將語言干擾分爲總的干擾、語音干擾、語法干擾與詞彙干擾四個部分，更分別從結構與非結構二方面來提出促進、阻礙與維持干擾的說明。

　　此外，這本書也對語言轉用（language shift）和語言轉換（language switching）下了明確的定義。

　　Language shift 是指從一種語言的慣用（habitual use），轉變成另一種語言的慣用，一個人或一群人放棄原來經常習慣性使用的一整語言，而改用另一種語言。Language switching 則是指雙語者根據不同的語言環境，能流利的從一種語言改換爲另一種語言。Weinreich 的基本理論奠定了往後語言接觸研究的基礎，《Language In Contact：Findings And Problem》也成爲語言接觸理論必讀的參考書籍。

（二）Thomason and Kaufman（1988）

　　Thomason and Kaufman（1988）認爲雖然 Weinreich 所提的語言干擾機制和結構性因素可以說明語言接觸的影響，包含內部結構影響；總的干擾、語音干擾、語法干擾與詞彙干擾論點，與外部條件的影響，像是說話者心理與社會因素等，但仍有不足之處，它無法解釋語言接觸演變的發生和過程，以及提出相關預測的方法或工具。因此 Thomason 與 Kaufman 便在《語言接觸、克里奧語化及遺傳語言學》（Language Contact, Creolization, and Genetic Linguistics ）一書中，進一步提出借用語底層干擾的重要性。〔註38〕

　　Thomason 與 Kaufman 認爲「借用」是指外來語言成分併入說話者原本的語言之中，原本的語言雖然保留著，但是因外加的特徵而有所改變，與一般所說的干擾有所不同，而「底層干擾」是指干擾的次類型之一，指的是說話者在語言轉變的過程中，尚未完全學習目標語言的情形。

　　Thomason 與 Kaufman 也提出了語言變遷的架構和分析的方法，指出語

〔註38〕Thomason, Sarah Gray, and Terrence Kauman. 1988. Languae Contact, Creolization, and Genetic Linguistics. Berkeley; Los Angeles; London: Universal of California Press.

言干擾的首要條件是受了社會因素的影響，並強調社會因素決定了干擾的方向與範圍，語言接觸的結過產生了「語言保留」（languagen maintenance）或是「語言轉移」（language shift）。

Thomason 與 Kaufman 也根據接觸的強弱程度（intensity）與語言的類型距離（typological distance），訂出了五種不同的借用等級（borrow scales）。並且利用詞彙、文化壓力、結構等三個面向與接觸時間的長短、雙語人口的多寡、將接觸分成一般接觸、輕微與稍強的接觸、稍強接觸、強烈文化壓力、非常強的文化壓力等五種接觸類型，對應五種不同強弱程度，與詞彙結構的借用結果。

Thomason 與 Kaufman 非常強調社會因素對語言接觸的影響及重要性，並且詳細分析了語言接觸的結果，屬於歷史語言學的範疇，論述了語言的保留以及轉移和洋涇浜語的現象，為語言接觸類型建立了更為具體的理論基礎，和語言接觸模型。

2001 年 Thomason 獨自發表《語言接觸導論》（Language Contact-An Introduction）根據語言接觸的過程與結果，將語言接觸類型分為三類，也提出語言改變的二大因素包含語言因素和社會因素，把接觸的強弱、不完美的學習、說話者的態度歸為社會因素，語言因素則包含了普遍性及有標性還有特徵融入語言系統的程度等。〔註39〕

（三）Van Coetesm（1988）

Van Coetesm（1988）所提出的「強加」（imposition）是一種用來說明語言接觸導致與音變化的產生方式。在當時是先驅式的論述，有關「強加」一詞，近年來才受到學者們的關注，而出現在近幾年的文獻當中，Winford（2005）曾運用 Van Coetesm（1988）所提出的兩種變化類型，重新詮釋並且論證過往文獻中對於語言接觸的分類結果。〔註40〕

Van Coetesm（1988）《語言接觸中的語音借貸與兩種變換類型》（Loan Phonoiogy and the Two transfer Types in Language Contant），介紹語言接觸過程中引發語言轉換的兩種類型，他提出來源語言（source language）和接收語言

〔註39〕 Thomason, Sarah Gray. 2001. Language Contact: an Introduction. Washington, D.C.: Georgetown University Press.
〔註40〕 在國內也有劉秀雪（2010）、鍾宛旋（2010）、賴淑芬（2010）等，以 Van Coetesm 的強加論點應用在國內語言接觸的相關研究當中。

（recipient language），進而提出借用的類型——「借用」和「強加」。

借用（borrowing）是藉由接收語主導性（Recipient Language Agentivity），以接受語的使用者本身為主體，去進行詞彙或任何程度語言成分的借用，稱為「借用」。另外一類是「強加」（imposition），以來源語主導性（Source Language Agentivity）方式進行，這是以來源語的使用者為主體，然後產生一些轉換效應（transferring effect）在接受語上。而「借用」和「強加」都透過「模仿」（imitation）和「適應」（adaptation）兩種機制來進行。〔註41〕

借用是先「模仿」再進一步適應，Van Coetsem（1988）認為接受語語者會採用自身音韻系統最接近來源語同樣的發音，臺灣的閩南話和客家話都有許多日語借詞，這些日語借詞在進入臺灣時，所採用的日語發音比較標準，後來經過適應變成比較適應閩南話和客家話音韻系統而本土化的日語借詞；強加的過程中是先做「調整」，然後再去加深模仿。

Van Coetsem 強調借用是以接收語言 rl 的說話者為主導，強加則是以來源語的 sl 說話者主導，在語言接觸的過程中，接受語 rl 或來源語 sl 的優勢決定主導的方向。

優勢（dominance）則區分為語言優勢（linguistic dominance）與社會優勢（social dominance）兩個概念，語言優勢是主導的母語（native language），或主要語言（primary language）；主導性母語因有較高的熟練度而占優勢，社會優勢指來源語與接受語之間的社會狀態。

在接受語主導中使用來源語為「借用」，在來源語主導中使用接受語為「強加效應」。在借用的情況當中，主要的定義是，它的來源語對雙語者而言是一個「非優勢語言（non-dominant language）」。換言之，有另一個優勢語言（dominant language）作為它的接受語，因此這種狀況可以定義為借用。

Van Coetsem 討論到的雙語現象與目前臺灣社會的語言現象相似，現今社會多為雙語（Bilingual）或多語（Multilingual）。因此要畫分借用或強加，主要依據的是優勢語言與非優勢語言的區別，優勢語言不一定是母語，這種語言優勢是會轉移的，所以在強加效應的過程中，來源語是語者的優勢語言。這一類現象當中，它比較容易在音韻或語法特徵上產生影響。前者提到的借用，來自接受語的主導性，主要影響的層面多在詞彙上。所以在 Van Coetsem 的理論中，

〔註41〕 Van Coetsem, Frans. 1988. Loan Phonology and the Two Transfer Types in Language Contact. Foris Publications. Dordrecht.

借用的機制多發生在詞彙的借用上，也可能有某些結構借用（structural borrowing），但不會太多，而強加則有較多的音韻或語法特徵的轉換變化現象。

（四）Winford（2005）接觸變化的分類

Winford（2005：130）使用 Van Coetsem 的兩種分類和變化類型，在借用和強加理論基礎上，將典型接觸引發的演變（contact-induced change）分爲兩類：一爲借用（borrowing），一爲干擾（interference），並將文獻所提的接觸例證，重新詮釋分析。

他提到過去語言接觸研究中相關定義的一些缺失，例如 Haugen（1950）認爲借用是一種過程，不是一種狀態，但在他的論述中卻常常將借用當成一種結果。又例如許多語言接觸研究的名詞，常因使用的範圍、指涉的對象不同或交互使用而造成混亂。如像「interference」常指任何跨語言的影響，如借用、強加這兩個術語都有人用 interference 來表達等。〔註42〕Winford 引用了多位學者在語言接觸研究的實例，並運用 Van Coetsem 的兩種分類和變化類型，重新檢驗並分析研究結果。

（五）何大安

何大安（1987）認爲在同一個社群裡，不同語言或不同背景的人，爲了能有效溝通，他們必須經常接觸，在接觸過程中爲了遷就對方，他們會模仿對方的語言，也調整自己的語言。所以不同語言或方言的接觸，會產生新的語言習慣，也就是新的語言或方言。〔註43〕

（六）董忠司

董忠司先生提出了在語言接觸所形成的語言變化類型上，提出「取代型」與「新變型」兩大類型的語言接觸模型，〔註44〕展現了二種不同的語言在發生語言接觸時的演變過程。

所謂取代型的語言是外來語取代原型語變成主要的通行語言，以本文的大埔村爲例，閩南語就是取代型，閩南話取代客家話成爲大埔村目前主要通

〔註42〕 Winford, Donald. 2005. Contact-induced Changes classification and Process. Diachronica. Vol.22:2, pp. 373-427.

〔註43〕 何大安：《規律與方向：變遷中的音韻結構》（中央研究院歷史語言研究所專刊之90，臺北：中央研究院，1987年）。

〔註44〕 董忠司：〈閩南語的南進及其語言接觸之一例——再論海康音系的保守和新變〉《第八屆國際客方言研討會論文集》。

行的語言。

三、近代的臺灣南部客家研究

南部六堆的研究中，茲將有論及高樹拓墾的時間與地點的部分作出，以下的整理：

（一）鍾壬壽

鍾壬壽《六堆客家鄉土誌》〔註45〕首先提到客家人拓墾右堆地區始於公元 1698 年前後。客家人由濫濫庄上游溯麟洛河再沿隘寮溪下游到了武洛，1721年朱一貴之亂時，武洛派出義民參加六堆民軍特別多，尤其 1732 年吳福生之亂，主要戰場在下淡水溪上游，武洛庄所受威脅最大，征討吳福生的義民軍也最強勁，因此事平後與吳賊餘黨的結怨也特別深，孤立的武洛庄民更難居住。一方面有洪水的威脅，一方面有他族的迫害，因之居民四散，人數漸減。……公元 1738 年（乾隆二年）年原居武洛庄的邱、楊、梁、賴、葉、何、徐、鍾、黃、廖、曾等姓十八伙房，從武洛遷來先開發東振新庄（因大租館名為東振館），以後發展到高樹、荖寮、大埔及大路關等庄。

（二）石萬壽

石萬壽〈乾隆以前臺灣南部客家人的墾殖〉的說法是康熙四十年代以後，客家人所墾殖的路線，分為北、中、南三線。〔註46〕北線為今麟洛、長治、里港等鄉境，開發較晚，其方式為集資向平埔族社購買土地，再回粵東原籍，召募壯丁來臺墾殖。嘉應州五縣人林、邱、鍾、曾等氏，單獨溯武洛溪而上，到武洛溪發源地的隘寮溪南岸，向武洛社承租溪邊土地開墾，成為北線各客家庄社中，最孤立的一社，也成為朱一貴之役以後，客家人向今高樹、美濃等地開拓荒地的基地，以及以後六堆組織中，右堆二十七庄最早形成的一庄。

乾隆元年，客家人由武洛溯隘寮溪北支而上，建大路關庄，但處境仍和武洛一樣，陷於河洛人、平埔族和傀儡番三面夾攻之中，亦非久居之處。乾隆二年，鎮平人涂百清率涂、鍾、朱、陳、羅、蕭六姓人氏，由大路關渡濃

〔註45〕鍾壬壽：《六堆客家鄉土誌》（屏東常青出版社，1973 年）。
〔註46〕石萬壽：〈乾隆以前臺灣南部客家人的墾殖〉《臺灣文獻》第 37 卷第 4 期（1986年 12 月）。

渡溪北上,在橫山之東的龍渡墾殖。先民初墾時,由大路關渡河,沿南方支流到「龍潭」,再渡潭至北上塘、茶頂山一帶墾殖,故名龍渡(肚)。

乾隆三年,劉玉衡率劉、何、黃、李、林、古、楊、張、吳等二十五姓人氏,分建竹頭角、九芎林二庄,情況與瀰濃、龍渡(肚)二庄略同。此外,由大路關為基地,所建立的村莊,尚有上下溪埔寮、石橋仔(今稱大崎頭)、南頭河(今稱河邊寮)、上坑、橫山等五個今美濃鎮內村庄。

另外,由武洛為基地,沿荖濃溪而上,所建立的庄社,有乾隆三年,由邱、楊、梁、賴、葉、何、徐、鍾、黃、廖、曾等十八姓人氏,所開拓的東振新庄。

(三)林正慧

林正慧,1997 碩士論文《清代客家人之拓墾屏東平原與六堆客庄之演變》,而後 2008 年以《六堆客家與清代屏東平原》為名出版,全書對清代屏東平原的客家移民作全面性的了解,包含了客家人拓墾屏東平原的背景、過程、組織與成果。

清初入墾屏東平原的客家人,主要來自廣東省嘉應州各縣、潮州府大埔縣,及福建省汀州府各縣。由於清初休養生息以來的人口壓力,及天災頻繁等不利因素影響下,使得原處山多田少之地理環境的客家人,在原鄉生活日益艱困,乃紛向臺地發展。康熙三〇年代,為客家移民拓墾屏東平原的第一階段,於康熙末年,形成約今屏東縣內埔、竹田、萬巒、長治、麟洛、佳冬、新埤等鄉境內的聚落。

乾隆初年,為第二階段,以武洛向北發展,形成今高雄市美濃區、屏東縣高樹鄉內的客家聚落。清代屏東平原的族群分布,於康熙末年以降,形成客家聚落夾處於閩籍及平埔族聚落的情形,而此種族群雜處錯落的聚落分布型態,與當地客家人之拓墾組織及六堆組織的形成均密切相關。

(四)曾坤木

曾坤木《客家夥房之研究—以高樹老庄為例》〔註47〕針對高樹老庄地區之夥房做深入探討,「夥房」是客家家族的基本單位,夥房內可以細分為一至多個家庭單位,而每一個家庭即構成一個自行運作的經濟單位。在客家人家

〔註47〕曾坤木:《客家夥房之研究——以高樹老庄為例(臺北:文津出版有限公司,2005 年)。

族夥房之內的個別家庭，並不是處於孤立而疏離的狀態，在夥房裡面的家庭與家庭之間在許多方面，不僅是緊密扣結，而且息息相關。

該研究發覺客家夥房外在型態受到時代的演進影響逐漸凋零的現象，尤其是象徵客家夥房核心價值的祖先崇拜祖先至上，受到「神明入堂」的影響祖先牌位漸趨退讓，「壽字聯」被「神像聯」取代就是最明顯的證據。

曾坤木 2003 年的〈水利與聚落遷移——以六堆高樹老庄爲例〉〔註48〕一文，提出高樹地區的聚落開發與遷徙，受荖濃溪、隘寮溪的影響最大，荖濃溪河流改道，甚至到日治時期整治高屏溪流域，都使得聚落產生遷徙。尤其是荖濃溪有長時間靠山直流高樹東側時期，鄉民稱爲「水流東」時期，那時高樹、美濃、里港是一片平原沃野，交通往來無阻礙。但從清咸豐年間出現改道情形，荖濃溪進入高樹以後改向西南流，沖毀良田聚落，居民東遷，高樹除東側靠山外，餘均被河水包圍，至今鄉民稱爲「水流西」。

荖濃溪主道從「水流東」到「水流西」，造成聚落遷徙，但聚落民間飲用水及農田灌溉用水是一體的，必須「開埤作圳」，因此高樹地區的水利，除泰山地區飲用口社溪之外，均使用來自荖濃溪及其支流濁口溪之水源，開鑿舊、新圳灌溉及飲用，因此高樹聚落開發與遷徙，與荖濃溪河流變遷及新、舊圳之開鑿形成不可或缺的基本要素。

就微觀觀點而言，小聚落亦脫離不了大環境的影響，高樹客家地最早開發地是老庄，也是高樹客家各村落開發的起源地，荖濃溪及舊圳是它生存依據的大地之母，老庄居民短距離的遷徙大車路（高樹、長榮）建興、南郡、私埤，也是受大環境的河圳的影響。

（五）楊忠龍

楊忠龍 2007 年〈多重視野下的族群關係與文化接觸——以高樹鄉東振村爲例〉〔註49〕一文，從「國家權力」與「文化符號」兩者對於「族群邊界」的關鍵影響談起，臺灣本地地緣的認同意識是透過信仰祭祀圈的擴展與血緣宗族的建立，再進而從祖籍與地緣觀念轉變爲對於本地的認同。該文對於本地區複雜的族群分布以及本地祭祀圈的轉變進行了調查。

〔註48〕曾坤木：〈水利與聚落遷移——以六堆高樹老庄爲例〉（第三屆客家研究研究生學術研討會，2003 年）。

〔註49〕楊忠龍：〈多重視野下的族群關係與文化接觸——以高樹鄉東振村爲例〉（行政院客委會邊陲與聚焦——建構南臺灣的客家研究，2007 年 6 月）。

（六）莊青祥

莊青祥 2008 年《屏東高樹大路關地區之拓墾與聚落發展之研究》〔註50〕是大路關移墾社會的探討，而透過聚落之拓墾與發展的研究，可以了解聚落開發之歷程及社會組織之情形，其中有關大路關地名，莊青祥認為應保留與尊重本地居民之意見，論開發史的觀點也不應只站在漢人的立場，和本文的論述觀點相同。

該論文貢獻是重建大路關地區由清初開庄拓墾，歷經清朝、日治時期時至今日村莊聚落之發展歷程，由拓墾史探索當地與鄰近村落的閩、客、平埔及高山族（排灣與魯凱族）之間的關係，探索當地之社會組織、學校教化及婚姻關係。也探索當地的水利設施、產業結構及變遷、探索大路關之二次移民，由大路關再遷徙至他處之移民，對大路關地區——這客家拓墾之前線，建立一個完整之論述。

〔註50〕莊青祥：《屏東高樹大路關地區之拓墾與聚落發展之研究》（國立高雄師範大學客家文化研究所碩士論文，2008 年）。

第二章　高樹客家話方言點簡介

本章主要描寫高樹客家話具有代表性方言點之語音系統，文白異讀、及連續變調等。筆者於 2011 年至 2013 年，分次進行調查，首先依照當地人之語感及描述後，經過進一步調查，對於本地客家話各方言點情況，建立系統性了解。

所得到具體的初步成果是高樹中部（市區）的客家話和周圍地區（大路關）在音韻系統上，聲母、韻母上的差異上並不明顯，但是在聲調及連續變調上的差異卻十分顯著，尤其是陽平變調部分，甚至有高樹中部客家人聽不懂大路關人（含建興村的大路關寮）所講客家話的情形，但本區通行語的客家話仍以南部四縣客家話中的高樹、佳冬、新埤此一類型客家話爲主。

本文先從高樹地區的背景介紹，將自然景觀、人文環境、人口分布以及語言使用狀況、族群混居的特殊現象先做說明，再闡明選作爲具有代表性的四個方言點的原因，依順序作陳述，緊接著描述四個代表性方言點各自的音韻系統，包含聲母、韻母及聲調和連續變調等。

第一節　背景概述

洪惟仁曾於 2004 年率高雄師範大學臺灣語言與教學研究所研究生，對整個高雄、屏東地區做過地毯式的語言別調查，所呈現的具體成果爲〈高屏地區的語言分布〉一文，該文對於高屏地區的語言和族群分布提出了相關的解釋和假設，文中引用簡炯仁的「撞球原理」來解釋整個高屏地區閩南、客家、平埔和高山族原住民的分布方式，也針對高屏地區的語種提供了鳥瞰式的說

明，尤其以其附錄的〈高屏地區語言分布圖〉為本文研究相當重要的前導研究與參考依據，本文依據該圖所呈現的語言分布，再聚焦於語言族群現象相對複雜的屏東北部地區。

一、閩南話佔優勢，客家話被包圍

本文首先需要關注的是整個高屏地區的語言分布，參考下圖所呈現的情況，閩南話在整個高屏地區有絕對優勢，客家話則集中於六堆地區，被閩南話所包圍，而南島語則依族群分布位於最東邊的山地。

二、屏東北部地區語言現象最複雜，尤其是高樹附近

洪惟仁〈高屏地區的語言分布〉一文提到屏東北部地區和高樹鄉附近的狀況時，針對本地區的多元現象，他說：

> 屏東縣北部是一個語言非常複雜的地區，除了平地的閩南人、高山地帶的排灣族、魯凱族之外，還有客家人、平埔族。客家人中大部分說四縣話，極少數的北客新移民說海陸話，客家人中也有一些是鶴佬客，語言最複雜的是高樹鄉，這個鄉是客家人和閩南人雜居之地，閩南語佔優勢。

三、多元族群的複雜分布

接著洪惟仁又提到除了閩、客之外的族群還有所謂的眷村，分布在屏東平原北部地區，以屏東縣里港鄉和高雄市的美濃區為主，整個屏北地區的語言和族群分布狀況，其中對於本地區語言的複雜程度，洪惟仁認為里港還散居著一些說西南官話的滇緬義胞，高樹散居著說浙南閩南語的大陳義胞。最複雜的是高樹及其周邊地區，因而成為調查的重點。

四、高樹鄉的語言概況

高樹鄉十九村中客家話佔優勢的只有中部的「高樹、東興、東振、建興」四個村和高樹鄉南部大路關「廣福、廣興」二個村，但即使在這些村落也有不少閩南人說閩南語。北部大埔、菜寮、舊寮、司馬四村的客家人已經閩南化，說閩南話，此外也發現了「北客南遷」的海陸話。

新豐村東隅有海陸客和四縣客雜居，當地客籍居民來自桃園中壢、新竹

關西、苗栗頭份一帶。高樹鄉也有幾個平埔村。新豐村平埔族多半由鹽埔、西瓜寮、加蚋埔、萬金、赤山遷來。

圖 2-1-1　高屏地區語言分布圖

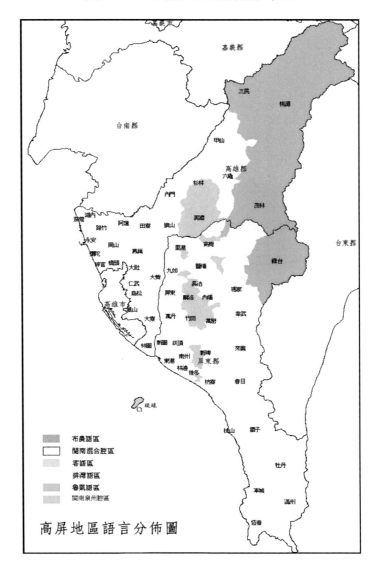

資料來源：節錄自洪惟仁，2004，〈高屏地區的語言分布〉，頁 38。

五、本文的研究基礎

本文以此調查結果為基礎，深入各村的自然聚落調查，能有更深入的發

先說明高樹鄉北部的語言分布現象,至於平埔族和大陳義胞也是本地區多元族群的成員之一,平埔族群在本地區以泰山村,和幾個大陳義胞新村爲主,泰山村民由里港塔樓遷來,都講閩南語。除此之外,大埔村「百畝新村」(第一新村)、東興村的「虎盤新村」、鹽樹村的自強、日新、南羆三個新村爲大陳義胞社區,說浙南閩南語,兼通溫州話〔註1〕。

由下圖洪惟仁所繪的【圖 2-1-2 屏東北部語言分布圖】來看,便可知道本區語言和族群分布的複雜程度,因此將本區的語言分布狀況做一更細部的釐清是本文的首要目標,也因此本文所採的方言點是以村以下的自然聚落爲依據。

圖2-1-2　屏東北部語言分布圖

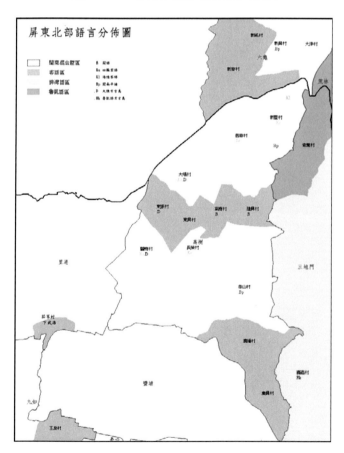

資料來源:自洪惟仁,(2006),〈高屏地區的語言分布〉,頁39。

〔註1〕洪惟仁等〈高屏地區的語言分布〉《第二屆漢語方言小型研討會》(中央研究院語言學研究所調查室),頁117〜152。

第二節　高樹地區簡介

一、高樹地區的地理位置

　　高樹鄉位於屏東平原之東北端，東經 120°33'（新南村）至 120°43'（新豐村）、北緯 22°46'（廣興村）至 22°53'（新豐村）。東連中央山脈與三地門鄉爲界，西以荖濃溪，北以濁水溪與高雄縣美濃鎮、六龜鄉、茂林鄉隔河爲界，南以隘寮溪（新南勢溪）與里港鄉、鹽埔鄉爲鄰。除東面連接山地外，其餘三面皆有溪流圍繞，全鄉面積共九十二平方公里。

　　高樹鄉與里港間，原無河流阻隔，交通可以暢通。民國十九年，日人爲整治下淡水溪，乃將隘寮溪及武洛溪堵塞，另自目前高樹大橋以下開鑿新河道，引導前兩溪之河水洩入土庫二層溪，而成現今之情況。

　　高樹鄉地形，東南面屬恆春丘陵之一部分，其餘皆爲下淡水溪水系諸河川沖積而成之肥沃平原，但荖濃溪河床清代時期於本區形成放射狀亂流的狀況，在堤防尚未興築以前，由於河床經常改道，也造成洪水氾濫，目前高樹鄉的土地大多爲河床浮覆地。

二、高樹地區的歷史沿革

　　有關於高樹地名的由來及歷史沿革，我們在民國 70 年所出版的《高樹鄉志》中可以看見這樣的描述：

> 清朝乾隆二年，始有廣東、福建二省移民輾轉遷居於此，此時船斗庄有一大租館，名稱東振館，招丁墾殖於今之東振一帶，……因荖濃溪洪水氾濫，流失西北面一帶之良田數千甲……住民乃遷徙至大車路，重建家園，共有二百餘戶。其名曰大車路者，蓋以其路甚寬，可容牛車數輛並行之故也。〔註2〕

　　高樹地區於清朝時代，隸屬鳳山縣。本庄的開庄約在乾隆二年（1737），當時的移民來自於福建和廣東二省，當時先建立的聚落爲「船斗庄」，船斗庄後來遭洪水淹沒，村庄舊址位於今日的荖濃溪河道中，後來成立東振新租館並建立東振新庄，今日稱爲老庄（東振、東興二村）。

> 日據時代……其所以稱爲高樹，乃因庄頭木棉一株，其樹甚高，分

〔註 2〕高樹鄉公所：《高樹鄉志》（屏東：高樹鄉公所，1981）。

支十八蓋，形如車蓋冠於群樹，故取之以爲庄名之。〔註3〕

日據初期先隸屬阿猴廳，港西上里高樹下庄，後改隸高雄州屏東郡，分東振新區及加蚋埔區。民國九年，兩區合併爲高樹庄。民國三十四年台灣光復，隸屬高雄縣屏東區，民國三十九年，行政區域調整，改隸於屏東縣，迄民國88年底，計轄高樹、長榮、東振、東興、大埔、源泉、荣寮、司馬、舊寮、新豐、鹽樹、田子、新南、舊庄、南華、泰山、廣福、廣興、建興等十九村。〔註4〕

三、高樹地區的語言使用和人口狀況

根據鄉公所所提供資料顯示，高樹鄉十九村語言使用狀況和人口數量，可以發現在語言使用情況上，可以的到初步的分析：

（一）本區的優勢語爲閩南話，客家話並非優勢語言

高樹鄉雖屬六堆地區，一般的刻板印象會認爲客家人口相對集中，客家話應該佔有優勢，但根據【表2-2-1高樹地區的語言使用和人口狀況表】所呈現的現象可以發現，在高樹鄉十九個村裡使用閩南話人口高於客語人口。

鄉內有源泉、舊庄、新南、南華、泰山等純以閩南語爲主的村落，客家人及客家話低於 10%，其他的村落大埔、荣寮、建興、新豐、司馬、舊寮則是閩南語和客家話兼有，本鄉的東側和爲屏東縣三地鄉（大部分爲魯凱、排灣與平埔族群馬卡道族），西南側爲屏東縣鹽埔鄉（閩南語爲主）。

（二）本區的客家話又劃分爲四區

此處的分類並非經過嚴謹的比較後產生的類型學上的語言分類，而是參考現有研究成果、文獻與前揭當地語言使用現況，以及當地人（受訪者）語感等條件，所做的階段性區分，根據宋兆裕2009年碩士論文《屏東高樹鄉關福村客家話研究》的研究指出下列的分區：

1、高樹中部（高樹市區）：高樹、東興、東振、長榮等村

根據宋兆裕的研究，認爲使用客語爲主的六個村中，高樹、東興、東振、長榮四村自成一區，且位於高樹鄉交通輻輳地帶。

2、大路關地區：廣福、廣興等村

廣福、廣興二村自成一區，值得留意的是，大路關廣福村、廣興村雖然

〔註3〕 高樹鄉公所：《高樹鄉志》（屏東：高樹鄉公所，1981）。
〔註4〕 見高樹鄉公所網頁：http://www.pthg.gov.tw/TownGto/index.aspx。

是屬於高屏六堆四縣腔客家話，但其特殊的腔調卻明顯與六堆其他次方言有所差異，大路關地區原本屬於鹽埔鄉，臺灣光復後，民國三十九（1950）年，後才改隸高樹鄉。

　　廣福村舊名是大路關或老（舊）大路關，又名河壩。大約在 150 年前，由於河水氾濫將原本的大路關一分為二，稱為舊大路關（關福村）與新大路關（廣興村）。廣福、廣興的居民來自廣東省一帶，最初居於里港武洛（現載興村），後來遷至鹽埔，再由鹽埔遷至大路關，日本時代，屬鹽埔庄，因為隘寮溪河水阻礙交通，經高樹鍾貴和先生等陳情行政院，在民國 39 年（西元 1950年）改稱為關福村（後又改為廣福村）。

　　3、潮州府客屬地區：大埔、建興、舊寮、菜寮、司馬等村

　　大埔、建興兩村先民由廣東潮州府大埔縣移居而來，但目前通行的語言是閩南語，大埔村民原本說客家話，目前上述地區還有些親屬稱謂還殘存客語成份，而且因為鄰近美濃、東振和高樹等客家庄，居民透過通婚和交通以及生活上的接觸，有部份村民把重新客家話學回來，大多能聽懂本地和美濃的客家話，但此客家話並非大埔和建興等村民原有的潮州府客家話，而是參雜閩南語和高樹腔、美濃腔的客語。

　　（四）北客南遷的新豐村（尾寮、大山寮、凹湖、隘寮等聚落）

　　新豐村（尾寮）為臺灣北部關西地區的移民，稱「北仔客」，是日治時期才從北部新竹關西地區等地搬來客家人，說的是海陸話，但目前全村海陸話只剩二十餘戶，目前海陸話的通行也只限於北客之間，村民們皆知道他們所說的客家話有別於高樹客家話，而北客們不僅能說海陸話，對於本地客家話、閩南話、華語也都能兼通，是名副其實的多聲帶，也是語言接觸多語兼用現象觀察的一個好例子。

表 2-2-1　高樹地區的語言使用和人口狀況表

項目/村	高樹	長榮	東興	東振	廣福	廣興	大埔	菜寮	建興	新豐
鄰　數	24	14	15	13	12	15	11	12	14	22
戶　數	985	595	383	303	412	430	290	318	494	637
人口數	2706	1657	984	746	1158	1460	785	943	1480	1886
通用語	客	客	客	客	客	客	客/福佬	客/福佬	客/福佬	客/福佬

項目/村	司馬	舊寮	源泉	鹽樹	田子	新南	舊庄	南華	泰山	總計
鄰　數	12	17	11	22	15	12	12	14	26	295
戶　數	289	543	395	604	452	567	397	506	892	9497
人口數	864	1629	1286	1638	1407	1909	1328	1547	2358	27778
通用語	福佬/客	福佬/客	閩	閩	閩	閩	閩	閩	閩	

資料來源：高樹鄉公所網頁（2011 年）。

四、多元族群混居的現象有待釐清

根據以上的觀點歸納：高樹位於屏東平原東北端，與美濃並稱爲六堆當中的「右堆」，在行政區上的劃分爲屏東縣高樹鄉，鄉內有閩南、客家、原住民、平埔族、大陳義胞等族群混居，客家話在整個地區並非優勢語言，本鄉客家話其內部就有次方言的差異，本研究以跨領域的視野，以族群、歷史以及語言分布等角度來觀察此地區的語言現象以及語言接觸的狀況，也希望透過比較的方式探討高樹地區多族群混居的語言接觸現況。

（一）高樹各聚落混居的狀況不一致

根據吳中杰說〔註5〕，六堆所轄的各鄉鎮，一般都有明確的福佬庄與客庄的界限，但是高樹鄉的情況尤爲特殊，雖有純粹的福佬庄（如南勢）與客庄（東振老庄、大路關、南郡庄），但大多數的村落是多族群混居的，如阿拔泉地區的建興、荖濃溪畔的大埔、荖寮是六堆客家人和福佬混居，舊寮村是日治時期以後的二次移民，北部客和福佬人及平埔族混居，田仔村原有客家人居住，但逐漸爲福佬人取代，也是學者推論的平埔族舊聚落〔註6〕，泰山村是馬卡道族和福佬人並存。1955 年大陳島居民撤退來台，在高樹鄉有五個集居的新村，是臺灣地區大陳移民戶數和人口最多的，故鹽樹村有福佬人、大陳人，東振村包含了客家人和大陳人，大埔村則是客家、福佬和大陳人並存，所以整個高樹鄉呈現的是多族群混居的狀態。也是所謂的「非典型客家庄」，在這種空間和族群混雜接觸的狀態下，其語言現象是值得觀察的。

〔註5〕吳中杰《多族群混居下的語言與空間變遷──以高樹鄉東振、大埔爲例》（2008年6月），頁10。

〔註6〕施添福〈國家與地域社會──以清代臺灣屏東平原爲例〉頁 42～47。林正慧《六堆客家與清代屏東平原》頁 75。

（二）屏東平原的語言族群分布討論

其實整個屏東平原的族群分布一直是諸多學者探討的現象，前有簡炯仁的撞球理論〔註7〕，後有洪惟仁從語言分布上所發現的語言層次說〔註8〕，其族群分布自沿海地區至沿山地區依序是閩南人、客家人、平埔族、高山族，根據筆者本身的調查、驗證，整個沿山地區的現象確實是如此，當然這些族群和語言分布線並非絕對有一條明顯的線，有時是像行政區有明顯的界線（五溝、萬金），有時是一條河流或是小丘等地形阻隔（高樹、美濃），有些則是聚落內的混居現象就十分明顯，像是泰山村、大埔村等，所以語言接觸現象在這些地方是十分頻繁的，其族群和語言複雜的程度，應該是屏東平原之最，本文藉由一隅之地的討論希望解開這個小區域語言和族群間錯雜的現象。

五、高樹地區的開墾和聚落發展

乾隆年間，里港武洛庄客家先民，沿溪流向北發展，陸續在美濃、高樹等地建立了約三十個客家庄——右堆，雖然在六堆之中時間最晚，但範圍卻是最大的，更是今日南部客家莊新的領導中心〔註9〕，屏東平原的客家遷移路線主要分北、中、南三路，高樹的開發與美濃約同時，分別為乾隆元年及二年，美濃稍早一年，但因地理條件不同所以之後聚落發展的方向也不同。六堆最早的社會參與就是移民本身的開發與拓墾過程，早期的移墾社會，血緣、地緣以及共同的宗教信仰，是形成社會組織與地方聚落的重要基礎〔註10〕，其中也包含和其他族群對水源土地的爭奪，所以水利設施的發展與聚落的形成也有密切關係。

漢人早在明鄭時期即在臺灣南部屯墾，連橫《臺灣通史》所載：

南至琅嶠，北至雞籠，皆有漢人足跡。〔註11〕

《重修鳳山縣志・風土志》：

〔註7〕 簡炯仁《屏東平原的開發與族群關係》（屏東：屏東縣立文化中心出版，1995年）。

〔註8〕 洪惟仁等〈高屏地區的語言分布〉《第二屆漢語方言小型研討會》（中央研究院語言學研究所調查室），頁30。

〔註9〕 蔡麗真等：《六堆——地圖上找不到的客家桃花源》（行政院客家委員會客家文化中心籌備處，2007年）。

〔註10〕 徐正光編：《臺灣客家族群史社會篇》（南投：國史館台灣文獻館，2002年）頁2。

〔註11〕 參見《臺灣通史》卷15〈撫墾志〉。

臺自鄭氏挈內地數萬人來居茲地，半閩之漳泉、粵之潮惠民，此其氣息有沿傳矣。〔註12〕

在六堆這個組織正式成立之前，康熙末年屏東平原就已有「十三大庄六十四小庄」共七十餘聚落產生，而六堆是一個由朱一貴事件而催化產生的團練組織，在此之前，開墾之初已經有墾隘、保甲等組織，此時期的六堆人以農業維生，開墾六堆的土地，六堆地區開墾初期屬於墾首制與大小租制，採暫時性的佃墾，如萬巒地區溫、張二姓的開發，其後嘗會居中扮演重要的角色〔註13〕，進入組織化的墾殖。

六堆所分布的屏東平原，是臺灣第二大平原，東臨中央山脈西隔高屏溪與鳳山丘陵相望，北面靠山、南面臨海，地形完整而獨立。豐饒的糧作收成足以讓生活自給自足，且客家人因和閩南人不斷爭奪水源和土地造成族群關係緊張，所以作生意都直接和原鄉來往，久而久之便自成一套經濟運作體系。

先民開發六堆之初，與閩南、平埔等族群為了爭水源而時有衝突，造成族群之間關係的緊張，因而有閩客及閩客原相互械鬥的狀況，然而客家先民在水利設施上由於在原鄉豐富的經驗，因此略勝其他族群一籌，「埤圳」的修築讓客家庄的水源有了穩定的供應，也將原本一年一種的產量提高到一年雙收田，較著名的埤圳，如萬巒埤、頓物埤、頓物潭埤等。

以開發較晚的右堆高樹為例，境內最早開鑿又最具規模的水圳為舊寮圳（又稱老圳北溪舊圳），灌溉面積達數百十餘甲，就是在雍正末乾隆初，由客家先民廖亞元所開鑿的。其他尚有王爺圳、八十甲圳等大小支流等十餘條水圳，這樣發達的水利設施讓此地的居民得以有豐富的水源，灌溉農作，而能將其作物販回大陸原鄉進行貿易，稱為「原鄉貨」。〔註14〕

六堆的水利設施是很發達的，不論是以個人名義發起修築的，或是由鄉里間自行發起的，都是有田者出圳路、有錢者出錢，有力者出力，經費亦大多由公嘗分擔，當時沒有水泥，無法築永久性的埤壩，只好冬季築堤，讓四月冬田有水可灌溉，及至秋洪爆發之前，開放一闕任其洪流，避免全堤沖毀

〔註12〕王瑛曾纂：《重修鳳山縣志》（臺灣省文獻叢刊第49種，臺北：臺灣銀行經濟研究室，1957年）卷3頁45。

〔註13〕林正慧：《六堆客家與清代屏東平原》（臺北：財團法人曹永和文教基金會，2008）頁119。

〔註14〕曾坤木：〈水利聚落與遷移——以高樹老庄為例〉（第三屆「客家研究」研究生學術論文研討會，2003）。

〔註 15〕，故每年各季水流較枯竭時各地村庄便會發起「開埤作圳」，因此開埤作圳是清代六堆開發時由各村庄在地居民所發起的，一種自發性爲鄉里，也爲自身生存的社會參與活動。

由於經濟各方面相對穩定，相對封閉的區域特質得以保留客家的傳統與生活型態，右堆是最晚開發的，包含了美濃、高樹全境以及杉林和六龜的一部分，時間上是朱一貴（康熙六十年）之亂平定之後，在地理位置上是屏東平原邊陲的地區，因此本區域除了和閩南人雜居以外，也和平埔族與高山族爲鄰，再加上政府於民國四十年代之後計畫性遷入的大陳義胞，基於上述這些原因，此區域便呈現出複雜的語言現象和多元族群關係。

第三節　高樹客家話的音韻系統

基於本章前一節的背景說明，本文選擇高樹鄉的四個具有代表性的方言點，作爲我們調查高樹地區客家話的依據，我們選取方言點的原則是，依據地理位置、歷史沿革、語言使用狀況和族群混居的現象，以及開墾聚落發展等順序，加以分區分類；選取具有代表性、能夠顯示該地客家話特色的地方，因此形成以下的四種區分。

一、高樹客家話

高樹鄉的中部當地人稱爲高樹市區，包含了高樹、東振、東興、長榮四個村，以及本文調查的大埔村龍眼腳聚落和建興村的溪埔仔聚落，當初乾隆年間最早來此地的所形成的客家聚落是「東振新」庄，客家人稱爲老庄，之後慢慢發展而來，聚落逐漸向外擴散，客家人延伸到高樹村和長榮村。

高樹市區在本區屬於客家人相對集中的區域，尤其是東振、東興二村，爲純客庄，長榮和高樹二村由於嫁娶通婚或是遷移來的閩南人口較多，街路上閩南語的使用也相當頻繁，但所說的客家話仍是和老庄一致的，客家話仍佔有優勢，其雙語現象本節暫不探討，留待第六章再行討論。

建興村的溪埔仔聚落多爲東振、東興老庄移來的客家人，所說的客家話也和老庄並無二致，龍眼腳爲大埔村唯一以客家話爲主的聚落，此聚落主要

〔註 15〕賴昭喜等：《六堆客家社會文化發展與變遷之研究・社會篇》（屏東：財團法人六堆文教基金會，2001 年）頁 258。

以劉姓、徐姓家族爲主，佔有相當數量，也是從老庄移居過來的，所說的客家話也和老庄一致，由於居民來源明確，故本文以此範圍，作爲高樹中部客家話的代表方言點，發音人的選擇也以世居老庄內東興村葉老先生（76）歲，未曾外出求學或工作的背景爲代表。

以下就其音韻系統以聲母、韻母、聲調及文白異讀的順序，說明高樹中部地區客家話的音韻系統：

（一）聲 母

高樹中部客家話在含零聲母的情況下，聲母總數 18 個，如下表所示。

發音部位 \ 發音方法		塞音			非塞音					邊音
					摩擦音					
					清					
		不送氣	送氣	鼻	阻擦		非阻擦		濁	濁
					不送氣	送氣				
唇音	雙唇音	p 班	pʰ 品	m 眠						
	唇齒音							f 婚	v 皇	
舌尖	舌尖音	t 誕	tʰ 動	n 年						l 爐
	舌尖前				ts 捉	tsʰ 賊	s 省			
顎化	舌面音									
	舌面前音			ȵ 忍	(tɕ) 蕉	(tɕʰ) 售	(ɕ) 脅		j 醫	
牙喉		k 敢	kʰ 昆	ŋ 仰				h 渴		

聲母音位說明

1、高樹中部地區的客家話在音位計算上共有 18 個聲母，基於互補配（complementary）的關係，〔ts〕和〔tɕ〕，〔tsʰ〕和〔tɕʰ〕，〔s〕和〔ɕ〕，分別看成同一個音位。

2、ts、ts'、s 聲母有顎化爲 tɕ、tɕʰ、ɕ 的現象，但基於互補配對，ts、ts'、s 出現在 i 元音以外的元音（a、e、o、u）之前，tɕ、tɕʰ、ɕ 則只出現在 i 元音之前。

3、m̩、n̩、ŋ̍ 等次濁鼻音聲母，可單獨成音節發音，是爲「元音化之輔音」。例字「不」m̩¹¹、「魚」ŋ̍¹¹、「你」ŋ̍¹¹、「五」ŋ̍¹¹。

4、ṃ、n̩、ŋ̍ 的顎化：n、ŋ 在 i 元音之前都有顎化的現象，n、ŋ 一般都顎化為 n̩（ɲ）。

5、高元音 i 前的零聲母摩擦現象，也可說是零聲母位置上前高元音的強化現象，變成濁摩擦音 j〔註16〕，和新埤、佳冬、武洛等地方相同，袁家驊《漢語方言概要》說在梅縣也有這樣的情況〔註 17〕，但不同於海陸客家話圓唇的 ʒ，且摩擦程度的強弱因人而異。

6、n、l 基本有別。

7、有部分曉匣母字 f→hu 的現象，如：紅、花。

（二）韻　母

高樹中部客家話的韻母，有五個主要元音，韻母共有 63 個，另有 3 個成音節鼻音。

高樹中部（市區）客家話的元音

舌位	前元音	中元音	後元音
高	i		u
中	e		o
低		a	

陰聲韻：20 個

開口		a	o	e		ai	oi	au	eu
齊齒	i	ia	io	ie	iu		iue	iau	ieu
合口	u	ua		ue		uai	ui		

陽聲韻：鼻尾韻母 22 個

	雙唇鼻韻尾 -m			舌根鼻韻尾 -ŋ		
開口		em	am	aŋ	oŋ	
齊齒	im	iem	iam	iaŋ	ioŋ	iuŋ
合口				uaŋ		uŋ

〔註16〕鍾榮富：《臺灣客家語音導論》（臺北：五南圖書，2004 年）頁 87。

〔註17〕袁家驊：《漢語方言概要》（北京：語文出版社，2001 年）頁 25。

		舌尖鼻韻尾 -n			
開口		en	an	on	
齊齒	in	ien	ian	ion	iun
合口		uen	uan		un

入聲韻：塞音韻尾 21 個

	雙唇塞韻尾 -p			舌根塞韻尾 -k		
開口		ep	ap	ak	ok	iuk
齊齒	ip		iap	iak	iok	uk
合口				uak		

		舌尖塞韻尾 -t			
開口		et	at	ot	
齊齒	it	iet	iat	iot	iut
合口		uet	uat		ut

成音節輔音：3 個

m	n	ŋ

韻母說明

1、沒有ɿ只有 i，根據文獻和筆者訪查，一致認定本區沒有舌尖前高元音 ɿ，在高樹地區居民的交談中，的確沒有 ɿ 出現，只有 i，和張屏生、吳中杰、羅肇錦、千島英一、樋口靖、鍾榮富等人所描述的事實相同，此現象也和大路關、武洛、新埤以及佳冬地區一致。

2、在高樹地區 im、in、ip、it 可以接在 ts-、tsʰ、s 之後，例字為:「針 tsim¹³」、「神 sin¹¹」、「濕 sip²¹」、「識 sit²¹」。

3、ien/iet 及 ian/iat：a 與 i 在和 n 與 t 組合時因為發音省力原則，其音值會接近 ien/iet，羅肇錦和鍾榮富都認為是 ien/iet，只有千島英一、樋口靖紀錄為 iæn/iæt 以及 ien/iet，本文贊同 ien/iet 記錄方式。

4、成音節輔音 m 延長成音節的元音化輔音，不與任何聲母配合。例字「毋」m，有否定之意，「做毋得」m̩、「還毋曾」m̩。

5、成音節輔音 n 延長成音節的元音化輔音，不與任何聲母配合，例字「你」，「你」白讀 n̩、文讀「你」ŋi。

6、成音節輔音 ŋ 延長成音節的元音化輔音，不與任何聲母配合。例字「五」
ŋ。

（三）聲　調

1、基本調

	陰平	陽平	上聲	去聲	陰入	陽入
調值	13	11	31	55	<u>3</u>	<u>5</u>
例字	夫	胡	府	褲	忽	佛

2、連續變調

連續變調在高樹地區高樹中部地區客家話的六個基本調值組合後，可以分為前字變調、後字變調、前後字變調等。

（1）前字變調：又可分為陰平變調和上聲字變調

陰平變調：陰平變調有兩種，分別為

1）陰平〔13〕→陽平〔11〕：陰平字後接陰平、去聲、陽入等三種聲調時，會產生陽平〔11〕變調。

陰平前字變調規則 a：〔13〕→〔11〕/＿ {〔13〕、〔55〕、〔5〕}（在/後表變化條件）

＋陰平〔13〕	＋去聲〔55〕	＋陽入〔5〕
親家 tshin13-11 ka13	車站 tsa13-11 tsan55	單獨 tan13-11 thuk<u>5</u>
秋天 tshiu13-11 thian13	方便 foŋ13-11 phian55	生活 sen13-11 fat<u>5</u>
被單 phi13-11 than13	鄉下 hioŋ13-11 ha55	開學 khoi13-11 hok<u>5</u>
冰箱 pen13-11 sioŋ13	天氣 thian13-11 hi55	風俗 fuk13-11 siuk<u>5</u>
香菇 hion13-11 ku13	兄弟 hioŋ13-11 thi55	刀石 do13-11 sak<u>5</u>

2）陰平〔13〕→〔35〕：陰平字後接陽平聲調時，會產生〔35〕變調。

陰平前字變調規則 b：〔13〕→〔35〕/＿〔11〕例字：

＋陽平〔11〕	
高粱 ko13-35 lioŋ11	高雄 ko13-35 hioŋ11
阿婆 a13-35 pho11	耕田 kaŋ13-35 thian11
天時 thian13-35 si11	暖壺 non13-35 fu11
聰明 tshuŋ13-35 min11	

（2）後字變調

1）陰平單字變調〔13〕→〔11〕：高樹地區客家話陰平字本調調值為〔13〕，在語流中，普遍讀成〔11〕。例字為：近 khiun13-11、冷 laŋ13-11、花 fa13-11、hioŋ 香 13-11。

2）陰平後字變調

陰平〔13〕＋＿	東西 tuŋ13-11 si13-11	雞公 ke13-11 kuŋ 3-11
陽平〔11〕＋＿	皮膚 phi11 fu13-11	阿爸 a11 pa13-11
上聲〔31〕＋＿	老弟 lo31 thai13-11	海唇 hoi31 sun13-11
去聲〔55〕＋＿	鼻公 phi55 kuŋ13-11	桂花 kui55 hua13-11
陰入〔3〕＋＿	伊多 it3 to13-11	國中 kuet 3 tsuŋ13-11
陽入〔5〕＋＿	月光 niat5 koŋ13-11	學生 hok 5 saŋ13-11

（3）前後字變調：〔13＋13〕→〔11＋11〕：

高樹中部地區客家話陰平變陽平很普遍，當兩個陰平字結合在一起也會變成陽平，形成前後字同時變調。

〔13＋13〕→〔11＋11〕	
丈公 tshoŋ13-11 kuŋ13-11	高中 ko13-11 tsuŋ13-11
天弓 thian13-11 kiuŋ13-11	聲音 saŋ13-11 im13-11
冬天 tuŋ13-11 thian13-11	金針 kim13-11 tsim13-11
弓蕉 kiuŋ13-11 tseu13-11	秋冬 tshiu13-11 tuŋ13-11

高樹中部地區客家話也出現陰平調值不穩定的現象，賴淑芬（2004）：「佳冬陰平調值非常不穩定，只有在後接陽平字時，才能保持原來的聲調」〔註18〕，鄧明珠（2004）：「新埤客語的陰平調性極不穩定」，陰平 24 或 13，只有美濃相反，〔註19〕高樹、新埤、佳冬三地方的陰平調調值都呈現不穩定。

〔註18〕賴淑芬《屏東佳冬客家話研究》（高雄師範大學臺灣文化及語言研究所碩士論文，2004 年）。

〔註19〕何志男 2011《六堆地區四縣腔客語聲調比較研究》，國立屏東大學文化創意產業學系碩士班碩士論文。

二、大路關客家話

（一）聲　母

大路關客家話在含零聲母的情況下，聲母總數 18 個，如下表所示。

發音方法 發音部位		塞音			非塞音					
		不送氣	送氣	鼻	摩擦音					邊音
					清				濁	濁
					阻擦		非阻擦			
					不送氣	送氣				
唇音	雙唇音	p 班	pʰ 品	m 眠						
	唇齒音						f 婚		v（b）皇	
舌尖	舌尖音	t 誕	tʰ 動	n 年						l 爐
	舌尖前				ts 捉	tsʰ 賊	s 省			
顎化	舌面音									
	舌面前音			ȵ 忍	（tɕ）蕉	（tɕʰ）售	（ɕ）脅		j 醫	
牙喉		k 敢	kʰ 昆	ŋ 仰			h 渴			

聲母音位說明

1、大路關客家話的客家話在音位計算上共有 18 個聲母，〔ts〕和〔tɕ〕，〔tsʰ〕和〔tɕʰ〕，〔s〕和〔ɕ〕，分別看成同一個音位，和高樹中部地區客家話聲母數相同。

2、ts、ts'、s 聲母有顎化為 tɕ、tɕʰ、ɕ 的現象，但基於互補配對，ts、ts'、s 出現在 i 元音以外的元音（a、e、o、u）之前，tɕ、tɕʰ、ɕ 則只出現在 i 元音之前，此部分和高樹中部地區客家話相同。

3、m̩、n̩、ŋ̩ 等次濁鼻音聲母，可單獨成音節發音，是為「元音化之輔音」。例字「不」m̩¹¹、「魚」ŋ̩¹¹、「你」ŋ̩¹¹、「五」ŋ̩¹¹。

4、m̩、n̩、ŋ̩ 的顎化：n、ŋ 在 i 元音之前都有顎化的現象，n、ŋ 一般都顎化為 n̩（ȵ）。

5、高元音 i 前的零聲母摩擦現象，也可說是零聲母位置上前高元音的強化現象，變成濁摩擦音 j [註20]，和高樹中部地區客家話、新埤、佳冬、武洛

〔註20〕鍾榮富《臺灣客家語音導論》（臺北：五南圖書，2004）頁87。

等地方相同，且摩擦程度的強弱因人而異。

6、n、l 基本有別。

7、有部份曉匣母字 f→hu 的現象，如：紅 huŋ、花 hua。

8、部分脣齒聲母 v 聲母多數受閩南話影響被雙唇濁聲母 b 取代，烏色 bu[13]，文 bun[11]，等字，此部分較高樹中部地區客家話普遍。

（二）韻　母

大路關客家話的韻母，有五個主要元音，韻母共有 63 個，另有 3 個成音節鼻音。大路關客家話客家話的元音：

舌位	前元音	中元音	後元音
高	i		u
中	e		o
低		a	

陰聲韻：20 個

		無韻尾				有韻尾		
開口		a	o	e		ai	oi	au	eu
齊齒	i	ia	io	ie	iu		iue	iau	ieu
合口	u	ua		ue		uai	ui	

陽聲韻：鼻尾韻母 22 個

	雙唇鼻韻尾 -m			舌根鼻韻尾 -ŋ		
開口		em	am	aŋ	oŋ	
齊齒	im	iem	iam	iaŋ	ioŋ	iuŋ
合口				uaŋ		uŋ

	舌尖鼻韻尾- n			
開口		en	an	on	
齊齒	in	ien	ian	ion	iun
合口		uen	uan		un

入聲韻：塞音韻尾 21 個

	雙唇塞韻尾 -p		舌根塞韻尾 -k		
開口		ep	ap	ak	ok	iuk
齊齒	ip		iap	iak	iok	uk
合口				uak		

舌尖塞韻尾 -t					
開口		et	at	ot	
齊齒	it	iet	iat	iot	iut
合口		uet	uat		ut

成音節輔音：3 個

m	n	ŋ

韻母說明

1、沒有 ɿ 只有 i，和高樹中部地區客家話相同沒有舌尖前高元音 ɿ，武洛、新埠以及佳冬地區一致，只有「十」唸成 sip，但是高樹中部地區客家話有部分人唸 sup。

2、和高樹中部地區客家話相同 im、in、ip、it 可以接在 ts-、tsʰ、s 之後，例字為：「針 tsim¹³」、「神 sin¹¹」、「濕 sip²¹」、「識 sit²¹」。

3、ien/iet 及 ian/iat：a 與 i 在和 n 與 t 組合時因為發音省力原則，其音值會接近 ien/iet。

4、成音節輔音 m 延長成音節的元音化輔音，不與任何聲母配合。例字「毋」m，有否定之意，「做毋得」m̩、「還毋前」m̩。

5、成音節輔音 n 延長成音節的元音化輔音，不與任何聲母配合，例字「你」，「你」白讀 n̩、文讀「你」ŋi。

6、成音節輔音 ŋ 延長成音節的元音化輔音，不與任何聲母配合。例字「五」ŋ̍。

（三）聲　調

　　聲調部份是大路關客家話和高樹中部地區客家話差別最大的地方，也是大路關客家話在臺灣南部四縣客家話中的特殊地位。

1、基本調

	陰平	陽平	上聲	去聲	陰入	陽入
調值	33	11	31	55	<u>3</u>	<u>5</u>
例字	夫	胡	府	褲	忽	佛

陰平調基本調調值〔33〕和高樹中部地區客家話〔13〕不同，連續變調時規則也不同。

2、連續變調

連續變調在大路關客家話的六個基本調值組合後，可以分為前字變調、前後字變調等，前字變調又可分為陰平前字變調和陽平變調。

1）陰平前字變調：陰平前字變調規則為〔33〕→〔35〕：陰平字後接陽平聲調時，會產生中升〔35〕變調。

陰平前字變調規則 a：〔33〕→〔35〕/＿〔11〕

例字

〔33〕→〔35〕＋陽平〔11〕	
高粱 ko33-35　lioŋ11	高雄 ko33-35　hioŋ11
阿婆 a33-35　pho11	耕田 kaŋ33-35　thian11
天時 thian33-35　si11	暖壺 non33-35　fu11
聰明 tshuŋ33-35　min11	

2）陽平前字變調

陽平前字變調有二種規則：

　b〔11〕→〔33〕：陽平調在陰平調和陰入調之前，會變成中平調〔33〕。

　c〔11〕→〔35〕：陽平調在陽平調之前，會變成中升調〔35〕。

陽平前字變調規則 b：〔11〕→〔33〕/＿{11、33}

例字：無被 mo11-33　phi33、無聲 mo11-33　saŋ33。

　　　斷截 thon 11-33　tshit3、鍾屋 tsuŋ11-33-　vuk3。

陽平前字變調規則 c：〔11〕→〔35〕/＿{11}

例字：時常 si11-35　soŋ11、文湖 vun11-35　fu11、無來 mo11-35　loi11、

　　　無情 mo11-35　tɕhin11。

3）陰平後字變調

大路關客家話因為陰平調調值已經是〔33〕，所以六堆其他地方的陰平調

調值是〔13〕不同，因此缺乏變調的驅力，所以並無發現陰平後字變調。

4）後字陽平變調：大路關也沒發現後字陽平變調，只有前接陰平調時，會讓前字變調爲 35。

三、新豐村的海陸客家話

（一）聲　母

新豐村海陸客家話在含零聲母的情況下，聲母總數 22 個，如下表所示。

發音方法＼發音部位		塞音			非塞音				
					摩擦音				邊音
					清			濁	濁
		不送氣	送氣	鼻	阻擦		非阻擦		
					不送氣	送氣			
唇音	雙唇音	p 班	pʰ 品	m 眠					
	唇齒音						f 婚	v 皇	
舌尖	舌尖音	t 誕	tʰ 動	n 年					l 爐
	舌尖前				ts 捉	tsʰ 賊	s 省		
顎化	舌面音			ȵ 忍	(tɕ) 蕉	(tɕʰ) 售	(ɕ) 魯		
	舌面前音				tʃ 豬	tʃh 除	ʃ 書	ʒ 雨	
牙喉		k 敢	kʰ 昆	ŋ 仰			h 鞋		

聲母音位說明

1、新豐村的海陸客家話比高樹中部地區的客家話多了四個舌面音，/tʃ、tʃh、ʃ、ʒ/聲母共有 22 個，爲「知、章」二母屬字。

2、/tʃ、tʃh、ʃ/聲母有部分人和南部四縣/ts、tsʰ、s/混用，或者直接變成/ts、tsʰ、s/，例字轉 tson[13]、睡 soi[11]，但後面接 i 時，/tʃ、tʃh、ʃ/保留比較完整。例字：眞 tʃin53、十 ʃip[3]。

3、m、ȵ、ŋ 等次濁鼻音聲母，可單獨成音節發音，是爲「元音化之輔音」。例字「不」m[55]、「魚」ŋ[55]、「你」ŋ[55]、「五」ŋ[55]。

4、m、n、ŋ 的顎化：n、ŋ 在 i 元音之前都有顎化的現象，n、ŋ 一般都顎化爲 ȵ（ɲ）。

5、高元音 i 前的零聲母摩擦現象，海陸客家話圓唇的 ʒ，且摩擦程度比高樹中部客家話的 j 強。

6、n、l 基本有別。

7、有部份曉匣組字 f→hu 的現象，如：紅、花。

（二）韻　母

新豐村海陸客家話的韻母，有五個主要元音，韻母共有 63 個，另有 2 個成音節鼻音，（沒有 n）。

新豐村海陸客家話的元音

舌位	前元音	中元音	後元音
高	i		u
中	e		o
低		a	

陰聲韻：20 個

	無韻尾				有韻尾			
開口		a	o	e	ai	oi	au	eu
齊齒	i	ia	io	ie	iu	iue	iau	ieu
合口	u	ua		ue	uai	ui		

陽聲韻：鼻尾韻母 22 個

	雙唇鼻韻尾 -m			舌根鼻韻尾 -ŋ		
開口		em	am	aŋ	oŋ	
齊齒	im	iem	iam	iaŋ	ioŋ	iuŋ
合口				uaŋ		uŋ

	舌尖鼻韻尾 -n			
開口		en	an	on
齊齒	in	ien	ian	ion	iun
合口		uen	uan		un

入聲韻：塞音韻尾 21 個

	雙唇塞韻尾 -p		舌根塞韻尾 -k		
開口		ep	ap	ak	ok	iuk

齊齒	ip		iap	iak	iok	uk
合口				uak		

	舌尖塞韻尾 -t				
開口		et	at	ot	
齊齒	it	iet	iat	iot	iut
合口		uet	uat		ut

成音節輔音：2 個

m	ŋ

韻母說明

1、新豐村海陸客家話和高樹中部客家話一樣沒有 ɨ，這特徵全高樹地區一致。

2、因為沒有 ɨ，所以 it、in、im、ip 的讀法都和高樹中部客家話一樣，這部份的韻母相容性高。

3、新豐村海陸客家話原本應該和高樹中部客家話對應的韻母，iu 在部份發音人已轉成 u，ui 保留較完整，ai 有部分人已轉成 e、ie、iai，原本海陸客家話與四縣客家話區辨的韻母都朝南部四縣客家話，尤其是高樹中部地區的客家話變動。

海　陸	iau	ui	iu	ai
高樹中部	ieu	i	u	e、ie、iai
例　字	橋、票	胃	手畫	雞、解

4、成音節輔音 m 延長成音節的元音化輔音，不與任何聲母配合。例字「毋」m̩，有否定之意，「做毋得」m̩、「還毋前」m̩。

5、原本海陸客家話的 n 不成音節，這部份海陸特色保留，但有不少發音人已經有讀「你」如 ŋ11，聲調也是南部四縣客家話的讀音。

6、成音節輔音 ŋ 延長成音節的元音化輔音，不與任何聲母配合。例字「五」ŋ̍。

（三）聲　調

1、基本調

	陰平	陽平	上聲	陰去	陽去	陰入	陽入
調值	53	55	24	11	33	5	3
例字	夫	胡	府	晝	道	忽	佛

（1）新豐村海陸話的聲調基維持海陸話的特徵，和高樹中部客家話的對應成高低相反，去聲分陰陽，陰去調調值 11，為低平調，陽去調調值 33，為中平調。

（2）連續變調

部分發音人出現臺灣南部四縣客家話陰平變調規則，陰平〔13〕→陽平〔11〕：陰平字後接陰平、去聲、陽入等三種聲調時，會產生陽平〔11〕變調。

陰平前字變調規則：〔13〕→〔11〕/_ {〔13〕、〔55〕、〔5〕}

大部分的發音人維持海陸客家話的上聲變調，海陸話的上聲本調是〔24〕，新豐村上聲在陰平、陽平、上聲、去聲前都會產生變調，目前觀察到在新豐村海陸話的上聲前字變調都變成低平〔11〕，和一般海陸維持中平〔33〕不同。

上聲前字變調：中平〔24〕變低平〔11〕，〔24〕→〔11〕/_ {〔53〕、〔55〕、〔24〕〔33〕}。

例字：省錢 saŋ24-11　tshian55、請坐 tshian24-11　tsho53。

三、新豐村的饒平客家話

（一）聲　母

新豐村饒平客家話在含零聲母的情況下，聲母總數 22 個，如下表所示。

發音方法		塞音			非塞音				
					摩擦音				邊音
					清			濁	濁
		不送氣	送氣	鼻	阻擦		非阻擦		
發音部位					不送氣	送氣			
唇音	雙唇音	p 班	pʰ 品	m 眠					
	唇齒音						f 婚	v 皇	
舌尖	舌尖音	t 誕	tʰ 動	n 年					l 爐
	舌尖前				ts 捉	tsʰ 賊	s 省		

顎化	舌面音			ȵ 忍	(tɕ) 蕉	(tɕʰ) 售	(ɕ) 脅	
	舌面前音				tʃ 豬	tʃh 沖	ʃ 書	ʒ 雨
牙喉		k 敢	kʰ 昆	ŋ 仰			h 盒	

聲母音位說明

1、新豐村的饒平客家話和新豐村的海陸客家話聲母數完全相同，比高樹中部地區的客家話多了四個舌面音，/tʃ、tʃh、ʃ、ʒ/聲母共有 22 個。

2、零聲母前有 ʒ 濁擦音，但摩擦程度不強，有時接高樹中部和大路關的 j。

3、ts、tsʰ、s 聲母有顎化為 tɕ、tɕʰ、ɕ 的現象。

4、/tʃ、tʃh、ʃ/聲母有部分人和南部四縣/ts、tsʰ、s/混用，或者直接變成/ts、tsʰ、s/，例字轉 tson¹³、睡 soi¹¹，但後面接 i 時，/tʃ、tʃh、ʃ/保留比較完整。例字：眞 tʃin⁵³、十 ʃip³。

5、m、ŋ 等次濁鼻音聲母，可單獨成音節發音，是為「元音化之輔音」。例字：吳 ⁵³，毋 m⁵³。

6、m、n、ŋ 的顎化：n、ŋ 在 i 元音之前都有顎化的現象，n、ŋ 一般都顎化為 ȵ（ɲ）。

7、n、l 基本有別。

（二）韻　母

新豐村的饒平客家話的韻母，有六個主要元音，韻母共有 67 個，另有 2 個成音節鼻音，i、u 兩個介音。

新豐村的饒平客家話的元音

舌位	前元音	中元音	後元音
高	i，ɨ		u
中	e		o
低		a	

陰聲韻：21 個

	無韻尾					有韻尾			
開口	ɨ	a	o	e		ai	oi	au	eu
齊齒	i	ia	io	ie	iu	iue	iau	ieu	
合口	u	ua		ue		uai	ui		

陽聲韻：鼻尾韻母 22 個

	雙唇鼻韻尾 -m			舌根鼻韻尾 -ŋ		
開口		em	am	aŋ	oŋ	
齊齒	im	iem	iam	iaŋ	ioŋ	iuŋ
合口				uaŋ		uŋ

	舌尖鼻韻尾 -n					
開口		en		an	on	
齊齒	in	ien		ian	ion	iun
合口		uen		uan		un

入聲韻：塞音韻尾 22 個

	雙唇塞韻尾 -p			舌根塞韻尾 -k		
開口		ep	ap	ak	ok	iuk
齊齒	ip	iep	iap	iak	iok	uk
合口				uak		

	舌尖塞韻尾 -t					
開口		et		at	ot	
齊齒	it	iet		iat	iot	iut
合口		uet		uat		ut

成音節輔音：2 個

m	ŋ

韻母說明

1、有 ɨ 和臺灣各地的饒平客家話方言點相同，和前揭高樹地區其他的三種客家話都不同，但同於鄰近的美濃、六龜以及六堆中心地區的內埔、竹田、萬巒、麟洛、長治等地，還包括潮州。

2、成音節輔音 m 延長成音節的元音化輔音，不與任何聲母配合。例字「毋」m，有否定之意，「做毋得」m̩53。

3、成音節輔音 ŋ 延長成音節的元音化輔音，不與任何聲母配合。例字「五」ŋ31。

（三）聲　調

基本調

	陰平	陽平	上聲	去聲	陰入	陽入
調值	11	53	24	55	<u>32</u>	<u>5</u>
例字	夫	胡	府	褲	忽	佛

（1）新豐村的饒平客家話的本調，上聲和新豐村的海陸客家話同調值，去聲、陽入已經讀和高樹中部地區客家話完全一樣，這三個調的調值和卓蘭老庄的情況類似，推測上聲是受到海陸客家話影響，去聲、陽入受到強勢的高樹中部地區客家話影響。

（2）連續變調：由於新豐村的饒平客家話只有陳屋一族使用，而且陳屋平常和臺北客之間都以新豐村的海陸話交談，和高樹的客家人都以高樹中部地區客家話交談，連續變調規則 3 個發音人完全不一樣，有依海陸客家話規則的，也有依高樹中部地區客家話規則的。

（3）陰平前字變調：新豐村的饒平客家話的陰平本調〔11〕，和高樹中部客家話陰平前字變調規則 a：〔13〕→〔11〕/__ {〔13〕、〔55〕、〔5〕}，變調的結果一樣，所以沒有變調的驅力，故新豐村的饒平客家話無陰平前字變調。

（4）上聲前字變調：北部新埔枋寮以及竹北六家的饒平客家話上聲前字遇陰平、上聲、陰入維持中平〔33〕，遇陽平、陽去、陽入則是變成〔11〕，目前觀察到新豐村饒平客家話的上聲前字變調，都和新豐村海陸話的上聲前字變調相同，一律都變成低平〔11〕，和前揭北部新埔枋寮以及竹北六家的饒平客家話有出入。

上聲前字變調：中平〔24〕變低平〔11〕。

新豐村的饒平客家話的上聲前字變調〔24〕→〔11〕/__ {〔11〕、〔53〕、〔24〕、〔55〕、〔<u>32</u>〕、〔<u>5</u>〕}。

例字：

+陰平〔11〕	好天 ho24-11　thien11
+陽平〔53〕	省錢 saŋ24-11　tsʰian53
+上聲〔24〕	酒鬼 tɕiu24-11　kui24
+去聲〔55〕	請坐 tsʰiaŋ24-11　tsʰo55。
+陰入〔<u>32</u>〕	解決 kie24-11　ket<u>32</u>
+陽入〔<u>5</u>〕	煮食 tsu24-11　ʃet5

　　新豐村的饒平客家話的上聲，在「陰平、陽平、上聲、去聲、陰入、陽入」前，產生前字變調，而且和新豐村的海陸客家話趨同。

第三章　高樹地區客家話的比較

　　本章將透過共時的比較，針對高樹地區的客家話和六堆客家話次方言的幾個方言點，進行語音和詞彙的比較，最後歸納出高樹地區客家話的特色，進而討論六堆客家話的分類分片分區問題。

　　以往鍾榮富（1997）、張屏生（2012）都曾對六堆客家話的分類與分區做過討論，本文借助這些成果以及筆者自行調查的語料進行討論。〔註1〕

第一節　高樹和六堆客家話的語音差異

　　有關於六堆客家話的分類，鍾榮富先生曾於2012在《語言暨語言學》專刊所發表的〈臺灣南部客家話分類的語音指標〉將這些南部四縣客家話的內部差異分類指標分為六點：

　　（1）舌尖元音〔ɿ〕的有無。

　　（2）前高元音〔i〕前零聲母是否會摩擦。

　　（3）名詞詞尾是〔-i〕或〔-e〕。

　　（4）〔n〕和〔l〕有無區分。

　　（5）〔h〕的顎化。

〔註1〕以往楊時逢（1971）、千島英一與樋口靖（1987）、羅肇錦（1987、1990）、吳中杰（1995）、鍾榮富（1998）都曾討論到臺灣南部四縣客家話的音韻現象，但張屏生自編的《客家話語音詞彙調查表》是從4000多條詞目篩選出來的，是除了劉添珍（1992）、李盛發（1997）所編兩本客家話辭書以外，收錄高屏地區客家話最完整全面的調查表，本文採用張屏生所設計的字表，加以修改後進行調查。

（6）〔ian〕韻母的變異。

該文已經將〔ɨ〕的存在、〔i〕之前零聲母的摩擦，以及名詞詞尾是〔-i〕或〔-e〕視爲一個包裹，作爲南部四縣客家話分兩類的共同指標，隱約透露出此三類語音指標之間的關連性，也就是在音韻系統上可以分作二類：

（1）即爲有舌尖元音〔ɨ〕的，以及元音〔i〕之前零聲母沒有摩擦現象、加上名詞詞尾是〔-e〕的爲一類。

（2）而沒有舌尖元音〔ɨ〕、元音〔i〕之前零聲母有摩擦音〔j〕、加上名詞詞尾是〔-i〕的爲一類。

且這二類型次方言其內部結構都具有一致性，在地理分布上也具有區域性，可稱之爲區域特徵明顯，因此本文以語音系統的比對，針對臺灣南部四縣客家話所做的特徵分類。

以往用地理語言學觀點來討論六堆客家話的只有洪惟仁 2007 年的〈高屏地區的語言分布〉和張屏生 2012 年《臺灣客家之區域語言調查：高屏地區客家話多樣化的現象研究》其中的〈高屏地區客家話的地理分布〉一章，再往上溯就是日治時期的小川尚義〈臺灣言語分布圖〉，這張圖是臺灣的第一張語言地圖。

以地理語言學對六堆客家話做討論的資料目前較爲缺乏，本文採用地理語言學的研究方法，探討高樹地區各種語言的地理分布和內部結構差異。

本文借助張屏生所採集六堆其他的區的語料進行比對，因此進行高樹地區的客家話和六堆客家話次方言進行差異比較時，能夠更細微觀察，作爲相互佐證參考的資料。

一、高樹地區和六堆客家話語音上的差別

本文討論高樹地區客家話的同時，也必須涵蓋整個高屏地區六堆的次方言，通過相互比較的方式，才能對高樹地區客家話的類型以及差異進行定義，也才能討論整個六堆客家次方言的異同，因此對六堆客家話進行分類是必要的。

通過前人的資料比較我們可以發現，在高屏地區的六堆所通行的客家話，其內部的語音系統並不一致，但仍然有脈絡可循，本文依照 2012 年鍾榮富〈臺灣南部客家話分類的語音指標〉的指標所揭示的路徑，做爲我們分類參考依據。

（一）高樹客家話沒有舌尖元音〔ɿ〕，和佳冬、新埤相同

「高樹人駛車子，直直駛，駛到廳下去」，「駛」、「死」不分，是高樹地區客家話的特色，包括高樹最南端的大路關客家話以及鄰近里港武洛的客家話，都有這個特徵，可以視爲一個區域特徵，我們比對前一章的方言點介紹後發現，同爲六堆外圍區域的新埤和佳冬，也有相同的現象，甚至是和六堆外圍靠近的長治部分地區（潭頭、新潭、香揚、復興等村）我們也發現這樣子的特徵，所以沒有舌尖元音〔ɿ〕的類型分布在六堆的外圍地區。

表 3-1-1　六堆客家話中的舌尖元音〔ɿ〕的類型

	羊癲瘋（發死）	屎	針	汁	真
高樹市區	pot3 si31	si31	tsim13	tsip3	tsin13
大路關	pot3 si31	si31	tsim33	tsip3	tsin33
新豐村	pot5 sɿ11	sɿ24 sɿ24	tsɿm53 tsɿm11	tsɿp5 tsɿp32	tsɿn53 tsɿn11
佳冬	pot3 si31	si31	tsim13	tsip3	tsin13
長治	pot3 si31	si31 si31	tsim13 tsim13	tsip3 tsip3	tsin13 tsnɿ13
內埔	pot3 si31	si31	tsim13	tsip3	tsin13
美濃	pot3 si13	si31	tsim13	tsip3	tsin13

高樹境內唯一的例外是最北邊新豐村的饒平客家話有舌尖元音〔ɿ〕，但是新豐村的海陸話沒有〔ɿ〕，這裡的饒平客家話是外來的，而且使用人口在10 人以下，僅限於關西拱子溝移來的陳宗涼一族，並無擴散的現象，

爲什麼沒有舌尖元音〔ɿ〕的分布區會跳過整個內埔、竹田、萬巒、麟洛、長治一部分，這一大片相連的地區，再出現在南邊的新埤、佳冬，而呈現不連續分布的現象呢？隔著中間的區域，分布爲何會被切斷呢？

本文以「核心外圍層疊」的分布來說明，「六堆核心地區」這部區域就是〔ɿ〕分布的區域，外圍的部分就是「六堆外圍地區」沒有〔ɿ〕分布的區域，但是美濃、杉林在外圍卻又有的〔ɿ〕分布，他們是核心部分的延伸，在語言上地理分布上無法解釋的部份，我們就必須透過共時的比較方法來分析。

1、高樹與新埤、佳冬同屬於六堆的外圍

「六堆外圍地區」由於沒有〔ɨ〕元音，所以造成詞彙上以「駕車」、「起車」、「開車」來替代「駛車」的發音，以避免諧音造成的「駛」〔si〕、「死〔si〕」不分的現象，而遭到「六堆核心地區」的人取笑。

而有〔ɨ〕元音的「六堆核心地區」包括：內埔、麟洛、竹田、萬巒以及長治部分地區（長興、進興、德榮、崙上、德協、德成等村），所以有〔ɨ〕元音的類型，地理上都集中於六堆的中間部位。

〔ɨ〕元音在不同的文獻裡面，被記載成許多不同的形式，以 ๅ 和 ɨ 和 ï 最多人使用，本文採鍾榮富（1997）使用的 ɨ，ɨ還能接韻尾組成結合韻母，in、it、ip、im 等韻，在沒有 ɨ 的地方，in、it、ip、im 等韻都唸成 in、it、im、ip，所有具有〔ɨ〕的客家話分布區都能容許〔ɨ〕存在，而且在這些客家話裡〔ɨ〕和〔i〕有對比作用，在沒有〔ɨ〕的客家話裡原本具有對比作用的〔ɨ〕和〔i〕都變成了〔i〕。〔註2〕

2、〔ɨ〕的有無，當屬歷史層次上的差異

在客贛方言中音韻系統裡完全沒有〔ɨ〕並不是特例，在劉澤民 2005 年《客贛方言歷史層次研究》也發現了幾個大陸的方言點，像是五華、新豐、連南、清溪、塘口、三甲、思賀、錢排、沙琅、新安、石角、西河、香港等這些地方的客家話，都是沒有〔ɨ〕韻的，但是〔i〕韻的分布地區比較廣，幾乎所有的方言點都有〔i〕韻。〔註3〕

一般來說客贛方言止攝開口早期的形式是支脂之微四韻合一，擬作 i，方言點今讀出現不同的讀音都是因聲母不同所致，從微韻可以證明，只有 i 讀音，〔註4〕我們可以判斷〔ɨ〕和〔i〕是止攝歷史音韻上的二個層次，至於此二層次的競爭過程和歷時的演變過程並不在本文的討論範圍，我們可以確定的是此二層次〔ɨ〕和〔i〕，在臺灣南部四縣客家話經過競爭的結果所呈現的就是分成有〔ɨ〕和沒有〔ɨ〕的二種類型，而〔ɨ〕韻分布在六堆的核心地區，〔i〕韻分布在六堆的外圍區。

但是在例字上也有特例，「十」，原本應該讀〔sip〕但由於聲母 s 屬舌尖絲音，後接舌尖高元音 i 造成發音上變異的困難，基於異化原則於是有了二種

〔註2〕劉澤民：《客贛方言歷史層次研究》（甘肅民族出版社，2005 年），頁 213。
〔註3〕同上註。
〔註4〕同上註，頁 215。

發展，一是自動變化爲舌尖前音〔sɿp〕u 和 i 都是高位元音，i 和 ɿ 聲韻競爭的結果，是以元音後化成爲 u 做爲調整後的結果。

3、六堆客家話裡的〔ɿ〕和〔i〕層次不同

客家話區別於其他漢語方言的特徵有：部分古全濁上具有今音白讀爲陰平，文讀爲去聲的多音現象，梗、止攝白讀多屬南方底層，文讀則多是北方後期音，文白聲調在論證上，有文北白南的現象。〔註5〕

本文認爲造成南部四縣客家話語音系統最大差異的部份，推測是歷史演變所形成的不同語音層，文白異讀常因爲古今的音變和語言接觸（方言接觸）的關係，在漢語裡經常產生不同類型的文白異讀，尤其是在漢語的南方方言中，這種異讀尤爲常見，複雜者如閩南語，文白幾乎各成系統。〔註6〕

客家話的文白異讀比起閩南話相對單純，一般多在梗攝，而且多成系統對應，其他的如輕唇讀如重唇、古濁上聲字的文白異讀等等。

文白異讀代表了不同的語音層次，是不同的語音系統疊置的結果，並且是經過長時間的發展而產生的。

楊秀芳認爲文白異讀原指因讀書、口語場合不同，而使用同一語位但不同讀音的語言形式〔註7〕，而語言內部隨著時間演化會發生自然的演變，形成語言內縱向的古今變化，也就是歷時的演變。而不同的方言之間彼此接觸，也會互相影響，促成橫向變化，也就是共時的演變，這種橫向和縱向的交互變化，就形成了文白異讀的形成原因，也因此這些文白異讀的字都會成系統，在類型學的分類上我們就會分成二類型，在層次上我們就可以說是「文讀層」和「白話層」，相對於白話層，文讀層是較晚期的語言層。

在語言層累積時，語言接觸後競爭、融合、取代的變數很大，或者競爭之後兩者妥協，各留下一部分音韻特徵結合成不文不白的形式。〔註8〕

止攝的歷史層次上，劉澤民《客贛方言歷史層次研究》認爲開音節中前高元音音變非常劇烈，止攝字就是很好的例子，通過分析發現，客贛方言止攝開口只有中唐以後的層次，就是說客贛早期的形式是支脂之微四韻合一，擬作 i，方言點今讀體現出不同的讀音都是因聲母不同所致。而微韻各地讀音

〔註5〕劉澤民：《客贛方言歷史層次研究》（甘肅民族出版社，2005 年），頁 215。

〔註6〕有關閩南語文白異讀的各種情況，可參考楊秀芳《閩南語文白系統的研究》（台灣大學，中國文學研究所博士論文，1982 年）。

〔註7〕楊秀芳：〈論文白異讀〉（丁邦新主編《歷史層次與方言研究》，2007 年）。

〔註8〕楊秀芳：《臺灣閩南語語法稿》（臺北：大安出版社，2005 年），頁 11。

非常一致，只有 i 讀音，因為微韻只有見組、影組聲母字見組、影組、端組、來母這些聲母都能和高元音 i 和諧拼合，韻母不發生變化，保持早期形式 i。

ㄗ的層次，精組、莊組客贛一般都讀舌尖前音，舌尖前音同化韻母使之成為舌尖元音ㄗ，因此幾乎所有的點都有ㄗ的形式。鄭張尚芳（1998）認為是接近〔ㄗ〕的〔ɿ〕，陸志韋曾說最妥當的方法是擬作ï，依照這些學者的討論精莊組的ㄗ的層次，應該在元朝以後出現。〔註9〕

〔ï〕韻和〔ɿ〕韻音變起點是 i，競爭結果韻母元音低化的〔ï〕韻較佔優勢。

4、因為語言接觸的影響，〔ɿ〕元音出現

高樹地區原本屬於沒有舌尖前高元音〔ɿ〕的區域，僅有少數從美濃或其他客家鄉鎮遷居來此地的客家人會有〔ɿ〕，或者是部分位於大埔、荖寮、建興地區的雙語者，會有部分的人從鄰近的美濃、六龜學來的客家話，在自然的交談中會說〔ɿ〕，經過本文調查後，的確也有部分的高樹人開始說〔ɿ〕，但經過筆者提醒之後，發音人自己很容易就發現，尤其以有出外求學或工作經驗者為多，本文目前假設是因為語言接觸所導致。

本文歸納發現有舌尖元音〔ɿ〕的類型在地理分布上都是屬於六堆核心的地區（內埔、麟洛、竹田、萬巒以及長治部分地區（長興、進興、德榮、崙上、德協、德成等村），稱為「核心區」，而沒有舌尖元音〔ɿ〕的類型在地理分布上都是為六堆外圍的高樹、新埤和佳冬是「周圍區」，而位於二區交界的長治，則是兼具有〔ɿ〕的地區，和沒有〔ɿ〕的地區（潭頭、新潭、香揚、復興等村），大美濃地區卻和核心地區特徵一致，但是由於美濃地區有 n、l 混合，以及陰平調讀 33，變調規則和六堆其他地方不同的區域特徵十分明顯。

本文借用張屏生《臺灣客家族群史臺灣客家之區域語言調查：高屏地區客家話多樣化現象研究》所繪製的「屎」韻母變體分布圖來說明，該書中關於舌尖元音〔ɿ〕有四張地圖分別為「屎」、「針」、「汁」、「針」韻，將此四張分布圖的區域套疊，就成為六堆客家話〔ɿ〕韻的分布圖。

六堆客家話之間，有些差異是近期的語言接觸所造成，有些可能是音韻系統結構上的差異。例如〔ɿ〕元音的有無，就是音韻系統結構上的差異，但這些語音系統上的差異，很可能是前一時期的語言接觸和語言競爭的結果，

〔註 9〕劉澤民：《客贛方言歷史層次研究》（甘肅：甘肅民族出版社，2005 年）頁 212 ～224。

而成爲的兩種不同類型，本節所討論的〔i〕元音，就是一個例證，以下是根據〔i〕元音有無來區分地理分布的語言地圖。

圖 3-1-1　舌尖元音〔ɿ〕地理分布圖

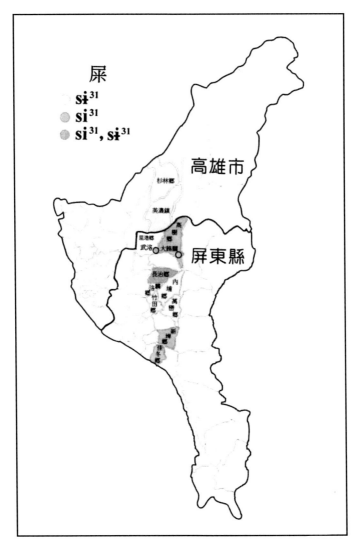

資料來源：張屏生《臺灣客家族群史臺灣客家之區域語言調查：高屏
地區客家話多樣化現象研究》，（2012），頁 98。

5、二種類型自核心往外圍交錯分布

「核心外圍層疊」說是本文針對六堆客家話分類與分布所提出的假說，它的基礎是建立在語言類型學上的分類和語言地理學的分布二者之上，前人

對於類型學的分類以及語音現象上的論述頗多，對於臺灣南部四縣客家話分區與分片也提出許多深入見解，但是對於這樣的分區分類卻尚未提出一個較為平易、相對合理的解釋，本文企圖從語言接觸的角度切入，配合前人語言類型學上的成果、語言地理分布的論述，提出一個假說來解釋臺灣南部四縣客家話的分類和分布，接著以比較的方法逐一討論這些語音上的差異，針對這些差異再進行分類。

（二）高樹地區前高元音〔i〕前零聲母會摩擦

高樹地區的客家話當中，包含北客南遷的二種，四個方言點的前高元音〔i〕前的零聲母都有摩擦現象，只是強弱不同，新豐村的海陸話和饒平話都是ʒ，高樹中部地區客家話和大路關客家話，是展唇高元音因強化作用而產生的摩擦現象，六堆有相同特徵的地方還有：武洛、新埤、佳冬以及長治部分地區，鍾榮富記成j，張屏生記成ʑ，而本文採用大多數人都使用的j，而新豐村的海陸話和饒平話是摩擦程度更高的〔ʒ〕，海陸和饒平的〔i〕如果是出現在非高元音之前，會和零聲母併為捲舌摩擦音，如「藥」〔ʒok〕，高樹地區客家話的是摩擦滑音〔j〕。

1、高樹地區的摩擦程度，強弱因人而異

值得一提的是，高樹、新埤、武洛、新埤、佳冬以及長治等地區的前高元音零聲母摩擦，和海陸、饒平、東勢等客家次方言的〔ʒ〕非常接近，但是高樹地區的摩擦程度，強弱因人而異，甚至有些人沒有，少數字不會產生摩擦，例如「煙」ian。張屏生主張在音位的處裡上並不把摩擦部分當作一個聲母，且有些地方會變成g-，本文則把j和零聲母視為成同一個音位不同的變體，本文所調查的發音人大多是六十歲以上的本地人，所以j的特色是很明顯的。

2、六堆核心地區則沒有前高元音〔i〕前零聲母摩擦

六堆其他地方像是：美濃、內埔、麟洛、萬巒等地區在前高元音〔i〕前的零聲母則沒有摩擦現象，和臺灣北部苗栗、頭份的四縣客家話相同。

沒有前高元音〔i〕前零聲母摩擦現象類型在地理分布上都是屬於六堆核心的地區（內埔、麟洛、竹田、萬巒以及長治部分地區：長興、進興、德榮、崙上、德協、德成等村），而有前高元音〔i〕前零聲母摩擦現象〔j〕的類型在地理分布上都是為六堆較外圍的高樹、新埤和佳冬，和六堆外圍與核心區

交界的長治部分地區（潭頭、新潭、香揚、復興等村）。

表 3-1-2　六堆客家話中前高元音〔i〕前零聲母摩擦現象類型

	詞目	高樹 四縣	大路關 四縣	新豐 海陸‧饒平	新埤、長治 四縣	美濃 四縣	竹田 四縣	苗栗 四縣	竹東 海陸
1	雨	ji	ji	ʒi	gi	i	i	i	ʒi
2	醫	ji	ji	ʒi	gi	i	i	i	ʒi

（三）高樹地區客家話名詞詞尾是〔-i〕

我們在六堆客家話的構詞上，很清楚明白的發現名詞詞尾有兩種類型，一是〔-i〕，在地理分布上是高樹、新埤、武洛、新埤、佳冬以及長治等地區，一是〔-e〕分布在內埔、麟洛、竹田、萬巒以及長治部分地區（長興、進興、德榮、崙上、德協、德成等村）。

高樹地區有「兒 i」和新豐村海陸話的「兒 ə」兩種名詞詞尾，也稱作小稱詞綴，王本瑛（1995）指出客家話的小稱標記包含兒尾和子尾二類，而南部六堆四縣客家話的小稱詞〔-i〕或〔-e〕來源都是來自兒尾，只是兩種不同的形式，本文推測和這兩種不同類型客家話次方言的來源內部音韻系統有關，此部因分涉及到歷史語言學以及其類型學的分類。

六堆客家話的兩種名詞詞尾〔-i〕或〔-e〕都會產生韻尾展延（coda spreading）的現象，語詞的韻尾會展延到後綴〔-i〕或〔-e〕的音節上，成爲後綴音節的聲母，只有〔a〕結尾的詞語沒有韻尾展延的現象。

表 3-1-3　六堆客家話名詞詞尾類型

	詞目	高樹 四縣	大路關 四縣	美濃 四縣	內埔 四縣
1	遮仔	tsa^{31} i^{11}	tsia^{31} i^{11}	tsa^{13} ue^{31}	tsa^{13} ue^{11}
2	柑仔	kam^{11} mi^{53}	kam^{35} mi^{11}	kam^{13} me^{31}	kam^{35} me^{31}
3	凳仔	ten^{55} ni^{31}	ten^{55} ni^{11}	ten^{55} ne^{31}	ten^{55} ne^{31}
4	鴨仔	ap^3 bi^{11}	ap^3 bi^{11}	ap^3 be^{11}	ap^3 be^{11}
5	鐵仔	tʰiat^3 li^{11}	tʰiat^3 li^{11}	tʰiat^3 te^{31}	tʰiat^3 te^{31}
6	細人仔	se^{55} ɲin^{11} ni^{11}	se^{55} ɲin^{11} ni^{11}	se^{55} ɲin^{11} ne^{31}	se^{55} ɲin^{11} ne^1

圖 3-1-2　名詞詞尾〔-i〕或〔-e〕地理分布圖

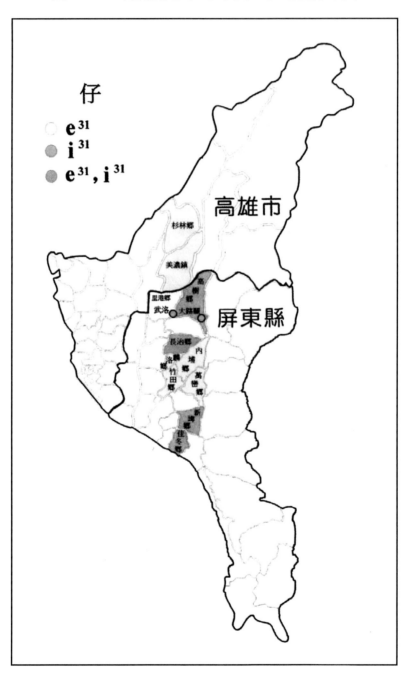

資料來源：張屏生《臺灣客家族群史臺灣客家之區域語言調查——
　　　　　高屏地區客家話多樣化現象研究》（2012 年）頁 97。

二、高樹客家話因語言接觸所造成的差異

（一）f-和v-的不平行的演變

　　客家話裡的 f 和 v 是唇齒音的聲母，也是客家話裡能和其他方言區辨的音位，張屏生認為整個南部四縣客家話分布範圍裡的 f 和 v-摩擦程度並不明顯，f 會唸成〔hu-〕、〔ɸ〕，v-會唸成〔b-〕、〔w-〕，他認為高屏六堆地區的 f-和 v-是平行演變，都是逐漸丟失當中，本文調查高樹地區六十歲以上的人 f-也都唸成〔hu-〕，但 v-卻保留了〔v〕的讀法，成為不平行的演變，這部分和語言接觸所造成的演變速度不一致有關係。

（二）高樹地區保留了v聲母

　　本文則認為 f-和 v-的音變是來自閩南話的接觸現象，高樹鄉境內的客家人多與閩南人共同生活一起，或者相鄰，也有密切的往來，因此客家話也多少受到閩南話的影響，在部份語音表現上發生變化，同時也移借了諸多閩南語詞彙，語音表現上最成系統性的變化是 v 聲母仍然保留，聲母 f 聲母有 h-的音變產生，賴淑芬（2004）調查佳冬地區的客家話也有類似的音變現象，但佳冬地區的 v 聲母已經被閩南語的 b 取代了，高樹地區則保留了 v 聲母，v 聲母仍然保留，聲母 f 聲母有 hu-的音變產生。

　　鍾榮富（2004：85-89）曾指出，六堆各次方言點的聲母有 18 個，但是在高樹、佳冬和新埤這三個地區則有 19 個，比六堆其他地方多了 j 聲母[註10]，賴淑芬（2004）則說佳冬地區的 v 聲母被閩南語的 b 取代了，因此佳冬客家話的聲母系統中 v 聲母消失，改以 b 作為音位，v 聲母只殘留在 50 歲以上發音人的少數詞彙裡[註11]，如「畫圖，vak⁵」，高樹客家話中的 v 聲母則保留下來，根據筆者 2012 年的調查：

表 3-1-4　高樹、佳冬客家話中的 v 聲母

詞彙	烏色	胃藥	衛生紙	委員	溫度	圍起來	安慰	黃色	畫圖
佳冬	u	ui	ui	ui	un	ui	ui	vɔŋ	vak
高樹	vu	vi	vi	vi	vun	vi	vi	vɔŋ	vak

〔註10〕鍾榮富：《臺灣客家語音導論》（臺北：五南圖書，2004 年）頁 85～89。

〔註11〕賴淑芬：《屏東佳冬客家話研究》（高雄師範大學臺灣文化及語言研究所碩士論文）。

不同於佳冬客家話 v 聲母的消失只殘留在 50 歲以上發音人的少數詞彙裡，高樹客家話的 v 聲母卻保留得相對完整，也保留住此客語系統中客家語音特色。

（三）高樹地區 f 聲母變成 hu

高樹客家話 f 聲母在中古非母與曉匣母的轄字上，卻發生音變現象，以下表：

表 3-1-5　非母字在高樹、佳冬客家話中的表現

詞彙	大風	地方	麵粉	發燒	豆腐
佳冬	$fuŋ^{11}$	$foŋ^{13}$	$fuŋ^{31}$	fat^3	fu_{55}
高樹	$fuŋ^{11}$	$foŋ^{13}$	$fuŋ^{31}$	fat^3	fu_{55}
閩南話	$hoŋ^{55}$	$hoŋ^{55}$	hun^{53}	$huat^5$	hu^{55}
華語	$foŋ^{55}$	$faŋ^{55}$	$fən^{214}$	fa^{55}	fu^{214}

這一組的轄字由於華語的聲母和客家話的聲母都是〔f〕，所以在高樹、佳冬客家話中的〔f〕聲母也保持的相當完好，所以非組字的「風」、「方」、「粉」、「發」、「腐」客家話的特色聲母並不隨閩南話而改變。

表 3-1-6　曉、匣母字在高樹、佳冬客家話中的表現

詞彙	老「虎」	白「花」	塵「灰」	講「話」	「壞」掉
佳冬	fu^{31}	fa^{31}	foi^{13}	fa^{55}	fai^{31}
高樹	fu^{31}	fa^{31}	foi^{13} /fi	hua^{55}	$huai^{31}$
閩南	ho^{51}	hue^{55}	hui^{i55}	ue^{33}	p^hai^{53}
華語	hu^{31}	hua^{13}	hue^{55}	hua^{51}	$huai^{51}$

由於曉匣組字在閩南語是〔h〕華語中是〔hu〕，透過前揭的討論可以發現高樹客家話在曉匣組字上的改變，部分字「話」、「壞」的聲母由〔f〕→〔hu〕，這一部分可能是受了華語干擾較大，「灰」字有部份發音丟失了介音 o，可能是受了閩南語影響，可見高樹客家話雖與佳冬客家話在來源及特徵上，相似度高但是在後續的發展上，卻有不一樣的狀況。

三、高樹客家話的區域特徵

（一）沒有舌尖前高元音〔ɿ〕

高樹地區屬於沒有舌尖前高元音〔ɿ〕的區域，僅有少數從美濃或其他客家鄉鎮遷居來此地的客家人會有，或者是部分位於大埔、荣寮、建興地區的雙語者會有部分的人從鄰近的美濃、六龜學來的客家話，會在自然的交談中說〔ɿ〕，經過調查後，的確也有部分的高樹人開始說〔ɿ〕，尤其以有出外求學或工作經驗者爲多，本文假設可能因語言接觸導致。

（二）名詞詞尾是〔i〕

透過地理分布，可以很明顯看出舌尖前高元音〔ɿ〕的有無，和名詞詞尾〔e〕或〔i〕的分布區域，是完全的重疊，有舌尖前高元音〔ɿ〕的區域，名詞詞尾就是用〔e〕，沒有有舌尖前高元音〔ɿ〕的區域，名詞詞尾就是用〔i〕，涇渭分明。

本文推測此部分涉及音韻系統的問題，也能從幾個南部客家來源的原鄉縣份客家話當中找到蛛絲馬跡，至於高樹及六堆地區，本文假設爲語言競爭和語言融合的結果。

（三）前高元音〔i〕前的零聲母摩擦

無獨有偶的，前高元音〔i〕前的零聲母摩擦現象所分布的範圍，又是和前揭二項指標，沒有舌尖前高元音〔ɿ〕、名詞詞尾是〔i〕的區域重疊，因此讓本文不得不假設前高元音〔i〕前的零聲母摩擦現象，也是屬於類型上的差異，但是因爲語言接觸和融合的關係，這個現象也在趨同，其變化的方向是有摩擦現象→沒摩擦現象。

而值得一提的是，高樹、新埤、佳冬等地區的前高元音零聲母摩擦，和海陸、饒平、東勢等客家次方言的〔ʒ〕非常接近，而此類型上的區分我們以臺灣的客家話次方言比較來推斷，輔以大陸原鄉話的資料（梅縣），來推斷此類型的區分，形成於六堆客家話傳播來臺灣之前，客家話來臺灣之後又因語言接觸而導致不同的演變。

前高元音 i 的強化，出現在零聲母 i 之前，以單音節出現的情況下，根據我們調查的結果，除了外來的海陸和饒平之外，整個高樹以及大路關都有此情況，例字包含了「雨」ji³¹、「醫」ji¹³、「姨」ji¹¹、「衣」ji¹³ 等字，但是不同發音人的摩擦程度有強弱之分，摩擦的強度有的很輕的〔j〕，有的接近〔g〕，

也有人擬作〔ʐ〕，同樣的前高元音 i 強化摩擦現象也發生在武洛（張屏生）和佳冬（賴淑芬 2004）、新埤（鄧明珠），而此特色是否隨年齡遞減，或保持在年輕人身上，值得再行研究。

（四）韻母 ian 的讀〔ien〕

南部四縣客家話的 ian 韻的讀法可以分為三種，其中美濃地區及高樹、長治部分地區 ian 讀〔ien〕，但/iat/則保留了〔iat〕的讀法。

基於發音便利（ease of articulation）或是「發音省力」的考量，多數客家話的 ian 讀成〔ien〕，在臺灣的四縣客家話裡尤其以北部四縣苗栗客家話最為顯著，而這種現象同時也出現在臺灣的華語當中，但是南部四縣客家話的/ian/韻，卻有豐富的變化，〔註12〕而南部四縣客家話的 ian 韻的讀法可以分為三種：

1、ian 一律讀〔ien/t〕，新埤、佳冬、內埔竹圍村、里港的武洛，高樹地區的建興村（大路關寮）及大路關。

2、大美濃地區及高樹、長治部分地區 ian 讀〔ien〕，但/iat/則保留了〔iat〕的讀法。

3、在特定語境下 ian/t/維持〔ian/t〕，內埔、萬巒、竹田、麟洛等。

本文的假設，原本臺灣南部四縣客家話都是讀〔ian〕，但是由於語言接觸的影響，六堆越邊緣的範圍離客家話越來越遠，受到華語的影響，語言接觸越頻繁，也符合了鍾榮富所說的：

> 語音的變異首先來自某一聲類或某一韻母，不過，語音變化的速度與方向，卻存在方言或地區的差異，最後帶來了各地方因的差別。

〔註13〕

韻母/ian/的這個例子正符合客家話移民型方言的假設，由於移民的方式使得越往前走的地區，受到周邊語言接觸更加劇烈，而和中心地區語音差異越大，所以 1 的地區都是客家移民的周圍，而符合 3 的地區都是靠近中心，在 1 和 3 的中間過度地區則保留了部份特色，那是音變速度不一致，我們發現他音變的方向是從〔ian〕→〔ien〕。

此部份大體可與洪惟仁所說的方言各類變體具有三種基本形式：未變、

〔註12〕鍾榮富：〈臺灣南部客家話分類的語音指標〉《語言暨語言學集刊》（臺北：中央研究院語言學研究所）。

〔註13〕同上註。

變化中、已變，但各類變體演變的方向性和演變速度卻不等，進行對話。〔註14〕

（五）f聲母唸hu，v摩擦的強弱

本文調查高樹地區六十歲以上的人f-在中古非母與曉匣母字上也都唸成〔hu-〕，但 v-卻保留了〔v〕的讀法，成為不平行的演變，這部分和因語言接觸所造成的演變速度不一致有關係。

（六）高樹地區n、l有別

關於n和l的區分，最早說n和l不分的是楊時逢（1971），後來經過鍾榮富和張屏生的調查〔註15〕和論證之後，發現這種/n/和/l/不分的現象是有的，但只限於部份區域，在美濃的竹頭背、吉東和六龜地區，而整個大美濃地區/n/和/l/的區分是非常明顯的，張屏生也指出美濃有部分的老年層把和不是i起頭的陽聲韻拼合的〔l〕唸成了〔n〕，而造成了n/l不分，這現象也有向青年層擴散的趨勢。〔註16〕

高樹地區全境的客家話/n/和/l/也是有區分的，根據筆者調查，臺灣南部四縣客家話各方言點，只有在「螃蟹」一個詞，所有方言點一致性唸成〔no〕。

表3-1-7　六堆地區「螃蟹」唸法

詞彙	高樹	大路關	佳冬	內埔	美濃
螃蟹（老蟹）	no^{55} hai^{31}	no^{55} hai^{31}	no^{55} hai^{31}	no^{55} hai^{31}	no^{55} hai^{31}

（七）調類與調值

高樹地區的客家話在調值的區分上可以分為二大類：一是與內埔、萬巒等一般六堆標準音一樣的高樹中部地區聲調占了本鄉大部分客家話地區，一是大路關廣福、廣興二村落的特殊聲調，此二種聲調最大的差異是在陰平調，高樹優勢聲調的陰平調是13，與新埤、佳冬相同，而大路關的廣福、廣興是33，除本調不同外，在連續變調時也造成不同規則，此外大路關的聲調

〔註14〕洪惟仁：《音變的動機與方向：漳泉競爭與台灣普通腔的形成》（清華大學語言所博士論文，2003年）。

〔註15〕鍾榮富：（1995）〈客家話的構詞和音韻關係〉，《第一屆臺灣語言國際研討會論文集》頁155～176。

〔註16〕張屏生：《臺灣客家族群史臺灣客家之區域語言調查：高屏地區客家話多樣化現象研究》（臺北：客家委員會、國史館台灣文獻館，2012年）頁26。

也高於其他六堆次方言，在交談上會與六堆其他地方產生歧異，而發生聽不
懂的現象。

表 3-1-8　六堆地區聲調比較

調類	陰平	上聲	去聲	陰入	陽平	陽入
內埔	13＞11；35	31	55	3	11	55
高樹中部	13＞11；35	31	55	3	11	55
佳冬	13＞11；35	31	55	3	11	55
長治	13＞11；35	31	55	3	11	55
麟洛	13＞11；35	31	55	3	11	55
美濃	33＞33；35	31	55	3	11	55
武洛	13＞11；35	31	55	3	11＞33	55
大路關	33＞35	31	55	3	11＞33	55

　　陽平變調現象在六堆地區只出現在二個地方：高樹鄉大路關（廣福、廣
興）和里港下武洛社區，六堆其他地區均無發現，賴維凱（2008）將之歸納
為二字、三字和四字的變調，可以稱為本區客家話在六堆地區中最特殊的現
象，甚至有別於同類型的高樹和佳冬、新埤地區。

　　有關大路關的陽平變調和武洛的陽平變調他們的規則分別為：

　　大路關陽平前字變調有二種規則：

　　　a〔11〕→〔33〕：陽平調在陰平調和陰入調之前，會變成中平調〔33〕。

　　　b〔11〕→〔35〕：陽平調在陽平調之前，會變成中升調〔35〕。

1、陽平前字變調規則 a：〔11〕→〔33〕/_{11、33}

　　例字：無被 mo11-33　pʰi33、無聲 mo11-33　saŋ33。

　　　　　斷截 tʰon11-33　tsʰit3、鍾屋 tsuŋ11-33-　vuk3。

2、陽平前字變調規則 b：〔11〕→〔35〕/__{11}

　　例字：時常 si11-35　soŋ11、文湖 vun11-35　fu11。

　　　　　無來 mo11-35　loi11、無情 mo11-35　tɕhin11。

　　這種變調方式為了兩個相鄰聲調之間，低調和低調不能同時存在而以
「異化作用」大路關的陽平調在上聲、陰入、陽平調之後要變成〔33〕，而
陽平調在陽平調之前要變成〔35〕。

3、武洛的陽平變調規則如下

　　c〔11〕→〔33〕/__〔11〕

　　根據張屏生的調查武洛的陽平調在陽平調之後要變成〔33〕，本文的主張是在陽平調之前，這是和張屏生不同的地方，我們認為是前字變調，這部份和大路關的大路關陽平前字變調規則 b 相同，這也是反應兩個相連的聲調之間，為了區辨而起的異化作用，武洛的陽平變調在上聲和陰入調之前並不變調，和大路關的陽平變調不同。

　　本文認為就高樹地區來說，在語音系統聲母韻母上的差異不大，主要是陽平變調部份，成為大路關（廣興、廣福村）的區域特徵，陽平變調的部份與武洛地區比較後發現，陽平變調成為整個高屏六堆地區中非常具有特色的現象。

四、高樹客家話語料

　　以下詞條是依據張屏生「高屏地區」客家話語音差異對照表為主，再依本文需要做部份增刪，高樹、大路關、新豐海陸、饒平是筆者自行調查，其餘部分則依照張屏生所調查的資料。

表 3-1-9　高樹客家話語音差異對照表

	詞目	1.雨	2.豬	3.租	4.沖	5.蔥
1	高樹	雨 ji³¹；gi³¹	豬 tsu¹³	租 tsu¹³	沖 tsʰuŋ¹³	蔥 tsʰuŋ¹³
2	大路關	雨 gi³¹	豬 tsu¹³	租 tsu¹³	沖 tsʰuŋ¹³	蔥 tsʰuŋ¹³
3	新豐海陸	水 ʃui¹³	豬 tsu¹³ tʃu⁵³	租 tsu¹³ tsu⁵³	沖 tsʰuŋ¹³ tʃʰuŋ⁵³	蔥 tsʰuŋ¹³ tsʰuŋ⁵³
4	新豐饒平	雨 vu²⁴	豬 tsu¹¹	租 tsu¹¹	沖 tsʰuŋ¹¹	蔥 tsʰuŋ¹¹
5	武洛	雨 ji³¹；gi³¹	豬 tsu¹³	租 tsu¹³	沖 tsʰuŋ¹³	蔥 tsʰuŋ¹³
6	內埔	雨 i³¹	豬 tsu¹³	租 tsu¹³	沖 tsʰuŋ¹³	蔥 tsʰuŋ¹³
7	美濃	雨 i³¹	豬 tsu³³	租 tsu³³	沖 tsʰuŋ³³	蔥 tsʰuŋ³³

		雨	豬	租	沖	蔥
8	新埤	雨 gi^{31}	豬 tsu^{13}	租 tsu^{13}	沖 $ts^hu\eta^{13}$	蔥 $ts^hu\eta^{13}$
9	佳冬	雨 gi^{31}	豬 tsu^{13}	租 tsu^{13}	沖 $ts^hu\eta^{13}$	蔥 $ts^hu\eta^{13}$
10	苗栗四縣	雨 gi^{31}	豬 tsu^{13}	租 tsu^{13}	沖 $ts^hu\eta^{13}$	蔥 $ts^hu\eta^{13}$
11	竹東海陸	水 $\int ui^{13}$	豬 $t\int u^{53}$	租 tsu^{53}	沖 $t\int^hu\eta^{53}$	蔥 $ts^hu\eta^{53}$

	詞目	6.書	7.蘇	8.遮仔	9.柑仔	10.草仔
1	高樹	書 su^{13}	蘇 su^{13}	遮仔 $tsa^{13} i^{11}$	柑仔 $kam^{11} mi^{53}$	草仔 $ts^ho^{31} i^{31}$
2	大路關	書 su^{13}	蘇 su^{13}	遮仔 $tsa^{13} i^{11}$	柑仔 $kam_{35} mi^{11}$	草仔 $ts^ho^{31} i^{11}$
3	新豐海陸	書 $\int u^{53}$ su^{53}	蘇 su^{13} su^{53}	遮仔 $t\int a^{53} \partial^{55}$	柑仔 $kam^{53} \mathrm{\rlap{l}}^{55}$	草 $ts^ho^{24} \mathrm{\rlap{l}}^{55}$
4	新豐饒平	書 su^{11}	蘇 su^{11}	遮仔 $vu^{31} san^{53}$	柑仔 $kam^{11} me^{21}$	草 ts^ho^{24}
5	武洛	書 su^{11}	蘇 su^{11}	遮仔 $tsa^{13} i^{31}$	柑仔 $kam_{11} mi^{53}$	草仔 $ts^ho^{31} i^{31}$
6	內埔	書 su^{13}	蘇 su^{13}	遮仔 $tsa^{13} e^{31}$	柑仔 $kam_{35} me^{31}$	草仔 $ts^ho^{31} e^{31}$
7	美濃	書 su^{13}	蘇 su^{13}	遮仔 $tsa^{13}ue^{31}$	柑仔 $kam^{13} me^{53}$	草仔 $ts^ho^{31} e^{31}$
8	新埤	書 su^{13}	蘇 su^{13}	遮仔 $tsa^{13} i^{31}$	柑仔 $kam_{35} mi^{53}$	草仔 $ts^ho^{31} i^{31}$
9	佳冬	書 su^{13}	蘇 su^{13}	遮仔 $tsa^{13} i^{11}$	柑仔 $kam_{13} mi^{53}$	草仔 $ts^ho^{31} i^{31}$
10	苗栗四縣	書 su^{13}	蘇 su^{13}	遮仔 $tsa^{13} e^{31}$	柑仔 $kam_{35} me^{53}$	草仔 $li^{31} e^{31}$
11	竹東海陸	書 $\int u^{53}$	蘇 su^{53}	遮仔 $t\int a^{53} \partial^{55}$	柑仔 $kam^{53} \partial^{55}$	草仔 $li_{11} \partial^{55}$

詞目	11.凳仔	12.鴨仔	13.鐵仔	14. 細人仔	15.盒仔
1 高樹	.凳仔 ten^{55} ni^{31}	鴨仔 ap^3 bi^{11}	鐵仔 t^{h}iat^3 li^{11}	細人仔 se^{55} ɲin^{11} ni^{11}	盒仔 hap^5 bi^{11}
2 大路關	.凳仔 ten^{55} ni^{11}	鴨仔 ap^3 bi^{11}	鐵仔 t^{h}iat^3 li^{11}	細人仔 se^{55} ɲin^{11} ni^{11}	盒仔 hap^5 bi^{11}
3 新豐海陸	.凳仔 ten^{31} ne^{55}	鴨仔 ap^3 be^{55}	鐵仔 t^{h}iat^3 le^{31}	細人仔 se^{53} ɲin^{11} ne^{31}	盒仔 hap^5 be^{31}
4 新豐饒平	凳仔 ten^{31}	鴨仔 ap^5	鐵仔 t^{h}iet^3	細人仔 se^{53} ɲin^{11}ne^{31}	盒仔 hap^5
5 武洛	.凳仔 ten^{55} ni^{31}	鴨仔 ap^3 bi^{31}	鐵仔 t^{h}iat^3 li^{31}	細人仔 se^{55} ɲin^{11} ni^{31}	盒仔 hap^5 bi^{31}
6 內埔	.凳仔 ten^{55} ne^{31}	鴨仔 ap^3 pe^{31}	鐵仔 t^{h}iat^3 te^{31}	細人仔 se^{55} ɲin^{11} ne^{31}	盒仔 hap^5 pe^{31}
7 美濃	.凳仔 ten^{55} ne^{31}	鴨仔 ap^3 pe^{31}	鐵仔 t^{h}iat^3 te^{31}	細人仔 se^{55} ɲin^{11} ne^{31}	盒仔 hap^5 pe^{31}
8 新埤	.凳仔 ten^{55} ni^{31}	鴨仔 ap^3 bi^{31}	鐵仔 t^{h}iat^3 li^{31}	細人仔 se^{55} ɲin^{11} ni^{31}	盒仔 hap^5 bi^{31}
9 佳冬	.凳仔 ten^{55} ni^{31}	鴨仔 ap^3 bi^{31}	鐵仔 t^{h}iat^3 li^{31}	細人仔 se^{55} ɲin^{11} ni^{31}	盒仔 hap^5 bi^{31}
10 苗栗四縣	.凳仔 ten^{55} ni^{11}	鴨仔 ap^3 be^{11}	缽仔 pat^3 le^{11}	細人仔 se^{55} ɲin^{11} ne^{11}	盒仔 Hap^5 be^{11}
11 竹東海陸	.凳仔 ten^{11} l̩^{55}	鴨仔 ap^3 ə^{55}	鐵仔 t^{h}iat^3 l̩^{55}	細人仔 p^{h}an^{55} l̩^{55}	盒仔 hap$_3$ l̩^{55}

詞目	16.勺仔	17.真个	18.假个	19. 細个	20.鐵个
1 高樹	. 勺仔 sok^5 gi^{11}	眞个 tsin$_{33}$ ne^{55}	假个 ka^{31} e^{55}	細个 se^{55} e^{55}	鐵个 t^{h}iat^3 le^{55}
2 大路關	. 勺仔 sok^5 gi^{11}	眞个 tsin$_{33}$ ne^{55}	假个 ka^{31} e^{55}	細个 se^{55} e^{55}	鐵个 t^{h}iat^3 le^{55}
3 新豐海陸	. 勺仔 sok^5 ge^{55}	眞个 tʃin^{11} kai^{55}	假个 ka^{13} kai^{11}	細个 se^{11} kai^{11}	鐵个 t^{h}iat^3 kai^{11}
4 新豐饒平	. 勺仔 sok^5 ge^{55}	眞个 tsin^{11} kai^{55}	假个 ka^{13} kai^{11}	細个 se^{11} kai^{11}	鐵个 t^{h}iet^5 kai^{11}
5 武洛	. 勺仔 sok^5 gi^{31}	眞个 tsin$_{33}$ ne^{55}	假个 ka^{31} e^{55}	細个 se^{55} e^{55}	鐵个 t^{h}iat^3 le^{55}

6	內埔	. 勺仔 sok⁵ ke³¹	眞个 tsin₁₁ ne⁵⁵	假个 ka³¹ ue⁵⁵	細个 se⁵⁵ e⁵⁵	×
7	美濃	. 勺仔 sok⁵ ke³¹	眞个 tsin₁₁ ke⁵⁵	假个 ka³¹ ue⁵⁵	細个 se⁵⁵ ke⁵⁵	鐵个 tʰiat³ ke⁵⁵
8	新埤	. 勺仔 sok⁵ gi³¹	眞个 tsin₃₃ ne⁵⁵	假个 ka³¹ e⁵⁵	細个 se⁵⁵ e⁵⁵	×
9	佳冬	. 勺仔 sok⁵ gi³¹	眞个 tsin₃₃ ne⁵⁵	假个 ka³¹ e⁵⁵	細个 se⁵⁵ e⁵⁵	鐵个 tʰiat³ le⁵⁵
10	苗栗 四縣	. 勺仔 sok⁵ ge¹¹	眞个 tsau¹³ ne⁵⁵	假个 ka³¹ ke⁵⁵	細个 se⁵⁵ e⁵⁵	鐵个 tʰiat³ le⁵⁵
11	竹東 海陸	. 勺仔 ʃok³ l̩⁵⁵	眞个 tʃin⁵³ kai⁵⁵	假个 ka¹³ kai¹¹	細个 se¹¹ kai¹¹	鐵个 tʰiat³ kai¹¹

	詞目	21.濕个	22.紅个	23.白个	24.踞著	25 大个
1	高樹	. 濕个 sip³ be⁵⁵	. 紅个 huŋ¹¹ ŋe⁵⁵	白个 pʰak⁵ ge⁵⁵	踞著 ku¹³ nen⁵³	大个 tʰai⁵⁵ e⁵⁵
2	大路關	. 濕个 sip³ be⁵⁵	. 紅个 huŋ¹¹ ŋe⁵⁵	白个 pʰak⁵ ge⁵⁵	踞著 ku³⁵ nen¹¹	大个 tʰai⁵⁵ e⁵⁵
3	新豐海陸	. 濕个 ʃip⁵ kai¹¹	紅个 fuŋ⁵⁵ kai¹¹	白个 pʰak⁵ kai¹¹	踞著 kʰu⁵⁵ en¹¹	大个 tʰai⁵⁵ e⁵⁵
4	新豐饒平	. 濕个 sip⁵ kai¹¹	紅个 huŋ⁵⁵ kai³¹	白个 pʰak⁵ kai³¹	踞著 kʰu⁵⁵ ten³¹	大个 tʰai⁵⁵ e⁵⁵
5	武洛	濕个 sip³ be⁵⁵	. 紅个 huŋ¹¹ ŋe⁵⁵	白个 pʰak⁵ ge⁵⁵	踞著 ku¹³ nen⁵³	大个 tʰai⁵⁵ e⁵⁵
6	內埔	濕个 sip³ pe⁵⁵	. 紅个 huŋ¹¹ ŋe⁵⁵	白个 pʰak⁵ ge⁵⁵	踞著 ku¹¹ nen⁵³	大个 tʰai⁵⁵ e⁵⁵
7	美濃	濕个 sip³ ke⁵⁵	. 紅个 huŋ¹¹ ke⁵⁵	白个 pʰak⁵ ke⁵⁵	踞著 ku³⁵ nen⁵³	大个 tʰai⁵⁵ e⁵⁵
8	新埤	濕个 sip³ be⁵⁵	紅个 fuŋ¹¹ ŋe⁵⁵	白个 pʰak⁵ ge⁵⁵	踞著 ku¹¹ nen⁵³	大个 tʰai⁵⁵ e⁵⁵
9	佳冬	濕个 sip³ be⁵⁵	紅个 fuŋ¹¹ ŋe⁵⁵	白个 pʰak⁵ ge⁵⁵	踞著 ku¹¹ nen⁵³	大个 tʰai⁵⁵ e⁵⁵
10	苗栗四縣	濕个 sip⁵ ke⁵⁵	紅个 fuŋ¹¹ ke⁵⁵	白个 pʰak⁵ ge⁵⁵	踞著 ku³⁵ nen⁵³	大个 tʰai⁵⁵ ke⁵⁵
11	竹東海陸	. 濕个 ʃip⁵ kai¹¹	紅个 fuŋ⁵⁵ kai¹¹	白个 pʰak³ kai¹¹	踞著 kʰu⁵⁵ en¹³	大个 tʰai³³ kai¹¹

	詞目	26.做忒矣	27.煮飯	28.講話	29.披菜籽
1	高樹	做忒矣 tso⁵⁵ het³ le¹¹	.煮飯 tsu³¹ huan⁵⁵	講話 koŋ³¹ hua⁵⁵	披菜（仁）籽 jie⁵⁵ tsʰ oi⁵⁵ in¹¹ ni³¹
2	大路關	做忒矣 tso⁵⁵ het³ le¹¹	.煮飯 tsu³¹ huan⁵⁵	講話 koŋ³¹ hua⁵⁵	披菜籽 jie⁵⁵ tsʰ oi³¹ tsi³¹
3	新豐海陸	做忒矣 tso¹¹ het⁵ le¹¹	.煮飯 tsu¹¹ fuan¹¹ pʰon¹¹	講話 koŋ¹¹ fua¹¹	披菜籽 ve¹¹ tsʰ oi¹¹ tsi¹³
4	新豐饒平	做忒矣 tso¹¹ het⁵ le³³	.煮飯 tsu¹¹ fuan⁵⁵	講話 koŋ¹¹ fua¹¹	披菜籽 be¹¹ tsʰ oi¹¹ zin⁵⁵
5	武洛	做忒矣 tso⁵⁵ het³ le¹¹	.煮飯 tsu³¹ huan⁵⁵	講話 koŋ³¹ hua⁵⁵	披菜籽 jie⁵⁵ tsʰ oi⁵⁵ tsi³¹
6	內埔	做忒矣 tso⁵⁵ het³ le¹¹	.煮飯 tsu³¹ huan⁵⁵	講話 koŋ³¹ hua⁵⁵	披菜籽 jie⁵⁵ tsʰ oi⁵⁵ tsi³¹
7	美濃	做忒矣 tso⁵⁵ het³ te¹¹	.煮飯 tsu³¹ fuan⁵⁵	講話 koŋ³¹ hua⁵⁵	披菜籽 jie⁵⁵ tsʰ oi⁵⁵ in¹¹
8	新埤	做忒矣 tso⁵⁵ het³ le¹¹	.煮飯 tsu³¹ fuan⁵⁵	講話 koŋ³¹ hua⁵⁵	披菜籽 jie⁵⁵ tsʰ oi⁵⁵ tsi³¹
9	佳冬	做忒矣 tso⁵⁵ het³ le¹¹	.煮飯 tsu³¹ fuan⁵⁵	講話 koŋ³¹ hua⁵⁵	披菜籽 jie⁵⁵ tsʰ oi⁵⁵ ioŋ¹³
10	苗栗四縣	做忒矣 tso⁵⁵ het³ le¹¹	.煮飯 tsu³¹ huan⁵⁵	講話 koŋ³¹ hua⁵⁵	披菜籽 ve⁵⁵ tsuŋi³¹ tsi³¹
11	竹東海陸	做忒矣 tso¹¹ het⁵ le⁵³	.煮飯 tʃu³³ pʰon³³	講話 koŋ³¹ hua⁵⁵	披菜米 ve³³ tsʰ oi¹¹ mi¹³

	詞目	30.考試	31.煙	32.牛眼	33.喙	34.醋
1	高樹	考試 kʰ au³¹ si⁵⁵	煙 jien³³	牛眼 ɲiu¹¹ ɲien³¹	喙 tsoi⁵⁵	醋 tsʰ i⁵⁵
2	大路關	考試 kʰ au³¹ si⁵⁵	煙 jien¹³	牛眼 ɲiu¹¹ ɲien³¹	喙 tsoi⁵⁵	醋 tsʰ i⁵⁵
3	新豐海陸	考試 kʰ au³³ si¹¹	煙 ʒien¹³	牛眼 ɲiu¹¹ ɲien³¹	喙 tsoi¹¹	醋 s i¹¹
4	新豐饒平	考試 kʰ au³³ si¹¹	煙 jien¹³	牛眼 ɲiu¹¹ ɲien³¹	喙 tse¹¹	醋 s i¹¹
5	武洛	考試 kʰ au³¹ si⁵⁵	煙 zien¹³	牛眼 ɲiu¹¹ ɲien³¹	喙 tsoi⁵⁵	醋 tsʰ i³¹

		考試	煙	牛眼	喉	醋
6	內埔	kʰau³¹ si⁵⁵	jien¹³	ɲiu¹¹ ɲien³¹	tsoi⁵⁵	tsʰɿ⁵⁵
7	美濃	kʰau³¹ si⁵⁵	ian³³	ɲiu¹¹ ɲien³¹	tsoi⁵⁵	tsʰɿ⁵⁵
8	新埤	kʰau³¹ si⁵⁵	gien¹³	ɲiu¹¹ ɲien³¹	tsoi⁵⁵	tsʰɿ⁵⁵
9	佳冬	kʰau³¹ si⁵⁵	ian¹³	ɲiu¹¹ ɲien³¹	tsoi⁵⁵	tsʰɿ⁵⁵
10	苗栗四縣	kʰau³¹ si⁵³	jien¹³	ɲiu¹¹ ɲien³¹	tsoi⁵⁵	tsʰɿ⁵⁵
11	竹東海陸	kʰau³³ ʃi¹¹	jien¹³	ɲiu⁵⁵ ɲan¹³	tʃoi¹¹	si¹¹

	詞目	35.紙	36.屎	37.梳	38.身	39.唇	40.識
1	高樹	紙 tsi³¹	屎 si³¹	梳 si¹³	身 sin¹³		
2	大路關	紙 tsi³¹	屎 si³¹	梳 si¹³	身 sin¹³		
3	新豐海陸	紙 tsi¹³	屎 si¹³	梳 sɿ⁵³	身 sin¹³		
4	新豐饒平	紙 tsi¹³	屎 si¹³	梳 sɿ⁵³	身 sin¹³		
5	武洛	紙 tsi³¹	屎 si³¹	梳 si¹³	身 sin¹³		
6	內埔	紙 tsɿ³¹	屎 sɿ³¹	梳 sɿ³¹	身 sin¹³		
7	美濃	紙 tsɿ³¹	屎 sɿ³¹	梳 sɿ³¹	身 sin¹³		
8	新埤	紙 tsi³¹	屎 si³¹	梳 si¹³	身 sin¹³		
9	佳冬	紙 tsi³¹	屎 si³¹	梳 si¹³	身 sin¹³		
10	苗栗四縣	紙 tsi³¹	屎 si³¹	梳 sɿ³¹	身 sin¹³		
11	竹東海陸	紙 tʃi¹³	屎 ʃi¹³	梳 so⁵³	身 sin¹³		

第二節　高樹和六堆客家話的詞彙差異

　　本文依據張屏生「高屏地區」客家話詞彙差異對照表為主，再依需要做部份增刪，其中高樹、大路關、建興、新豐部份是筆者自行調查，其餘臺灣南部四縣客家話各方言點資料，依據張屏生《臺灣客家之區域語言調查：高屏地區客家話多樣化現象研究》之內容，一部分亦由筆者進行調查後比較之。

一、高樹地區客家話與南部四縣客家話次方言間的詞彙差異

（一）特殊發現

1、拐杖

　　高樹地區的枴杖有二個詞形，一是中部地區叫「仗仔」，大路關叫「棍仔」，新埤、內埔叫「樹仗」，美濃叫「楛仗仔」，其他地方叫「仗仔」，經調查，高樹也說「楛仗仔」，但是發音人都強調「楛」是動詞，指的是撐拐杖的動作，應為「拄」字，所以美濃的「楛仗仔」，應該也是「仗仔」。

2、蓮霧和番石榴

　　高樹地區就有二種詞形，蓮霧二種發音，中部地區叫〔lian35 phu11〕，大路關叫〔lian35 vu33〕和茶泡〔tsha11 phau55〕，說茶泡的地方還有長治、麟洛、竹田、內埔一帶，屬於六堆核心地區部分，蓮霧是最廣泛的分布，只有竹田、內埔不說。說「蒜果」的地方有新埤、佳冬、長治、麟洛、竹田、內埔、萬巒還有潮州，六堆屏北地區和高雄美濃地區沒有說蒜果的，蒜果的分布，該在六堆核心地區及以南。

　　依據甘于恩、冼偉國〔註17〕考查，馬來西亞的福建人用 jambu、l ambu、yambu，來稱呼「蕃石榴」，這是借自馬來語的借詞，其實馬來西亞的福建人稱為 jambu 並非僅只番石榴，如果 jambu 後面加上不同的修飾語，是指不同的水果。

　　馬來語 jambu 後面加 air 就是指「水蓊」，jambu air 就是臺灣人說的 l ambu，「蓮霧」。

〔註17〕甘于恩、冼偉國〈馬來西亞漢語方言概況及語言接觸的初步研究〉《粵語研究》（第四、五期，2009）頁 52。

表 3-2-1　馬來西亞蓮霧、番石榴的稱呼表

馬來語	北馬區	中馬區	南馬區	沙勞越	新加坡
jambu air	水 jambu （檳城）	jambu	jambu	jambu	jambu
	紅 jambu （太平）	yambu		liambu	
	紅毛 jambu （太平）	liambu			
jambu biji	jambu	na put	bak kia （新山）	bak kia	bak kia
		nia put	nia put （麻坡、麻六甲）		

資料來源：甘于恩、冼偉國 2009〈馬來西亞漢語方言概況及語言接觸的初步研究〉《粵語研究》（第四、五期），頁 52。

　　由此表我們可以看出「番石榴」的稱呼，不論是客家話的「菝仔」〔pha-le〕、〔la-pha- le〕或是閩南話的「那菝仔」〔la- pa-la〕，都是馬來語的借詞，應該是南洋新加坡馬來西亞一帶傳來的。

　　3、螃蟹

　　螃蟹很一致的說「老蟹」，而且都是〔no55　hai31〕，也是/n/、/l/聲母不分，全六堆一致分布的唯一詞彙。僅長治少部份說毛蟹〔mo55　hai31〕。

　　4、虱目魚

　　高樹地區有二種說法，一是和大部分六堆地區一致，受語言接觸影響閩南話借詞的「海草魚」，另一是很有特色的「馬沙麥」〔ma11 sa55 mak5〕，大路關只說海草魚，說馬沙麥的地方有：高樹、武洛、美濃、六龜、手巾寮、杉林，這些地方都分布在高樹中部以北，這個詞已經快被閩南話「海草魚」取代了。

5、連襟

六堆大部分的地方都有受閩南話借詞的影響的說法「大小仙」或加上詞綴「大小仙仔」，只有武洛、杉林說「同門」，美濃「姐妹婿」，這個詞在六堆地區幾乎被閩南話「大小仙」取代。

6、南瓜

高樹中部說「番瓜」也說金瓜，大路關和武洛說「金瓜」和「瓠仔」可能是閩南話借詞，和高樹一樣說並說番瓜、金瓜的有竹田、萬巒，只說番瓜的是佳冬、長治、美濃、六龜、手巾寮、杉林，說番瓜的地方比較多，顯示這個詞雖受閩南話影響但尚未被取代，番瓜（客家）、金瓜（閩南）二者還在競爭中。

二、六堆地區詞形差異

1、冰棒

高樹中部地區說「冰枝 pen33 ki33」，大路關、新埤、佳冬都說「枝仔冰 ki35 i55 pen13」，長治、麟洛、竹田、內埔、萬巒、六龜、美濃說「枝仔冰 ki35 e31 pen13」但聲調各異，本文的看法是「冰枝」是客家話的構詞方式，梅縣的稱法就是「雪枝」〔註18〕，「枝仔冰」是借自閩南話，而有部分地區長治說「枝冰 ki35 pen33」，則是採閩南話的構詞方式但，小稱詞「囝-a」丟失的關係。

2、肥皂

大部分的六堆地區都說「番鹼 $fan_{35}kian^{31}$」，武洛和長治有一部分說「番鹼 $huan_{35}$ $kian^{31}$」，f 被 hu 取代了，高樹有部分的人也說「番鹼 $huan_{35}$ $kian^{31}$」，但是大部分的人卻說閩南話的「雪文 $sap^5 bun^{13}$」，從這個詞我們可以看出閩南話借詞的詞彙擴散，是從每一個借詞一步步逐漸擴散，使用的閩南話借詞不知不覺取代了客家話的詞彙。

3、蒸籠

大部分的六堆地區各方言點都有「粄床 $pan_{31} tshoŋ^{11}$」的說法，只是聲調差異，「籠床 $laŋ_{11} suŋ^{13}$」是臺灣南部和北部客家話都有的說法，閩南話的構詞方式也一致，但是「籠床 $laŋ_{11} suŋ^{13}$」的分布越來越廣，目前武洛、高樹、大路關、新埤、長治、美濃、六龜都有人說，只有內埔、萬巒、麟洛等地方維

〔註18〕李榮、黃雪貞：《梅縣方言詞典》（江蘇教育出版社，1995 年）

持「粄床」，不說「籠床」，這個詞的分布正好可以看出本文所提及，六堆周圍地區語言接觸較六堆核心地區頻繁，導致語言演變速度較快。

語碼轉換（code switching）逐漸能夠將句子與句子之間交替使用不同的語言訊號，通常只有移民型的語言才會經歷語言同化的全過程，不同語言和文化接觸的結果通常是占強勢的一方取勝，閩南話對於客家話是如此，閩南話對客家話的影響是慢慢地一步步，逐漸從詞彙上、語音上產生擴散，是社會環境因素，也是語言接觸的外部因素，華語對客家話和閩南語也是強勢，所以現在閩南話和客家話也都面對強勢的華語，屈居弱勢。

簡而言之，詞彙的輸入是文化增加，詞彙的替換是文化的減損，此部份本章以閩南話和日語對客家詞彙所造成的變化為例，說明借詞、語言移借、語言替代——部分詞彙會替代現有詞彙，對臺灣南部四縣客家話所造成的影響。

第三節　六堆客家話的類型

一種方言的形成和發展與歷史、文化、族群、開發等社會因素有密切的關係，而方言的分區不是單純地理上或行政區域上的劃分，所以考慮方言區分原則時，自然要以語言的特徵作為劃分的主要依據。

以高樹地區的客家話為例，關於高樹客家話和六堆客家話的來源和系屬，歷來學者的看法並不一致，對於這種方言如何形成的過程，以及影響方言演變的因素，也有不同的看法。

由於客家話分布廣闊，1987 年的《中國語言地圖集》分為九大片，臺灣地區的四縣客家話在分片上屬於嘉應小片。〔註 19〕

謝留文、黃雪貞（2007）在 1987 年《中國語言地圖集》的研究基礎上，進一步為客語重新分片，共分出八片，分別為粵台片（包括梅惠小片、龍華小片）、海陸片、粵北片、粵西片、汀州片、寧龍片、雩信片、銅桂片。

相較於 1987 年的《中國語言地圖集》，謝留文、黃雪貞的更動為：1. 取消粵中片，將原粵台片和粵中片方言統一設為粵台片；2. 取消惠州片，而把惠州市區方言歸為粵台片梅惠小片；3. 將江西和湖南的客家話根據語言特點進行重新劃分，仍分為三片，但是各片包括的縣市與原來有所差異。

〔註 19〕謝留文、黃雪貞：《中國語言地圖集（香港：香港朗文遠東出版公司，2007 年）。

一、六堆客家話的分類

六堆所說的客家話固然可用「四縣客」來概稱，但內部的語音及音韻各有特色，一片包括屏東縣的高樹、佳冬、新埤以及長治部分地區，使用人口較少；另一片為六堆的其他方言，含高雄縣境內的美濃、衫林、六龜，以及屏東縣境內的竹田、長治〔註20〕、麟洛、內埔、萬巒等八個客家鄉鎮，相對的另外六堆的少數海陸客家人也不能完全漠視。〔註21〕這些區分的主要的語料取自楊時逢（1971），千島英一與樋口靖（1987）以及鍾榮富（1997a, 1997b，1998）的調查資料。

（一）鍾榮富分為二個區

鍾榮富把高樹、新埤、佳冬以及長治部分地區的客家話，其特徵歸納為三點：一為沒有舌尖高元音〔ɿ〕元音，二為名詞詞尾用〔i〕，三為〔ian〕一率唸成〔ien〕，而後隨著研究的深入進行修正和補充，於 2012 在《語言暨語言學》專刊所發表的〈臺灣南部客家話分類的語音指標〉補充了高元音〔i〕前零聲母的摩擦前現象、/n/和/l/的混合及分布、〔h〕是否顎化成〔ç〕以及韻母 ian 的語音變異等三項，將這些南部四縣客家話的分類指標擴充為為六點。

〔註20〕見鍾榮富，〈臺灣各客家方言的語音差異〉長治鄉部份地區（如德協、份仔）音類於高樹，其他地區類於萬巒口音。

〔註21〕鍾榮富，《六堆客家社會文化發展與變遷之研究——語言篇》（屏東：財團法人六堆文化教育基金會，2001），頁24。

圖 3-3-1　鍾榮富六堆客家話的分片圖

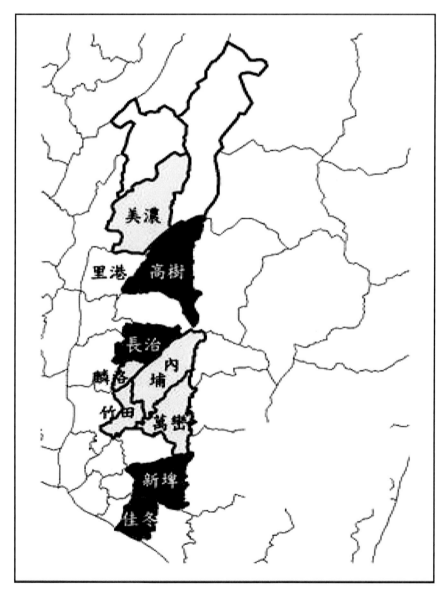

資料來源：節錄自鍾榮富，《臺灣客家方言地圖與網站》

（二）張屏生分為四區

　　張屏生認為高屏地區的客家話詞彙差異，從整個系統上看，一致性還是較高，差異的部分不至於影響溝通，張屏生將高屏地區的客家話，分為四個區域：

1、內埔、萬巒、竹田、麟洛、長治（長興、進興、德榮、崙上、德協、
　　德成村）。
2、武洛、高樹、大路關、新埤、佳冬、長治（潭頭、新潭、香楊、復興
　　村）。
3、美濃六龜手巾寮。
4、杉林。

圖 3-3-2　張屏生高屏地區客家話分區圖

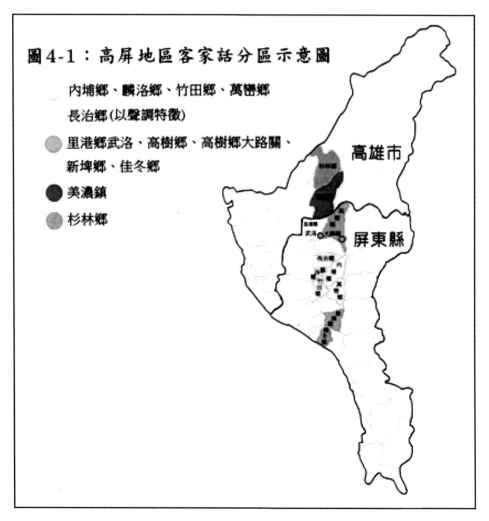

資料來源：張屏生《臺灣客家族群史臺灣客家之區域語言調查——
　　　　　　高屏地區客家話多樣化現象研究》（2012），頁 96。

（三）本文將南部四縣客家話區分為二類型，三個區

本文借用語言地理類型學的方法，透過本章的比較方法以及高樹區域和整個高屏六堆地區的比較，這些差異我們可以統整爲二類，認爲六堆各次方言差異是不同的歷時層次的差異以及閩、客間語言接觸所導致的。三個區域分別爲：1.六堆核心 2.六堆外圍 3 大美濃地區。

如此分類的依據是依這些語音差異的性質來區分，而本文的另一個區分的指標是地理分布，前人的分類方式或以語音內部結構因素，或以地理分布方式觀察，但卻沒有提出一種具體的論述。

本文在加入了地理分布這項觀察的角度之後，提出將臺灣南部四縣客家話分爲六堆外圍型和六堆核心型二種的分類法，此分類方式是依據語言地理分布現象，再加上語言層次差異和語言接觸差異所做的區分：

有〔ɿ〕的美濃和杉林位於更外圍的地區，包圍沒有〔ɿ〕的高樹、新埤、佳冬，高雄美濃、杉林和六龜是屬於有〔ɿ〕的區域，但是由於美濃地區有 n、l 混合，以及陰平調讀 33，變調規則和六堆其他地方不同的區域特徵十分明顯，因此主張在分類時將美濃、六龜、杉林合稱爲「大美濃地區」。

沒有〔ɿ〕的高樹、新埤、佳冬分布在六堆外圍的地區，但是美濃、杉林和六龜卻具有核心形的特質，所以在分類上我們必須將充滿區域特色的美濃、杉林和六龜獨立成一區。

雖然在〔ɿ〕的有無、前高元音〔i〕前零聲母是否會摩擦、名詞詞尾是〔-i〕或〔-e〕這三項語音指標的分類上，大美濃地區都和六堆核心地區相同，屬於同一類型，所以本質上相同，但由於前揭的區域特徵太過鮮明，也讓整個美濃地區在臺灣南部四縣客家話的地位上獨樹一幟。

由本章第一節的語音差異，可以很明顯看出舌尖前高元音〔ɿ〕的有無，和名詞詞尾〔e〕或〔i〕，以及前高元音〔i〕前零聲母摩擦現象，此三語音指標的分布圖，在語言地理的分布上是完全重疊的，有舌尖前高元音〔ɿ〕的區域，名詞詞尾就是用〔e〕，沒有有舌尖前高元音〔ɿ〕的區域，名詞詞尾就是用〔i〕。

本文也預測目前南部四縣客家話的演變方向，或許會造成類型上的分合，也就是外圍型朝核心型靠攏的方向演變。

圖3-3-3　六堆客家話的分區圖

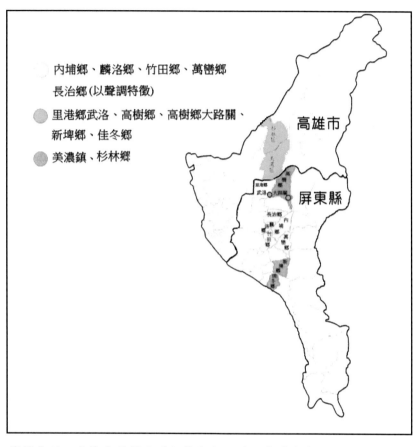

資料來源：改繪自張屏生《臺灣客家族群史臺灣客家之區域語言調查
——高屏地區客家話多樣化現象研究》（2012）。

二、六堆四縣客家話形成差異的原因

　　造成語言變異的因素包含內部因素和外部因素，本文的研究著重是先進行內部結構的比較，再加上外部因素語言接觸角度的討論，來觀察高樹地區的客家話和六堆客家話的異同，針對這些語音差異現象的觀察，本文將這些語音差異分類為：1、歷時不同層次的差異。2、因為語言接觸而產生的差異。

　　語言接觸的影響並不是從客家話遷來臺灣才開始的，而是隨著客家話的形成與客家移民的遷徙一路演變而來的，語言的接觸始終存在，本文所提的類型上的差異則專指在分類上有涇渭分明的部份，這些差異也是歷時上各時期語言接觸的結果。

　　根據劉澤民《客贛方言歷史層次研究》：

> 方言的歷史層次研究應該參考移民資料，但語言接觸和語言系統
> 的演化是異常複雜的，移民對方言形成和演變的影響也是很複雜
> 的，把移民時代與方言語音的歷史層次一一對應，認爲歷史上的
> 每壹次移民必然給相關方言留下一個語音層次這種假設過於簡單
> 化。〔註22〕

　　本文認爲高樹客家話屬於臺灣南部四縣客家話其中六堆外圍型，除了語
言特徵以外，高樹地區開發史的條件也應該列入分類分區的考慮，因此推斷
本區的高樹客家話屬移民型的方言。

〔註22〕劉澤民：《客贛方言歷史層次研究》（蘭州：甘肅民族出版社，2005 年）。

第四章　高樹地區語言的分布

　　高樹地區位於屏東縣的最北端，也是六堆地區最晚開發的右堆鄉鎮之一，高樹和美濃隔荖濃溪而鄰，兩地的移民都是在乾隆初年由里港的武洛跨越荖濃溪、隘寮溪分別至美濃與高樹進行開墾的，由於美濃的客家人口比例接近九成，〔註1〕所以客家話是美濃主要通行的語言，但是高樹境內的語言由於族群的不同，因而使用語言在地理分布上，和美濃有非常明顯的差異。

　　本文實際走訪高樹鄉的十九個行政村，依照洪惟仁所調查的資料爲研究基礎，本文的調查以聚落爲單位，有些情況遭遇混居的聚落時，甚至必須到聚落以下的戶爲調查的單位，茲將研究發現呈現於本章，以利後續探討語言接觸現象背後的成因，希望能呈現出較爲全面性的面貌。

第一節　區域語言分布圖的繪製

一、繪製的原則

　　本文的調查除了實際到每個村、每個聚落訪問之外，訪問的對象包含當地的村長或社區發展協會成員、居民和鄉公所的民政課以及圖書館人員、廟公、文史工作者等等，甚至還有在高樹鄉服務超過 35 年的退休郵差，調查場域包含公共場合如：廟宇、商店、檳榔攤、小吃部、村里辦公室、民宅等，遍及一般民眾日常生活的場域。

〔註1〕 資料來源：美濃客家文物館網頁（原高雄縣客家文物中心）：
　　　　http://meeinonghakka.kcg.gov.tw/page_content.asp?zone=cultural_history.asp

（一）減少誤差

這些場域之人員能夠提供有關本地的居民組成、語言分布、族群、人口比例等詳細情況，並且實際與當地居民訪談或觀察，觀察在地人語言使用的情形，匯聚這些對於地方事務相對較爲熟悉者的口述、訪談資料，形成以村莊、聚落爲單位的語言分布圖，其目的是期望能減少因調查方式不同而產生的誤差。

（二）以多元角度相互印證

本文除了調查高樹鄉及其周邊地區的語言分布，並繪製成語言分布圖以外，另外再從語言地理學、高樹地區開發史及社會語言學等角度蒐集資料，相互映證本調查及語言分布地圖的正確性，本章亦從高樹地區的語言分布開始討論。

（三）本文的調查順序與過程

本文以各行政村及聚落爲單位，在這個範圍內進行語言調查，在實地調查中，我們依據目前行政區劃分的十九個村依序進行調查，並將所調查的結果和文獻所載資料併呈，以說明各村之聚落的語言和族群狀況，接著搭配第六章的語言接觸現象，討論高樹地區的語言狀況。

（四）語言地圖的限制

語言地圖上的誤差會因爲某些因素而存在著；像是無人居住的區域，屬於非聚落的地方，例如山地、林地、溪埔、田地、河川等，此類地區在圖上應如何顯示之問題，以及語言混雜地區，族群雜居之地，如街市地區；還有正在語言轉換中的地區等問題，所以我們先顯示該地區的優勢語言，再以圖形符號標示出和優勢及不同的語言，至於使用只有 10 人以下的極弱勢語言或家庭用語，則無法顯示出來。

二、高樹鄉及其周邊的族群和語言種類

鍾榮富 2004 年的《臺灣客家語音導論》和洪惟仁 2007 年〈高屏地區的語言分布〉是本文調查的重要參考文獻，其中有關高屏地區語言分布的內容更提供了本文的研究調查方向，爲本文之前導研究（pilot survey）。

根據日治時期的語言學家小川尚義〈臺灣言語分布圖〉的分類；漢語分成漳州、泉州、客人三類，番語（南島語）分爲泰雅、賽德克、布農、鄒、

魯凱、卑南、阿美、雅美（今達悟）、賽夏與熟番（平埔族）等十一種〔註2〕，
熟番（平埔族）散布在漢語區之內，且各語區都有很清楚的分布。

　　小川尚義〈臺灣言語分布圖〉是臺灣的第一張語言地圖，洪惟仁先生認
為這張圖可能是依據1905年臺灣總督府戶口普查的資料所繪製的，在當時的
臺灣語言分布大體上是和祖籍一致的，此份資料所顯示的很可能是清代的祖
籍分布圖，並認為祖籍或民族別資料在某種程度上可以代用為語言方言別資
料，〔註3〕但是經過族群的遷徙、語言的改變和方言的融合之後，語言或方言
的分布區都可能會產生變動，本文調查之後發現在經過前揭的各種作用影響
之後，尤其是語言接觸的影響，上述族群的分布已經無法替代語言的分布，
此二者之間有著相當程度的差異，尤其以高樹地區的潮州府客屬福佬客和福
佬化後的平埔族，此二族群經過數百年的語言接觸後，已放棄原本使用的語
言（母語），而語言轉用（shift）成閩南話，而閩南話也變成了高樹地區的公
共交際語，也就是共同語（lingua franca）。〔註4〕

　　洪惟仁2004年調查的顯著價值在於發現了位於高屏地區客家話分布區和
排灣語分布區之間還夾著一條細長的閩南語分布帶，經洪氏以高屏地區開發
史實來考證後，推斷該狹長且沿山的閩南語帶，也就是在清代就已經被漢化
的平埔族分布區，如今都說閩南語。

　　高樹及其周邊地區的族群，我們可以分作漢人和原住民二大類，漢人又
可再分為閩南人、客家人和外省人（義胞）三種；原住民可以分為高山族（排
灣族、魯凱族）和平埔族（馬卡道族、西拉雅族）等。

（一）閩南人

　　根據洪惟仁（2004），一般高屏地區的閩南人主要是在清代由福建省的泉州
和漳州移民而來，但是高樹地區的閩南人除了漳、泉以外，還有興化府和永春
州比例也很高（占超過20%），分布在高屏地區的平地以及部分的山坡地，而所
有的濱海地區都是閩南人，說的閩南話都是閩南語混合腔，但小琉球和紅毛港
除外；高樹的閩南人原本主要居住於本鄉的西邊和西南邊，有向全鄉各村擴散

〔註2〕洪惟仁：（2007）〈高屏地區的語言分布〉，頁6。
〔註3〕洪惟仁：（2007）〈高屏地區的語言分布〉，頁7。
〔註4〕移民使用多種不同的母語，共同生活在一個社區裡，需要有一種為大家所接
　　　受的共同交際語，形成多語社區。鄒嘉彥、游汝傑：《社會語言學教程》（台
　　　北：五南圖書出版，2007年6月），第八章〈語言接觸〉頁76。

的趨勢，目前每個村幾乎都有閩南人的居住，至於閩南人爲何在人口數量上如此多以及在本區域的擴散如此迅速的問題，涉及閩南或客家族群孰先孰後或者同時來到本地區開墾，需要高樹地區開發史的佐證，則爲下章節要討論之主題。

（二）客家人

本區的客家人也在清代時來自粵東（廣東饒平、程鄉、大埔、平遠等縣），〔註5〕主要說的是臺灣南部四縣客家話，少部份是由日治時期的新竹州（今桃竹苗地區）移來，這些人文獻上稱爲北客，多居於本鄉最北邊的新豐村。

乾隆初年由武洛移墾而來的客家人，大多分布在閩南人以東的平地和山坡地上，這些地在清朝時期都曾經是荖濃溪的河道，也是河川浮覆地和荒地。

關於粵東移民來源問題，吳中杰（2009）曾經提出六堆地區客家人的移民原鄉範圍其實應該縮小，範圍其實局限於梅江的其中一條支流，石窟河沿岸及其附近地區。〔註6〕

吳中杰利用現有的六堆地區族譜，復原現今地圖中的小地名的方式，成功地將六堆客家人的原鄉，聚焦到：「北起蕉嶺縣廣福，南至梅縣白渡，以及白渡至松口之間的山區。」此範圍已經將原本的嘉應州大區域縮小到比較小的範圍。

本文的調查也發現部分潮州裔客家人，有部分的人已經不會說客家話而改說閩南話，洪惟仁和吳中杰都將曾他們稱爲「福佬客」或「鶴佬客」，他們分布在本鄉較北部的周圍地帶，橫跨大埔、荖寮、舊寮、司馬、建興等五個村，而形成一個潮州客屬的分布帶，另外根據《臺灣地名辭書》，原本屬於鹽埔鄉的新、舊大路關（廣興、廣福村），應該有部分來自於潮州府的移民，但是莊青祥透過族譜復原，卻發現大路關的祖籍多是蕉嶺一帶〔註7〕，所以這批潮州府客屬的移民，分布在高樹鄉較外圍的地區，和高樹中部地區（高樹市區）的客家人來源不一致，但距離不遠，都在韓江水系的支流上。

（一）外省人和義胞

從 1949 年起，隨政府撤退來臺的大陸移民，大部分是軍人、軍眷，雖散布在全國各地，但本區之內並無軍眷村，只有 1955 年開始「飛龍計畫」撤退

〔註5〕藍鼎元：〈論臺疆經理書〉《平臺紀略》（1721 年）。
〔註6〕吳中杰：《臺灣客家語言與移民源流關係研究》（高雄：復文書局出版社，2009）。
〔註7〕見莊青祥：《屏東高樹大路關之拓墾與聚落發展之研究》，（高雄：高雄師範大學客家文化研究所，2008 年）。

來安置的 5 個大陳義胞眷村，分別講浙江閩南話和台州片吳語。

（二）平埔族

平埔族並不是一個人類學上的名詞，而是清代以「漢化」程度來區別原住民種類的方式，將原住民依漢化程度的深淺分爲「熟番」和「生番」二類，平埔族指的是漢化較深的原住民族，他們和其他原住民族同屬南島民族。

（三）排灣族

整個屏東的山地除了霧台鄉（魯凱族）之外，都是排灣族，高樹鄉境內雖然無排灣族聚落，但因爲有許多三地門鄉的聚落緊鄰且於本區相連，距離極近，而且在歷史上的番、漢的互動關係也影響到本區族群的分布，故在討論語言現象和族群分布時，不應斷然切割，而排除在外的。

以上所提的族群都是在不同的時間點，先後移民到本地區的，他們所說的語言也隨著時間而在這個區域內發展演變，除了彼此之間的密切接觸之外，同時也產生了許多現象，這些族群爲了溝通往往發展出共同語，相對於自身的語言來說也可能因爲彼此間語言相互接觸的關係，導致語言的轉用，再導致文化認同與族群認同問題，此一階段我們語言分布圖所呈現的就是目前的語言和族群分布現況。

三、高樹周邊地區語言分布圖

臺灣是典型的移民社會，就連原住民族（南島民族）也是於較早時期移來臺灣的，只是時間比其他民族提早甚多，故稱之爲「原住民」，其餘爲同屬漢民族的閩南人、客家人、外省人，甚至現今越來越多的新住民，都是先後移入臺灣而居住在一起的，高樹地區的多元族群情況也是如此，因此本文只能以語言地理學處理傳統的、優勢的語言分布，後期分散的、歷時的語言變化則需要以社會語言學理論來處理。

從比較大的範圍來看，整個高屏地區是個多元族群的地區，而且在屏東平原北側，也就是鄰近高樹地區周邊有很多平埔族的分布，分別是西拉雅族和其支族馬卡道族，西拉雅族分布在今高雄市的內門、甲仙、旗山、美濃、六龜等區的淺山地帶，屏東地區的馬卡道族則分布於屏東平原的平地和山坡地，其範圍包括了北自今日高樹泰山村（加蚋埔），往南含內埔鄉隘寮、老埤、中林，到達萬巒的赤山、萬金等沿山村落，這些地區我們稱爲屏東平原沿山

地帶，至今都是平埔族後裔分部較多的聚落。

　　其中高樹鄉泰山村的平埔族則是從各地匯聚而來的，這裡的平埔族後裔也最多，平埔特徵最為鮮明，包括以西拉雅支族馬卡道族為主，其來源包含鳳山八社中里港鄉的塔樓社、高樹鄉的武洛社，以及從今臺南市新市區的新港社遷來屯墾守邊的西拉雅族。

　　在荖濃溪上游的濁口溪也有魯凱語的分布，這些村落（瑪雅、多納、萬山）都距離高樹鄉很近，北排灣語的三地門鄉一些排灣聚落，他們緊臨著高樹鄉，這些聚落像是青山、安坡、口社、賽嘉等聚落，和高樹地區的族群自清代以來都有互動，但是三地門鄉只有青葉一個魯凱語聚落（青葉）。

圖 4-1-1　高樹周邊地區語言分布圖

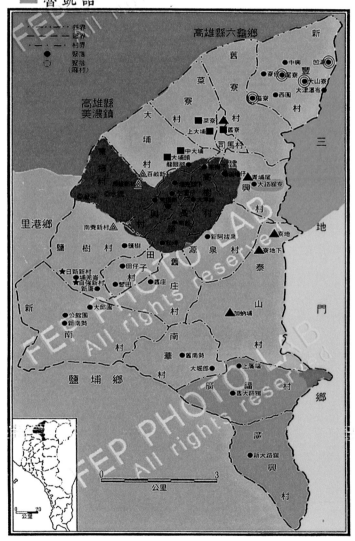

　　閩　南　話　　　　◎海陸客家話
　　高樹客家話　　　　△浙江閩南語
　　大路關客家話　　　★吳語台州片
　　美濃客家話　　　　■福佬客
　　排　灣　語　　　　▲平埔閩南話
　　魯　凱　語

資料來源：筆者調查，底圖取自黃瓊慧《臺灣地名辭書卷四：屏東縣》
　　　　　（臺北：1996年）頁307。

第二節　語言與族群分布的現象

本節探討高樹鄉族群和語言的分布，由於各村狀況複雜，甚至有同村不同聚落的族群及移民來源並不一致的狀況，也產生各種的組合，我們必須將其詳細情形分成幾種不同的類型，並逐一作討論及介紹。

一、高樹中部的客家話

洪惟仁（2007）和宋兆裕（2008）都認為在高樹鄉的中部地區，也就是目前稱為高樹市區的部分，有一個客家話的優勢區，惟二人所指的範圍略有差異，洪惟仁說的是高樹、東興、東振和建興等四村，宋兆裕說的是高樹、東興、東振、長榮等四村，二者論述對於高樹、東興、東振三村的看法是一致的，差異在於長榮村以及建興村，洪先生認為長榮村並非客語區，但建興屬於客語區；宋先生則認為長榮村當納入客語區，而沒納入建興村。

根據本文的調查，認為東振、東興（合稱老庄）屬純客聚落當無異議，其所使用客家話具有高樹客家話的代表性，是通行於高樹中部地區的高樹客家話。

而長榮村和高樹村則因為是高樹鄉的行政中心和主要商業區，且位於高樹鄉交通輻輳地帶，目前已有不少閩南人入住，屬於混居狀態，混雜居住無法區分出閩、客聚落，但客家話仍然是此二村的優勢語言，而且這二村有明顯的雙重語言現象（bilingualism）〔註8〕，有許多雙語者能夠流利使用兩種以上語言，居民普遍以客家話和閩南話為主要溝通語言，但是二者使用的對象和場合不同。

就社會語言學來說，此地還有雙層語言（diglossia）現象，語言有上下層之別，針對外來的人他們一律都先以閩南話應對，對於已識的客家熟人，就使用客家話，所以他們使用的語言是會隨著不同的環境（語境）而轉換的，此部分我們將在第六、七章中討論高樹地區的語言接觸的現象。

以高樹村為例，位於高樹鄉的中部，在地名上分為高樹下與大車路兩個聚落，高樹下位於高樹村的北端，不是一個純客家聚落，但是居民絕大部分是客家人，也有少數因嫁娶而遷入的閩南人和外籍新娘，但都能聽懂也能流

〔註8〕此處所討論的雙語現象雖然都屬方言，嚴格來說理應稱為雙方言（bi-dialectalism）現象，但係因語言層次問題以及後續的討論涉及南島語跨越了語系，且跨越語種，故均以雙語稱之。

利地說客家話，高樹下居民多能兼通閩南話和客家話，且非常流利。

　　大車路實際上和長榮村相連一起，這是一片已經發展成街市的區域，有連續的街道，中間並沒有明顯的阻隔或界線，也是主要的商業區和高樹鄉的行政中心，因此可以視爲一個完整聚落，在大車路居民是以客家人爲主，但也有閩南人，目前在街市上仍是以客家話爲主要通行語言，但商家做生意會以閩南話爲交際語言，特別是遇見外地人通常會先以閩南話作爲交際的語言。

　　建興村的狀況比較特殊，但能確定的是，在建興村的三個聚落當中的溪埔仔（大崗上）聚落，所說的客家話是和前揭這些高樹中部（高樹市區）村落是一樣的，所以本文主張建興村的溪埔仔（大崗上）聚落，能夠劃入此一個客家話區。

　　另外大埔村的龍眼腳聚落，因爲和這個區域的各村在地理上相連，所說的客家話也並無二致，所以本文也將龍眼腳劃入這個客家話區。

　　因此本文對於洪、宋二位學者的調查範圍做修正，此一客家話優勢區的範圍應包括：東興村、東振村、高樹村、長榮村全境，以及建興村的溪埔仔聚落和大埔村的龍眼腳聚落，也就是這個區域總共涵括了六個村，其中有四個村是全部，有兩個村各是一個聚落即是建興村的溪埔仔（大崗上）聚落以及大埔村的龍眼腳聚落。

　　這個客家話區其實也在萎縮當中，和當時洪惟仁（2007）所繪製的〈屏東北部語言分布圖〉（請參照第二章第一節）比起來，範圍比較小，整個建興村並不是全都是客家話區，並沒有連到山邊，和三地門鄉相連，因爲建興村有三個聚落，其中的青埔尾是閩南人和平埔族混居，現在說的是閩南話，而同村的溪埔仔和大路關寮才是客家話區，而且大路關寮說的是另一種大路關客家話。

　　如此一來客家話區就不能連貫，所以也無法連結到山邊，因爲沿山地帶是平埔族的閩南話分布帶。

　　高樹中部客家話區的最西邊是東振村，因爲東振村最靠荖濃溪的聚落是五個大陳新村中的虎盤新村，虎盤新村和大埔村的百畝新村相連，根據筆者以偷聽和親自詢問的方式，兩個大陳新村居民說的都是閩南話，而聚落以外其他地方都是農田和砂石廠無人居住，平日上班的工人和司機說的也都是閩南話，因此本文認爲無法把客家話區相連到荖濃溪邊，本文是以閩南話優勢區來處理，相形之下這個客家話區就縮小了，這部份是本文和洪惟仁（2007）較大的差異，

也是本文對於高樹中部客家話區範圍，和前二位的學者研究的差異處。

二、大路關的客家話

　　大路關的廣福村和廣興村所說的客家話雖然也屬於南部四縣客家話，但其特殊的腔調卻明顯與六堆其他次方言有所差異，目前已有宋兆裕、賴維凱等二位針對廣興、廣福二村做了初步的語料收集與研究。

　　大路關客家話在高樹地區還有一個方言島，就是位在建興村的大路關寮聚落，大路關寮聚落的居民多是由新、舊大路關（廣興、廣福村）遷移過去的，所說的客家話也是大路關客家話，所以大路關客家話在高樹地區的分布範圍就是廣興、廣福村全境以及建興村的大路關寮。莊青祥（2008）指出大路關這個地名從荷治時期就已經出現了，當時以北排灣系或魯凱族 Taragung 社的音譯地名，到了《鳳山縣采訪冊》就稱為「大道關」，亦即通往番界大道的關口。

　　此地一直以來就是客、原衝突劇烈的地區，大小規模的械鬥或者是衝突層出不窮、目前位於廣興村內的「恩公廟」或稱「恩公祠」，便是最嚴重的一次衝突所留下來的歷史跡證，清咸豐三年（1853），林萬掌之亂，大路關發生「七十二閩庄圍庄」事件，其時閩南人聯合平埔族的包圍攻擊，大路關人前往美濃與萬巒求援，戰役結束後美濃萬巒援軍犧牲了 28 人，大路關人戰死 5 人，稱為「大路關之役」。爾後村人為了紀念先烈們為保家園捐軀，而籌建「恩公廟」，成為六堆地方團結的象徵之一。〔註9〕

　　筆者前往大路關經恩公廟，廟後方保留一塊原祠石碑，上面記載 33 位義士之名，赫然發現筆者之先祖徐昌振公名諱亦在石碑之上，可見家族史與地方史可以相互印證，爾後又發現徐昌振公亦出現於吳焌和編《屏東縣高樹鄉劉錦鴻家藏古文書整理計畫》的古文書中多次〔註10〕，也逐漸能夠描繪出先祖徐昌振公的相關事蹟大致輪廓，這又提供了文獻探討與史蹟發掘二重證據

〔註9〕屏東縣政府：《石獅、水圳、鍾理和》（屏東：屏東縣政府出版，2013）頁 23～24。

〔註10〕該古文書主要內容多為當時之具名的各項契約書。契約涉及的地理範圍包括：高樹鄉、美濃鎮、里港鄉一帶；時間則從乾隆中葉迄日據明治年間；內容則涵蓋與土地產權相關的典契、杜賣契、找洗字、借銀字、丈單、稅單、契尾；與家族制度相關的嘗會簿、鬮書、招夫、贖母契約、族譜；與信仰相關的神明會祀典簿、風水、卜卦、符書抄本；與醫藥相關的藥書抄本；與禮俗相關的禮書抄本，及其他各項雜書信等文件等。

法的實例。

第三節　閩南話優勢區

　　從本章第一節的【圖 4-1-1】〈高樹周邊地區語言分布圖〉可以發現到，閩南話在本區最佔優勢，通行的區域也最大，它也和周邊的鹽埔鄉、里港鄉的閩南話區相連在一起，對本地區的客家話形成包圍的態勢，但西北邊的美濃、六龜、杉林屬於客家話區除外，表示目前在高樹鄉及其周邊區域，閩南話是強勢的語言，所涵蓋的範圍最廣。

　　在閩南話的強勢競爭之下，有一些原本不屬閩南人的地方，也因為語言轉用（shift）的關係，居民放棄了原本使用的語言，而改用閩南話，例如在高樹中部客家話區周圍的大埔村、菜寮村、舊寮村、司馬村一帶的潮州府客屬的福佬客，還有分布在沿山一帶新豐村尾寮聚落、建興村青埔尾聚落，和泰山村各聚落的平埔族後裔，他們都沒有繼續使用原本的語言，客家話和平埔語，而改用了閩南話。

　　造成語言轉用的原因多和語言的外部因素有關，包含了社會經濟優勢、人口多寡、文化優勢、政治因素等等，語言的轉用也會造成身份認同的危機，在語言接觸的過程中，弱勢語言的語言特徵會逐漸萎縮，而雙語現象也無法長久的維持。

一、純閩南話的區域隱藏有平埔族群

　　高樹鄉內有田子、鹽樹、新南、南華、源泉、舊庄、泰山等以通行閩南話為主的村落，排除掉平埔特色明顯的泰山村，其餘的六個村落都被視為是純閩南話的區域。

　　這個區域的西側為屏東縣里港鄉，南側為屏東縣鹽埔鄉，也都是閩南話為主的閩南話優勢區連接在一起，成為大片的閩南話優勢區對高樹中部的客家話和大路關客家話形成包圍之勢，使客家話區看起來像方言島，但是在這個被視為純閩南的區域內，其實尚有一部份的平埔族隱藏在部分村落之內，在文獻上我們所知的有南華（舊南勢）、舊庄、源泉（新阿拔泉）甚至是田子都有平埔族的後裔，只是他們漸漸消失了。

　　從地理上我們可以發現其實這些村落距離泰山村等沿山地帶並不遠，這

些閩南聚落內有福佬化的平埔人存在，隱身在閩南族群中也無不可能，而且有相似的例子，我們在田子村也發現極少數隱身在閩南族群中的客家人，因爲他們早年不敢公開自己的身分，深怕被週遭的閩南人排擠，因而選擇隱藏自己的族群。

吳中杰亦曾提及：

> 田子村原有客家人居住，逐漸被福佬人取代。〔註11〕

此部分的論述，和本文在高樹地區範圍內調查的發現相符合，在田子村、南華村、舊庄村（舊阿拔泉）我們並沒有眞正訪問到隱身在閩南族群的平埔人，但是從泰山村訪問人所提供的蛛絲馬跡，包含這些村落都有部分家族，每年會定時到泰山村的公廨進行祭祀，以及將家中所侍奉的代表平埔族多靈信仰的神靈遷移到公廨祭祀等現象，以及加上日治時期相關文獻上的描述，尋找這些失落的平埔族人，或許可以作爲往後有關高樹地區語言族群研究的課題。

二、轉用閩南話的潮州府客屬福佬客（多族群混居）

這些客家後裔分布在大埔村、舊寮村、司馬村、茭寮村境內，但是這些村落也有其他族群的人居住，除了閩南人以外，舊寮村和司馬村甚至有相當數量的平埔族後裔，目前所知的福佬客以來自潮州府的大埔縣和饒平縣爲主，這些移民當初來到高樹時分別以大埔村和茭寮村爲最早的根據地，然後再各自向高樹鄉內的其他聚落擴散。

大埔村位於高樹鄉西部，分別與茭寮村、高樹村、東興村、東振村爲鄰，西邊與荖濃溪和美濃爲鄰，有三個聚落：舊大埔又稱埔頭仔或大埔頭、中大埔又稱中庄仔以及龍眼腳聚落，清朝道光十二年（1832）由廣東省大埔縣以及嘉應州鎮平的移民來開墾，在高樹鄉屬於相對比較早開墾的地區〔註12〕，大埔頭由於緊鄰荖濃溪的關係，長期以來飽受水患之苦，也造成陸陸續續有許多居民大批遷移到附近的聚落，是鄉內及附近鄉鎮，短距離遷徙的大宗，其中大部分居民紛紛遷至距離不遠且同爲大埔村的中大埔聚落和龍眼腳聚落，也有一部份遷徙到相鄰的茭寮（今茭寮村）上大埔聚落和舊寮庄（今舊

〔註11〕 吳中杰〈多族群混居下的語言與空間變遷──以高樹鄉東振、大埔爲例〉（2007年）。

〔註12〕 黃瓊慧《臺灣地名辭書卷四：屏東縣》（臺北：國史館臺灣文獻館，1996年）頁 307。

寮村與司馬村）以及建興村的溪埔仔聚落。

　　整體而言大埔村的居民由西向東逐漸擴散，舊大埔（埔頭仔、大埔頭）是最早的聚落，之後居民為了躲避水患而遷居他處，中大埔（中庄仔）因位於大埔頭和茶寮村上大埔之間，中大埔和舊大埔（埔頭仔），目前村民之間相互溝通，或是家庭用語都是以閩南話為主，茶寮村的上大埔聚落也是相同的情形，這種狀況我們稱為語言轉用已經完成的階段，六、七十歲這一代的村人甚至以閩南人自居，不知道自己是客家後裔。

　　大埔村龍眼腳（龍眼腳）聚落因為原本有龍眼樹得名，此聚落是大埔村目前唯一講客家話較多的聚落，居民除了部分從舊大埔遷來者以外，還有從高樹中部東振、東興（老庄）遷居而來的客家人，以劉姓最大家族，徐姓也佔一部分，這二大姓位居本聚落的中心地區，講的是高樹中部的客家話，但是村民和本村其他聚落（中庄、大埔頭）以及外人溝通時仍然以閩南話為主。

　　大埔村附近尚有十張犁庄，在明治三十七年（1904）的臺灣堡圖中已經找不到，根據推估其位置應該在今大埔村和東振村的東南方，和同樣廢庄的船斗庄附近，當時非常繁榮，今同屬六堆的屏東縣內埔鄉天后宮嘉慶八年（1803）的〈建造天后宮碑記〉中十張犁等庄捐款是很巨額的，但今高雄市杉林區也有一個十張犁，究竟內埔鄉天后宮所稱的十張犁是哪一個？尚待後續考證。

　　中大埔聚落的三山國王廟也是典型的潮汕地區信仰，雖然它的來源是里港打鐵店王爺廟，日治時期其與鄰村茶寮村的三山國王廟有正統性紛爭與訴訟，恰巧為這二村的居民同為潮州府屬的來源（大埔縣和饒平縣），作一旁證，而其清代時的祭祀圈包含東振新庄、高樹下庄、舊寮庄、阿拔泉庄等〔註13〕，從原本清代的三山國王祭祀圈範圍來看，也包含了鄰近的大路關，廣福村也有三山國王信仰〔註14〕，似乎也透露出這些地區的客籍移民有來自潮州府的訊息，值得追蹤。

　　茶寮村與舊寮村、司馬村、高樹村、大埔村接壤，又隔荖濃溪與美濃和六龜為鄰，所以是位於閩、客交界的地區，目前有茶寮和上大埔二聚落，因

〔註13〕楊忠龍：〈多重視野下的族群關係與文化接觸——以高樹鄉東振村為例〉（行政院客委會邊陲與聚焦——建構南臺灣的客家研究，2007 年 6 月）。
〔註14〕屏東縣政府：《石獅、水圳、鍾理和》（屏東：屏東縣政府出版，2013 年）頁 20。

為昔日有供種植與採收蔬菜工作使用的小屋,因此得名,荖寮聚落是最大的聚落,又可分為上、下荖寮,據傳是道光十年(1827)初居於船斗的福建移民,因發生閩客糾紛,劉連奎等劉姓族人遷居於此,劉家的祖籍是廣東省潮州府饒平縣上饒鎮浮山,其實後又有客籍廖、賴二姓因水權糾紛,由舊寮遷來而成聚落,目前村中的大姓除劉家為潮州府以外,另廖家為廣東省嘉應州白渡堡西山,賴家廣東省嘉應州鎮平縣陂角,上大埔的曾家和陳家都是廣東省嘉應州,而荖寮為一閩客混居的聚落。

據楊若梅的說法,劉姓家族遷來荖寮時本屬客庄,後來因為週遭的舊寮、大埔以及部份高樹的閩南人在溝通上的長期影響,而漸漸改說閩南話,但村中的七十歲以上的老輩很一致的知道自己是「客底」,對客家也有身分認同〔註15〕,但是村人在溝通上都已改用閩南話。

舊寮村只有舊寮一個聚落,位在荖寮村以北,新豐村以南,與建興村相接,舊寮聚落實與司馬村融為一體,成為一個大聚落,因為先民開墾時,為了工作方便搭建一草寮,而後又搭新的草寮,別其新舊,舊寮因而得名,目前我們所知舊寮聚落是一個閩、客、平埔混居的聚落,居民的溝通以閩南話為主,部分客籍人士能聽、說客家話,但是本村也有福佬客和閩南人居住。

大埔村、荖寮村、司馬村、舊寮村和建興村的溪埔仔,這一片區域在地理上是相連的,而潮州府來的客家人則散布在這些村落的聚落當中,佔有一定的數量,形成一個帶狀分布,但不是說這些村落聚落的居民完全以潮州客屬為主,這些村落仍混居了平埔族與閩南人,我們已知的部分就是大埔村的大埔頭和中大埔以及荖寮村的上大埔,這些由大埔縣來的潮州客是較為確定的。

荖寮村上、下荖寮聚落的主要大姓劉家,經過確認是饒平後裔,以上這些地方是明顯的潮州客數量較多的區域,其餘的舊寮聚落和建興村的溪埔仔則數量比較少,因為舊寮、司馬和荖寮這一帶的聚落都是屬於閩、客混居的狀態,但也有平埔族。

分布在這大埔、建興、舊寮、荖寮、司馬這五個村落的客家先民由廣東潮州府大埔縣和饒平縣移居而來,但目前交際的語言是閩南話,大埔村民原本說客家話,有些親屬稱謂還殘存客語成份,在荖寮和舊寮也發現相同的親屬稱謂殘餘成分,而且因為鄰近高雄的美濃、六龜和同鄉的東振、

〔註15〕楊若梅:《屏東縣高樹鄉荖寮村福佬化之研究:以語言使用和族群認同為例》(高雄師範大學客家文化研究所,2011年)。

高樹等客家庄，居民因通婚和接觸，部份村民重新把客家話學回來，但並非其先民原有之潮州大埔客家話，而是參雜閩南話和高樹客家話、美濃客家話的特色，例如有舌尖前高元音〔ɿ〕等，楊若梅也有碩士論文討論榮寮村探討客家聚落福佬化現象，並從「語言使用」的角度分析榮寮村客家族群的福佬化程度。

三、轉用閩南話的平埔族

　　高樹的平埔族都分布在近山一帶，北自新豐村的凹湖、尾寮、大山寮、隘寮等聚落連接建興村的青埔尾聚落、舊寮村司馬村的舊寮聚落、源泉村的新阿拔泉、平埔族人數最多的泰山村（加蚋埔）各聚落寮地、寮地下、田子村的田子和舊庄村的舊庄都有平埔族人的後裔，除了姓氏可以供辨別以外，祭祀風俗也可供辨識。〔註16〕

　　根據 1995 年《臺灣地名辭書·卷四屏東縣》，黃瓊慧根據大正十四年（1925）和昭和十年（1935）的平埔族人口統計資料，製成〈日治時代屏東地區平埔族群主要的分布地區〉統計表，曾坤木取其中有關高樹部分製成【日治時代屏東地區平埔族群主要的分布地區（高樹部分）】表。〔註17〕

　　其中記載平埔族人分布於舊寮（含司馬、尾寮）、阿拔泉（含建興）、加蚋埔、田子（含舊庄）等地方，而且所佔的比例亦不低，除加蚋埔地區達三成以上，其他地方也有接近一成的人口分布。

表 4-3-1　日治時代屏東地區平埔族群主要的分布地區（高樹部分）

調查時間	舊寮 含司馬、尾寮	阿拔泉 （含建興）	加蚋埔	田子 （含舊庄）	合計
1925	331	57	399	147	933
所佔比率	16.7%	7.91%	35.15%	9.03%	10.8%
1935	347	87	489	160	1083
所佔比率	13.94%	7.78%	36.04%	7.13%	9.15%

資料來源：曾坤木（2012）《加蚋埔平埔夜祭──趒戲》，頁 11。

〔註16〕筆者調查新豐村社區發展協會。
〔註17〕曾坤木《加蚋埔平埔夜祭──趒戲》（屏東縣高樹鄉泰山村社區發展協會，2012 年）。

　　泰山村（加蚋埔）聚落位於屏東平原潮州斷層沿山帶北端的山腳地帶，根據筆者親自採訪當地平埔族文史工作者汪進忠說：

> 加蚋埔自清據以來即屬馬卡道族人的居地，加蚋埔居民原由里港塔樓遷居於此，大多是馬卡道平埔族裔。

　　根據《重修臺灣府志》，此地原為鳳山八社之一的大澤機社（武洛社），〔註18〕加上鄰近塔樓社以及臺南遷來的西拉雅族新港社，高樹地區沿山一帶為平埔族群匯聚的聚落，也成為南部平埔族群相互涵化的縮影，因此，曾坤木說：

> 由於本地的平埔族群是來自不同地方而匯聚在一起的，復振平埔文化時又兼採不同族群文化，可以說是平埔文化的熔爐。

　　現今高樹地區在漢民族移墾前，為平埔族鳳山八社大澤機社（武洛社）的遊耕狩獵區，清康熙的《臺灣輿圖》及《鳳山縣志》早見此名，清乾隆中期及後來林爽文之亂之後又有平埔族之塔樓社及臺南西拉雅族新港社之屯番，駐屯於高樹加蚋埔及舊寮、隘寮等靠近山地的區域。

　　清乾隆二十九（1755）年，鹽樹腳及廣福庄已記載於《重修鳳山縣志》，在當時高樹鄉已成為閩客族群開拓墾殖之地，並與平埔族有競墾之勢〔註19〕，清政府還在嘉慶二十二（1815）年，頒布〈封禁古令碑〉，其範圍包括了北自今日高樹泰山村（加蚋埔），往南含內埔鄉隘寮、老埤、中林，到達萬巒的赤山、萬金等沿山村落，這些地區我們稱為屏東平原的沿山地帶，至今這些沿山聚落都是平埔族後裔分部較多的地區。

　　據曾坤木（2012）的考據，康熙年間此地應還稱為「大澤機」社，到了乾隆二十九年以後就稱為「武洛社」，並緊臨生番，即當時的傀儡番，大澤機和武洛都是平埔族語，此二者之間的隸屬關係在學界目前尚未做清楚的區分，曾坤木將其定義為皆是指同一族群的新舊社名，系出同源，都是平埔族的音譯漢字，清代官方記為「大澤機」、土人咸呼「武洛里」，可以確定的是此二名稱指的都是馬卡道族的平埔族，分布於今日高樹鄉境內。

〔註18〕曾坤木《加蚋埔平埔夜祭──趒戲》（屏東縣高樹鄉泰山村社區發展協會，2012年）。
〔註19〕同上註，頁10。

表 4-3-2　平埔族在高樹之聚落分布表

社　別	舊　社	遷移時期	遷　居　地	備　註
武洛社 （大澤機社）	高樹田仔庄 （今田子、舊寮、南華等村）	雍正五年	先遷至里港鄉頂武洛	
			加蚋埔（高樹鄉泰山村）	加蚋埔為武洛社的新社，清末日治時期遷至彭厝庄（今鹽埔鄉彭厝村）
塔樓社	九如鄉後庄番社	乾隆中期	隘寮（新豐村）	部分遷至里港土庫村的番仔寮
			舊寮（舊寮、司馬村）	
新港社 （卓猴社）	臺南市新市區	乾隆 53～55 年間	北坪（加獵埔，高樹鄉泰山村）	林爽文之亂後番屯制

資料來源：曾坤木（2012）《加蚋埔平埔夜祭——趒戲》，頁 11。

　　此次的調查，在泰山村我們找到平埔族語的詞彙殘餘，經發音人汪進忠提供，整理如下：

表 4-3-3　平埔族殘餘詞彙表

詞　目	詞　義	詞　目	詞　義
走鏢	賽跑競走（閩南話、客家話、華語都借用的詞彙）	阿姆祖 a mu	阿姆祖
哈網 ha vaŋ	花圈	ga la gab	杜鵑鳥
ŋau	彎鉤	dau lun	趒戲
ki ka ŋau	鐮刀	bai də	回去
ki va vi	山豬	ba li liaŋ	歡迎
li hu	酒	ca ki mu	趕快
ka ma la	吃	də bai laŋ	死人
gu ma	房屋	la lən	水蛭

資料來源：筆者調查，汪進忠提供

　　筆者此次親自調查到的建興村青埔尾聚落和新豐村尾寮聚落的平埔族後裔，已完全被閩南人同化，甚至不知道自己是平埔族後裔，筆者參觀其祖宗神位，深入訪談後，發現這些村民還會回泰山公廟祭拜的慣例，但是他們所

說的閩南話已和通行南部的臺灣閩南語優勢腔無異了，只能從他們深邃的輪廓與膚色捕捉些許平埔族人殘存的跡證。

四、海陸客家話方言島（新豐村）

地域方言是語言在不同地域的變體，一般說來同一種地域方言分布在同一地區或同一地點，相互連屬，而在地域上不相連屬的，我們稱為「方言島」（speech island）或方言飛地（outlier）〔註20〕，方言島形成的原因可能有軍隊駐防、屯墾、戰亂逃荒、墾荒、流放等。

新豐村位於高樹鄉的最北端，是荖濃溪沖刷中央山脈形成的沖積平原，東鄰三地門鄉，西邊隔荖濃溪與高雄的新寮村相望，北方以濁口溪與茂林鄉為界，南方與舊寮村為鄰，同時也是屏東縣最北端的村落，人口約 1900 人，村內的聚落很多，但是都不大，較大的聚落為有隘寮、尾寮、寮仔、中興、凹湖、大山寮、西園等，分為 22 個鄰，目前已知的族群有閩南人、客家人和平埔族。

本村的客家人有些是從原本高樹鄉中部（高樹、長榮、東興、東振、建興）一帶搬來的，也有日治時期從當時的新竹州（今桃園、新竹、苗栗一帶）遷居而來的，日治時期大部分的土地為東亞興業株式會社所有，在昭和年間（1927～1938）有部分桃園、新竹、苗栗的客家人遷居到此，這些人被高樹人稱為「臺北客」。

洪惟仁指出此地居民講的是海陸話，根據本次的調查，目前全村還會說海陸話的居民約剩下二十多戶，分別散居在第 8、9、14、17、18 鄰，臺北客在本村並無集中居住的狀況，而是分散在各個聚落間，但是以第 8、9、17鄰最多，這些臺北客以曾、陳、羅、龍、張、徐、李姓為主，目前五、六十歲者多為北客南遷的第三代，尚能說海陸話，但已明顯被南部四縣客家話影響，許多北客也與本地的客家人和閩南人通婚，第二代的北客目前多已凋零，僅剩一位龍姓發音人九十三歲，北客之間多以海陸話溝通，成為一種和本地其他族群識別的標誌，他們彼此之間關係較為緊密，海陸話在本村大部分已退居家庭，成為家庭用語，在同為北客之間會以海陸話溝通，但是許多第四代、第五代也不會講，但是能聽得懂，大部分的北客都能說閩南話、華語、和六堆客家話以及海陸話等，成為名符其實的四聲帶，但是其海陸話也

〔註20〕鄒嘉彥、游汝杰（2007）《社會語言學教程》臺北：：五南圖書，頁 51。

已被六堆客家話所影響，聲調雖然保持海陸客家話的方式，但是聲母部分足以區別海陸客家和六堆客家話的舌面聲母/tʃ、tʃʰ、ʃ、ʒ/特徵逐漸消失，而喪失了海陸話和六堆客家話的區辨音位。

　　較特別的是本次還發現凹湖聚落的陳屋講饒平話，他們是從關西拱子溝遷移至此，所提供的族譜顯示為廣東省潮州府饒平縣嶺腳鄉，目前為移居此地的第三、四代、五代，第三代的陳宗涼六十四歲，還能說饒平話，兼通海陸話和南部四縣客家話，娶本地客家人為妻，其海陸話也已被四縣話所影響，目前新豐村能說饒平話的僅有不到 10 人，都是凹湖陳屋所分支出去的，後續的研究方向或許能朝鄰近鄉鎮的臺北客聚落來進行調查有無海陸話以外的客家次方言的存在。

　　根據筆者的訪查，本村通行的交際語言是閩南話，閩南話在全村通行無阻，因為本村的閩南人除了因為通婚嫁娶的關係來自臺灣各地以外，尚有鹽埔鄉西瓜園的閩南人來此開墾。

　　由於閩南人和福佬化的平埔族都說閩南話，且在數量上遠遠超過高樹中部遷居來的客家人和臺北客，因此在新豐村的臺北客之間形成了海陸客家話方言島，但隨著年齡層的下降，海陸客家方言島有可能更形縮小，甚至消失，此部份的課題為社會語言學研究範疇，也是後續進行臺灣南部的海陸客家話研究值得努力的方向。

　　賴淑芬 2012 年《臺灣南部客語的接觸演變》〔註21〕，以內埔、萬巒竹柑區、內埔火車路及屏東市田寮等三地的海陸客家話為研究對象，觀察其海陸特徵是否還存在，如：舌面聲母/tʃ、tʃʰ、ʃ、ʒ/特徵和海陸客語的韻母 iau、ui、iu、i、im/in/it、ai 的變化，以及小稱詞在不同語境中的變化。

　　本文的調查和賴淑芬的調查可以進行比較，由於新豐村屬於混居的聚落，在語言環境上和該文中的田寮較為相似，受到華語和閩南話普遍的影響。

　　在音韻特徵的變化上，海陸的聲調是保存最完整的，其演變的方向和賴淑芬的三個區域有一致的趨向，聲母部分，細音前舌尖聲母顎化，/ts, tsʰ, s/後接 i 時，有顎化為/tɕʰ, tɕ, ɕ/的現象，舌面聲母/tʃ, tʃʰ, ʃ/保留比較完整，ʒ 聲母以後接 i 保存得比較完整，如醫 ʒi，力 ʒiuŋ。

　　海陸韻母部分 i,it/in/im/ip 韻的保留較完整，但保留的比例因人而異，在

〔註21〕賴淑芬：《臺灣南部客語的接觸演變》（國立新竹教育大學臺灣語言與語文教育研究所博士論文，2012 年）。

小稱詞部分，以 i、u 結尾的名詞，保留海陸 ɔ⁵⁵ 尾的比例和受到高樹客家話 i 尾、以及六堆核心區 e 尾影響，有混用的狀況。

賴淑芬認為海陸音韻保留的比例，和年齡成正比，年齡越高，保留海陸特徵的比例越高，但家庭用語以及個人優勢語也是影響語音變化的重要關鍵。本文的研究則認為新豐村的海陸客由於以閩南話為共通語，六堆客家話以及高樹客家話又相對優勢，因此以華語、閩南話、南部四縣客家話、高樹客家話為相對於新豐村的海陸客家話而言都是優勢語，對於新豐村的海陸客家話也有直接影響，新豐村的海陸客家話音韻演變的方式，十分接近賴淑芬所研究的田寮地區。

五、語言分歧的大陳方言島

「大陳義胞」一詞用以總稱 1955 年由浙江外海展轉遷移來到臺灣定居的居民，實際上在語言、族群、文化等特徵上，大陳義胞彼此之間仍有著族群差異存在，如同臺灣客家人雖然來自閩西與粵東，但也有語言與文化上的不同之處。〔註22〕1955 年政府在高樹鄉東振新堤防旁建置 5 個大陳新村，大陳居民撤退來臺，在臺灣各地共有 35 個集居的新村，其中高樹鄉就佔了 5 個。〔註23〕

據張茂桂與楊忠龍實地訪查的結果，百畝、虎盤及南麂新村的居民均來自南麂島，而上述三個新村通行語言為閩南語，洪惟仁以「浙南閩南話」〔註24〕來稱呼百畝、虎盤、南麂村通行的語言，吳中杰說：

> 大陳移民本身的語言複雜，認為包含吳語台州片的黃岩話、溫嶺話，
> 閩東語的福州話、及閩南語的同安腔等。〔註25〕

從東振村虎盤新村的受訪者表示從閩南地區陸續遷居，之後遷徙至南麂島上，閩南話自然為其母語，只有部分口音與臺灣閩南話仍有差異，筆者探訪的受訪者自稱自己說的是泉州閩南話，祖先是從泉州搬到南麂島的，但是說臺灣閩南話優勢腔十分流利，本文發現虎盤、百畝、南麂新村的居民在語言適應上沒有問題。

〔註22〕楊忠龍：《多重視野下的族群關係與文化接觸：以高樹東振與美濃吉洋為例（1955～2005）》（高雄師範大學客家文化研究所碩士論文，2008 年）頁 1。

〔註23〕同上註，頁 13。

〔註24〕洪惟仁等：〈高屏地區的語言分布〉《第二屆漢語方言小型研討會》（中央研究院語言學研究所調查室），頁 117～152。

〔註25〕以上這些大陳方言島的語言特色都節錄自吳中杰（2007），〈多族群混居下的語言與空間變遷——以高樹鄉東振、大埔為例〉。

大陳新村的分布橫跨三個行政村，最北邊的百畝新村位於大埔村內、虎盤新村位於東興村內、南麂新村、日新新村、自強新村都位於鹽樹村內，他們的來源各自不同，百畝、虎盤和南麂新村的義胞來自南麂島，日新和自強新村的居民來自竹嶼、大陳島、一江山島等，由於方言彼此不同所以語言並不通，百畝新村（第一新村）、虎盤新村（第二新村）、南麂新村（第三新村）說浙南閩南話，鹽樹的自強新村（第五新村）、日新新村（第四新村）說的是吳語台州片。〔註26〕

吳中杰（2007）和張屏生（2012）都曾經對百畝新村（第一新村）、虎盤新村（第二新村）、南麂新村（第三新村）的浙江閩南話做過調查，但自強新村（第五新村）、日新新村（第四新村）只有吳中杰和洪惟仁敘述過。

吳中杰認爲虎盤、百畝、南麂的閩南話口音近似金門、澎湖，如「懸」說 kuinn5，陽平調變低平-11，南麂沒有的東西沒辦法以南麂話來稱呼，就用臺灣閩南話來說，和臺灣客家話以及臺灣閩南話比起來沒有我們常見的日語借詞，詞彙的使用上也比較接近書面語，像是「子彈」不說「銃子」，時間單位小時說「鐘點」而不是「點鐘」。

小稱詞「囝」還說 kann2，與目前泉州惠安和晉江一帶說法一致，和臺灣閩南話的 a2 不同，此爲受訪者自稱泉州人的證據，此外還有對於平輩的配偶稱「公」「媽」等親屬稱謂，與臺灣常見的祖宗牌位對逝去先人的稱呼一致，日新新村大陳吳語稱已婚中年婦女「老孺人」，媳婦稱「新孺人」等，曾祖爲「阿太」和客家話同，高祖爲「祖太」，大陳吳語的特色是二等有局部顎化的現象，有些字並未顎化，也無介音，例如「甲」kieh4 尚未顎化，「頰」tcieh4、「岩」ngienn5，則已局部顎化。〔註27〕

筆者以偷聽法觀察到的是這五個大陳新村年輕一輩說的閩南話已經和一般的臺灣閩南話優勢腔無異。此外大陳新村居民的信仰也和高樹當地不同，以虎盤和百畝新村爲例，他們的祭祀圈是五顯大帝，和鄰近大埔的三山國王信仰，以及東振的忠勇公信仰不同，但各自有各自的福德公，大陳新村的居民除了日常生活所需以外，和當地居民的關係也經歷過對立與逐漸融合的過程。

〔註26〕以上這些大陳方言島的語言特色都節錄自吳中杰（2007），〈多族群混居下的語言與空間變遷——以高樹鄉東振、大埔爲例〉。

〔註27〕吳中杰：〈多族群混居下的語言與空間變遷——以高樹鄉東振、大埔爲例〉（2007 年）。

透過東振村民葉老先生回憶當初大陳義胞來此地時，常常因為細故和本地的村人發生衝突，當地人對大陳義胞也有誤解，經過了多年的相處，都已經有了感情，彼此也都認識，但是大陳義胞的活動範圍還是侷限在幾個大陳新村之間。本文的調查大陳新村人口外移狀況嚴重，也有很多大陳義胞已經外移到高雄市等地區，而將此地的土地租賃與當地人耕種，也有委託同村的當地客家人或閩南人處理等情形。

移民將他們的語言帶到新的遷居地，離開他們的故鄉，很可能會被遷居地原本其他語言所包圍，高樹地區有大陳義胞所帶來的「大陳話」，在本區形成方言島，也有高樹人移民到其他地方，例如：高樹人移民到同屬六堆地區的內埔和臺東鹿野等地所形成的飛地，都有可能形成方言島。

第四節　語言和族群分布的狀況

本章前三節我們利用語言分布圖的方式，說明了整個高樹及周邊地區的語言和族群的地理分布，並針對語言的地理分布和族群的地理分布二者之間，做了較深入式的探討，因此我們發現：目前整個高樹地區的語言使用現象並不等於族群分布現象。

在我們針對此一問題做解釋與說明之前，本節必須先針對這些語言族群分布的差異和現象做進一步歸納與分析，進行分類，讓我們先清楚不同語言、不同族群之間分布現象的複雜性，才能針對此複雜的現象提出假設，以方便我們在下一階段語言接觸現象的處理。

一、語言和族群分布的差異

本文嘗試調查的各村落不同的族群別的狀況，並發現以村為單位判別各族群是否混居的狀況，其實還無法呈現最真實具體的狀況，以高樹地區來說，甚至有一個聚落裡各族群混居與不混居之別，因此必須將調查的單位下修到聚落。

而同一個聚落之內，使用的語言別也不一定一致，所以本文設計出【表4-4-1 高樹語言族群分布類型表】的方式，以表的方式呈現各個村以及村以下各個聚落的詳細資料及語言接觸現象，我們從聚落族群的組成（純客、混居、平埔、純閩）以及所具有語言的種類（客家話、閩南話、平埔語）最後加上其語言接觸的現象（雙語現象、雙言現象、語言轉用），以這三大面向來呈現，最後將這些呈的資料分析歸納為幾種高樹地區的語言和族群分布的類型。

　　此種分布類型不但包含了族群類別、聚落組成方式，以及語言的分布，可以說是一種針對本區特殊，也特別複雜的社會因素所設計的，當然也包含以國家權力強行介入的大陳義胞所屬的大陳新村，從最單純語言和族群相同狀況（東振、東興），到最複雜同村不同聚落不同族群的語言狀況都能清楚顯示，茲將詳細的狀況羅列成下表：

表 4-4-1　高樹語言族群分布類型表

	純客	平埔	純閩南	使用客家話	使用平埔語	使用閩南話	大陳話	雙語	族群混居情形	語言轉用
東振村	●			●		●		●		
虎盤						●				
東興村	●			●		●		●		
長榮村				●		●		●	●	
高樹村						●		●	●	
建興村		●		●		●		●		●
大埔村				△		●			●	●
龍眼腳				●		●		●	●	
百畝						●				
茱寮村				△		●			●	●
舊寮村		●		△		●			●	●
司馬村		●		△		●			●	●
新豐村		●		▲		●		●	●	
田子村		●	●			●			●	
舊庄村	●	●	●			●			●	
南華村	●	●	●			●			●	
源泉村	●	●	●			●			●	
新南村	●		●			●				
鹽樹村	●					●				
南麂						●				
日新、自強						●	▲			
泰山村		●			△	●				
廣興村	●			●		●		●		
廣福村	●			●		●		●		

資料來源與說明：●有　△殘餘干擾　▲方言島（筆者調查製表）

　　從本文整理的調查資料，我們也可以發現閩南話在本區的優勢，幾乎席捲了位於本鄉所有的聚落，除了少數位於中部的傳統客家聚落（高樹、長榮、建興、東振、東興）以外，就連以平埔族後裔為主的泰山村及其周邊的平埔族和閩南人混居的聚落（田子、舊庄、南華、源泉、舊寮、新豐、司馬）都不例外，閩南話基本上在高樹全境是通行無阻的，就連客家話優勢區內的客家人都是有雙語能力的和普遍的雙言現象。

　　就當前語言使用狀況而言，閩南話在高樹及其周邊佔有絕對的優勢，客家話並非優勢語言，高樹鄉雖屬六堆地區，但是卻為地處六堆較邊緣的地區，客家人口較六堆核心區域相對不集中，客家人的數量上也不及其他六堆的客家鄉鎮，例如：美濃、麟洛客家人的達九成以上，加上閩南話以優勢語言的語言接觸強勢影響，目前本區使用閩南話人口高於使用客家話的人口。

二、本文對語言族群分類的依據

　　高樹鄉內有源泉、舊庄、新南、南華、泰山等通行閩南話為主的平埔、閩南混居的聚落，高樹鄉的東側、南側為屏東縣三地門鄉（大部分為排灣與魯凱族），西側為里港鄉，南側為鹽埔鄉，也都是通行閩南話為主的鄉鎮。

（一）目前語言使用狀況

　　吳中杰（2007）曾經以「語言轉用」的角度來解釋高樹鄉迥異於其他六堆鄉鎮的的語言現象；他認為：

> 從語言使用狀況來說，閩南語佔有絕對的優勢，泰山村的平埔族和
> 大埔、菜寮的客家人幾乎都改說閩南語。〔註28〕

　　另外尚有「閩客並用」或「改說華語」的現象，表面上看起來是客家話和閩南話兩種語言的競爭，事實上若加入族群分布這個條件來看，我們可以發現僅僅是客家話，加上北客我們就可以發現四種類型，除了在語音、聲調的差異之外，這些客家聚落的移民來源與遷來高樹的時間也不同。

　　閩南話有襲捲全高樹地區之勢，這也和整個屏東平原北部的趨勢相同，閩南話在這些客家村落的周圍進行包圍與滲透，包含西側的里港鄉和西南側

─────────────

〔註28〕吳中杰：〈多族群混居下的語言與空間變遷──以高樹鄉東振、大埔為例〉（2007年）。

的鹽埔鄉，而原有的平埔族群泰山村及其南北周邊沿山地帶的聚落則已經淪陷，平埔族群主要在靠近山區的地方像是泰山（加蚋埔）、青埔尾、舊寮等地，泰山村目前已經找不到能說平埔語的人，僅有少數詞彙殘餘，還有部份保留在祭典的歌詞裡，只剩下日語的記音，但已不知其意思。

（二）實際族群分布狀況

平埔族分布的村落（新豐、建興、泰山、源泉、舊庄、南華、田子）現在通行閩南話，源泉村在黃瓊慧《臺灣地名辭書》中所刊屏東縣政府民政局民國 1955 年到 1970 年的資料統計，書寫的是客家話，經本文所引的 2011 年高樹鄉公所資料，已改為閩南話，此部份經本文調查，詢問當地居民表示該村自以前至今係以閩南族群為主，也有部分的平埔族後裔，先民因為躲避洪水而由舊庄（舊阿拔泉）、田子（閩南聚落）遷徙而來，阿拔泉這個地名由來原本有二說，其一就是平埔族語，已不知其意，而新阿拔泉的新是相對於舊阿拔泉，也就是舊庄而言。

根據施添福也推論，清代武洛社的舊社應該在今田子、舊庄（舊阿拔泉）一帶〔註 29〕，因而黃瓊慧該文所引之資料有誤，近年來鄉公所的調查資料和本文訪談的結果，都顯示源泉村（新阿拔泉）是為閩南話通行的區域，客家人的比例應該為一成以下，甚至受訪者表示其先祖為客家人，移居到閩南聚落田子村，為了怕被周遭的閩南人排擠和嘲笑，而一直隱瞞其客家人身分，只有在祭拜、嫁娶、喪葬等風俗上，呈現出客家禮俗，這也顯示田子村的客家人為了怕被排斥，而選擇隱形化自己的族群身分。

（三）族群人口比例

我們可以根據大正十五（1926）年的祖籍分布狀況對照今日的族群分布狀況來探討高樹地區經歷了近八十年，二個不同的政權更迭後，加上其他的外部社會因素例如經濟、生活型態、社會發展等社會變遷、政府的權力等因素的影響之後，的分布，以下是根據黃瓊慧所刊，日治時期，大正十五（1926）年的高樹庄在臺漢人的祖籍分配狀況。〔註 30〕

〔註 29〕施添福：〈國家與地域社會──以清代臺灣屏東平原為例〉。
〔註 30〕黃瓊慧：《屏北地區的聚落型態、維生活動與社會組織》（臺北：臺灣師範大學地理研究所碩士論文，1996）。

表 4-4-2　大正十五（1926）年的高樹庄在臺漢人的祖籍分配狀況表

鄉貫別	福　建　省					廣　東　省			其他
	泉州府	漳州府	興化府	永春州	計	潮州府	嘉應州	計	
人口數（百人）	14	7	18	3	42	7	37	44	9
各鄉籍貫別所佔高樹庄比例 %	14.7	7.4	18.4	3.2	44.2	7.4	38.9	46.3	9.5

資料來源：黃瓊慧（1996）《屏北地區的聚落型態、維生活動與社會組織》

　　因為大路關的廣興、廣福村是於 1950 年以後才改隸高樹鄉，1926 年鹽埔鄉廣東移民主要分布在大路關大字，也就是現在的廣興、廣福，占鹽埔庄的 24.7%，其中潮州府的有 1500 人，占 17.6%，嘉應州 400 人，占 4.7%，惠州府 200 人，占 2.4%，另外閩西的龍巖州也有 800 人，占了 10.6%，如果對照昭和五年（1930）年的國勢調查鹽埔庄人口統計，大路關人數占鹽埔的 15.3%，莊青祥因此推斷，大路關的移民來自潮州府最多，嘉應州居次，惠州府最少。〔註31〕

　　加入了大路關的資料後，整個今日高樹地區的客家人口數約超過是 6400 人，閩籍人數約是 4400 人，在比例上客籍人口是多於閩籍人口的。

（四）客閩比例，相當於 6：4

　　由上表所顯示的資料，我們可以發現在 1926 年的時候，高樹地區居民的祖籍在福建和廣東兩省的分布大致上是平均各半的，甚至是廣東省還多了二個百分點，只有接近百分之 9.5 的他省祖籍，而且福建省除了泉州府和漳州府之外，還有興化府和永春州的祖籍也佔了超過 2 成的比例，廣東省的潮州府人數也不少，加入了當時屬鹽埔庄的大路關人口後，客籍的人數是超過閩籍的。

　　祖籍分配狀況雖不能百分之百視為語言的分布狀況，但是能夠讓我們在族群上的判別時，作為一個參考的方向，因此我們尚需搭配其他的線索。

〔註31〕見莊青祥：《屏東高樹大路關之拓墾與聚落發展之研究》，（高雄：高雄師範大學客家文化研究所，2008 年）。

三、高樹地區聚落混居影響語言的類型

根據【表 4-4-1】高樹語言族群分布類型表和表【表 4-4-2】大正十五（1926）年的高樹庄在臺漢人的祖籍分配狀況表，我們可以將這些語言和族群分布的現象分成幾個種類：

（一）同村有不同族群，但不混居的雙語區

同一個村落之內有客家和平埔族聚落，但聚落之間彼此界線分明，族群並不混居，以建興村為典型。

建興村位於高樹鄉的東部，周圍與多個村相接壤，北接舊寮村，東鄰三地門鄉，東南為泰山村，南接源泉村，西邊是高樹村，西北鄰司馬村，是一個沖積平原靠近山區的過度地帶，也屬於高樹鄉的沿山地帶，因此客家人和平埔族在本村都有分布，但不混居，各自有聚落。

建興村最大的特色是有三個聚落：溪埔仔（大崗上）、青埔尾以及大路關寮，說的是不同的話，溪埔仔（大崗上）說高樹客家話，青埔尾說閩南話，大路關寮的居民說的是大路關客家話。

溪埔仔大多為荒涼且未開發的石埔地，是舊荖濃溪的河川浮覆地，從聚落名稱便可以看出有趣的現象，有溪埔、溪埔仔、石岡等稱呼，「溪埔仔」是閩南話的稱呼，而「大崗上」才是本地客家人的稱呼，本地居民多是由水流庄、東振新、舊大埔、高樹下等地遷來的，這個聚落都說高樹的客家話，就連嫁來的閩南媳婦、新住民（外籍新娘）也能流利地說客家話，很少有外地人，可以說是客家人較多的聚落，但是因為通婚，許多閩南媳婦嫁進來，以及隔壁聚落青埔尾，和分布在周圍相接壤的村落（福佬客），如大埔村、舊寮村、茶寮村、司馬村等都說閩南話，所以本村的居民在從事商業行為時也會說閩南話，當筆者進行訪談時，受訪者不斷轉換語碼，分別以閩南話、客家話、華語輪流轉換，為了配合外地人的話語。

青埔尾位於本村西部，介於大路關寮和溪埔仔（大崗上）之間，由於昔日埔地上種植許多染布用的青樹，故得名，本聚落只有二十多戶，居民以平埔族居多，他們也知道自己是平埔族後裔，有些人保留逢年節會去泰山公廨祭祀的習俗，目前都說閩南話。

大路關寮的居民為昭和四年（1929）廣興村、廣福村（統稱為大路關）移民而來的，因為耕地被日本人徵收築堤，居民曾阿德等十一戶遷到此地開

庄，〔註32〕稱為大路關寮，在聚落裡面居民說的是大路關客家話，當受訪者面對採訪時說的是高樹中部地區的客家話，他說他能兼通此高樹客家話和大路關客家話，當然華語和閩南話也都能說，大路關寮裡的居民大多是如此，因此我們可以發現雙語以及多語的現象，本聚落是道地的客家聚落，閩南人很少，大部分是透過嫁娶移入的，此類型的語言接觸較容易停留在雙語現象。

（二）同村的閩南、客家、平埔族群混居（語言轉用區和多語社區）

此類型以新豐村為典型，舊寮、司馬也屬之，由於新豐村（舊名尾寮）的開發始自隘寮的平埔族隘丁，之後是加蚋埔的的何姓平埔族後裔和來自萬巒萬金的潘首，所以在新豐村平埔族後裔的數量應該很多，而且也能夠說高樹中部的客家話，而閩南人和客家人全部都是後來的外來移民，婚嫁的部份，有來自臺灣各地的人，聚落也最多，但是特別小，每個聚落只有幾戶，目前新豐村的居民是閩、客各半，另有隱性平埔族後裔，以潘陳二姓占多數，目前全村的溝通的語言是閩南話。

海陸客家話只在海陸客之間流通，或退縮至家族以及家庭之內，他們也能非常流利說六堆客家話（不一定是高樹中部客家話），因為他們距離今日屬高雄市的六龜、杉林和美濃地區很近，他們說的臺灣南部四縣客家話也受這些地區影響，而他們的海陸話所受到六堆客家話的影響更大，我們可以參考第二章，有關新豐村海陸客家話的描寫，以及第三章的比較，原本可以區別海陸客家話和四縣客家話的音位逐漸消失了，舌面聲母/tʃ、tʃʰ、ʃ、ʒ/特徵逐漸消失，且因前舌尖聲母/ts、tsʰ、s/大幅顎化，聲調上中平調趨向低平調發展，陽去調趨向陰去調混同，使得海陸客家話和四縣客家話之間的區辨性減弱。

這種多族群混居的類型，則正處於語言轉用的過程中，優勢的閩南話將客家話包圍，海陸客家方言島正急速萎縮中。

（三）同村的閩南人和平埔族混居（語言轉用區）

此類型以泰山村及建興村青埔尾聚落為典型，田子、舊庄、南華、源泉亦屬之，泰山村（加蚋埔）的平埔族人佔整個村的三分之一以上，其他主要是閩南人，《高樹鄉志》中所提到的平埔聚落還包括了建興村的青埔尾、新豐

〔註32〕施添福、黃瓊慧《臺灣地名辭書卷四：屏東縣》（臺北：國史館臺灣文獻館，1996年）。

村的隘寮、泰山村、南華村等，而大正十四年（1925）和昭和十年（1935）的平埔族人口統計資料所記載的舊寮、田子村有平埔族的分布，到了《高樹鄉志》（1981）卻沒有記載了，根據筆者此次的調查發現田子村和舊寮村的平埔族裔還會回泰山公廨祭祀，除了被閩南族群同化以外，不願意承認自己是「熟番」平埔族的後裔身分，將族群隱形化之心理因素也存在著。

青埔尾部落位於建興村，初期居民於大塊埔地後，尾端圍村立庄，埔上種植許多染布之青樹，故名青埔尾，建庄早於客籍的大崗上（溪埔仔）和大路關寮，目前只有二十餘戶，據報導人表示，村民大多數以潘姓居多，他們知道自己平埔的背景，說的都是閩南話。

此類型的聚落大部分已進入語言轉用完成，而達到語言同化的階段，就像田子、舊庄、源泉的平埔族後裔，也有族群身份被同化的情形，連平埔族的身分認同都被福佬化了，但是居住泰山村卻仍有平埔族的身分認同。

（四）同村閩南人和客家人混居（雙語區）

屬於這類型的有長榮、高樹、大埔、荣寮等村，如前面所述大埔村、荣寮村已經完成了語言轉用的過程，而高樹村和長榮村正處於語言轉用的過程當中，還穩定維持雙語的現象，但是雙語現象勢必不能持久，而逐漸朝向語言轉用的過程發展，預測未來的方向就是朝語言轉用發展，此種閩南和客家混居類型，也解決了吳中杰所發現高樹東振楊姓家族在老庄的宗親說客家話，在大埔村龍眼腳的宗族卻說閩南話的問題，正是因為語言轉用的完成與否，而造成使用的語言差異現象，即使是同一個宗族或移民來源，也會因為移民地所使用的語言不同，而改變其所使用的語言。

四、人口的比例影響語言的使用狀況

藉由以上高樹地區四種不同的語言和族群分布類型的提出，我們可以初步推斷：在高樹地區的聚落裡各族群混居的情形，造成的語言接觸較為劇烈，一般族群混居的聚落，大多已經語言轉用完成，而以閩南話作為共通語。

（一）閩南話由西南向東北滲透高樹全區

原本閩南人是居住在高樹鄉的西部和西南部，閩南話突破並穿透滲透客家人口較多的區域（長榮、高樹）向東北方擴散，甚至在這些地方紮根，而以族群混居的形式造成閩南話擴張，平埔族和客家人都難擋此一趨勢，絕大

部分的平埔族，和一部分的潮州府客家人，已經放棄原本使用的語言，完全轉用閩南話。

（二）混居方式加速閩南話的擴散

綜上，族群的混居是加速語言接觸的催化劑，不混居的聚落村落至少都能保持雙語狀態而不被同化，也就是說同一個聚落之內如果客家人口的比例較高，則容易維持客家話的優勢，但即使不和閩南族群混居，但還是會受到周圍大環境優勢語言閩南話的影響，而發展成為雙語區。

一旦和閩南族群混合居住之後，語言接觸的影響就會加速，發展到語言轉用的階段，潮州府客屬的分布區域和平埔族後裔分布的區域，這樣子的現象十分明顯，語言轉用發展到最後完成階段，就會被語言同化，潮州府客屬和平埔族後裔就是如此，語言轉用完成之後，接下來就是族群認同的改變，而造成族群身分上的同化。

第五章　以開發史印證語言與族群分布

　　前一章我們說明了高樹地區的語言分布狀況，本章將討論這些語言分布的原因，和解釋各種語言分布的現象，從大範圍的屏東平原開始，接著縮小討論範圍，聚焦到六堆最北的右堆區域，順著時間的縱軸，討論原住民（排灣族、平埔族）、閩南、客家等族群，在高樹地區開發歷程中，如何形成現今的語言分布狀況。

　　語言的競爭、融合甚至是語言演變都和一地的開發歷史、族群關係甚至是家族勢力消長相關密切，語言族群狀況和本區相似的例子有賴文英（2012）所說的桃園新屋海陸客家話的形成：

> 我們發現桃園新屋海陸客語的語言特色是由不同時、空層次的交替，不同方言間的變化與競爭，從而形成共時的語言變體。〔註1〕

　　同時她也說，家族源流與勢力的消長，以及聚落活動範圍的變遷，也造就了新屋地區的語言特色，包括新屋的開發與語言文化變遷的關連。

　　因為桃園新屋地區也是一個多方言現象的區域，族群的種類和分布也相當豐富多元〔註2〕，當地的語言特色也常與新屋的開發，甚至是地方家族勢力的消長都有密切的關聯，從而造成語言文化的變遷，在當地除了四縣、海陸之外，尚有長樂、饒平、豐順、永定、揭陽話等不同的次方言，閩南話方面大牛欄（大牛稠）偏漳腔、蚵殼港的特殊泉腔、水流軍話等，周邊地區還有

〔註1〕賴文英：《語言變體與區域方言》（臺北：國立臺灣師範大學，2012）頁45。
〔註2〕新屋鄉的客語次方言計有：大宗的海陸、四縣、糠榔村的長樂話（洪惟仁，1992，張屏生，2003）、犁頭洲饒平話（徐貴榮，2002）、呂屋豐順話（賴文英，2004），水流軍話（楊名龍，2005）。

觀音鄉藍埔高家的豐順話、中壢三座屋詔安話、楊梅鎮和平鎮市的四海話、湖口鄉的四縣和海陸話，新竹縣新豐鄉的海陸話等，其居民具有雙方言以上能力者甚多，其語言相互接觸的情況和高樹區的多族群和語言接觸現象頗為類似。

第一節　屏東平原上的族群分布狀況

從前一章〈高樹地區的語言分布〉中歸納得知，高樹地區有四種語言族群分布的類型，分別是：（一）平埔、客家族群不混居類型（二）閩南、客家、平埔混居類型（三）閩南和平埔混居類型（四）閩南和客家混居類型等，並歸結出族群混居的類型所造成語言接觸較為劇烈，語言轉用的速度較快，混居是加速語言轉用的催化劑等等推論。

本文介紹的範圍也由最外圍到高樹的核心區域，最晚來的北客在最邊緣，潮州客屬在核心區之外，以國家權力強行介入的大陳義胞被安置在核心區的周圍，其他的區域族群依移入的先後順序，由西南朝東北擴散的原則來分布，東邊沿山公路附近的平埔族，則是清代的「番屯」制度所設的各隘寮的遺跡。

此地的族群究竟是客家人最後插入，或是閩南、客家族群同時開發此地區時就形成的呢？我們必須借助開發史的輔助說明。

目前屏東平原的族群有漢族的閩南人、客家人，以及原住民族包括了平埔族和山地原住民，這四個族群依著由西往東的方向，以閩南＞客家＞平埔＞山地原住民的順序，在屏東平原這個地理區域順序分布著，簡炯仁以「撞球理論」來說明這樣的分布關係。〔註3〕

洪惟仁在〈高屏地區語言分布〉中提出了三個假設，本文將本區域的語言種類和分布，對應前人對高屏地區族群和語言分布現狀，所提出的假設，最後歸納檢視，是否符合洪惟仁所提高屏地區語言分布之大趨勢，也就是閩南話在屏東平原的席捲之勢，客家話是被閩南話所包圍的劣勢。

假設一：客家人跟閩南人是誰先來的？對於整個高屏地區而言，洪惟仁認為客家人是後來者，插入了閩南人與平埔族之間。假設二：客家人和閩南

〔註3〕簡炯仁《屏東平原的開發與族群關係》（屏東：屏東縣立文化中心，2001 年）頁 4～48。

人初期混居，後期重整。假設三：平埔族原本和閩南人混居，被閩南人同化之後，繞過客家區東遷。

　　驗證了這三個假設，我們在前一章討論的族群語言分布問題，就可以獲得解決了，至少族群分布可以獲得解決，語言分布的部份涉及語言接觸的變化，我們需要到第六章〈高樹地區的語言接觸現象〉再來討論。

　　所以本章針對這些假設，來尋求高樹地區開發史資料的印證，以高樹這個小區域微觀的討論，來對應整個高屏地區大範圍宏觀性的語言地理分布，洪惟仁以簡炯仁提出的「撞球原理」、「骨牌效應」以及「夾心餅乾原理」來解釋屏東平原間族群互動的機制，並且認為美濃符合假設一，屏東地區符合假設二，平埔族後期的東遷符合假設三的事實，這三個假設在高樹地區是否能成立呢？越細微的探討都有助於釐清這些錯綜復雜的語言族群關係，要探討此議題就必須回溯屏東平原和高樹地區的開發史。

　　今日屏東平原上的行政區分為屏東縣及高雄市，其中屬高雄市者有美濃、旗山、大樹、大寮、林園等五個區，屬於屏東縣者有高樹、里港、九如、鹽埔、長治、麟洛、萬丹、竹田、內埔、萬巒、潮州、崁頂、新園、東港、南州、林邊、佳冬、新埤及枋寮等鄉鎮，加上屏東市，有二十個行政區。其中美濃、高樹、內埔、長治、竹田、萬巒、佳冬、新埤、麟洛等九個鄉鎮以客家人居多，除此之外的其他鄉鎮則以閩南人為主。

一、多元族群的融合

　　原（平埔）漢（閩、客）開發此區域後，經過了兩三百年的族群融合，此地的語言和族群現象是錯綜複雜的，本文試圖以語言學上的證據，例如：語言的分布現況、比較客家話次方言間的差異、以及探討高樹地區的語言接觸現象等，對照歷史上各族群遷徙至高樹地區的開發過程，雖然高樹地區的語言族群現象，看起來錯綜複雜的，透過第四章的討論，可以得到初步的分類，接下來則是來檢視閩南人、客家人、平埔族群先後開發此地區的過程，以各族群開發高樹的歷程來詮釋複雜的語言現象，乃至於客家族群在高樹開發過程中與閩南、平埔、山地原住民之間的互動的關係，因此本文雖以客家語言和族群遷徙以及本地開發史為主體，但是論述時也必須兼顧其他族群的觀點。

二、以往記載多以客家人爲主體

以往本地的研究與文獻多偏重於以客家人爲主的記載，例如：《屏東縣志》、〔註4〕六堆客家鄉土誌編纂委員會（2001）《六堆客家社會文化發展與變遷之研究——歷史源流篇》、曾坤木（2005）《客家夥房之研究——以高樹老庄爲例》等，其共通點是均以客家人的本位角度來詮釋高樹地區的開發歷史，例如：客家人是於何時越過荖濃溪、隘寮溪至本地開發等等，事實上《高樹鄉志》、《六堆客家社會文化發展與變遷之研究——歷史源流篇》中對於閩南族群和平埔族的開發記載確實不多，本文主張以尊重本地的各個族群存在的多元文化觀點，比較接近於黃瓊慧（1996）《屏北地區聚落型態》、石萬壽（1981）〈西拉雅平埔族的阿立祖信仰〉、《臺灣地名辭書》、（1985）〈臺灣南部平埔族研究的回顧與展望〉、吳中杰（1999）〈杜君英庄——一個從屏東平原上消失的大聚落〉、林正慧《六堆客家與清代屏東平原》等相關文獻的看法。

莊青祥（2008）《屏東高樹大路關之拓墾與聚落發展之研究》對於大路關的番漢關係做了客觀且較爲詳盡的史料梳理，其中關於漢人（客家人）和當地山地原住民、平埔族因爲開墾競爭生存空間，而緊張的關係和衝突有相關的論述，也和本文所採取的立場相同，該論文中最大的特色是尊重多元族群的觀點，所持對於客家人、閩南人和平埔族先後來到，而共同開發本區的立論，比較接近史實，而歷史文獻資料所不足之處，也不能斷然定論。

三、屏東平原上的族群分布現象

簡炯仁《屏東平原的開發與族群關係》一書中分析閩、粵族群在屏東平原分布的情形，簡炯仁認爲閩、粵族群在屏東平原的分布是一種「撞球理論」〔註5〕，而非早期學者所持「先到先佔」的說法，該書認爲屏東平原的開發及族群關係，其實是臺灣的開發及族群關係的縮影，由於該書部分的立論觀點與前一章本區族群混居的現象十分雷同，基於對照關係，茲將該書的論點統整如下：

（一）屏東平原經歷漢人二次開發

簡炯仁認爲屏東平原是一個相當完整的梯形沖積平原，整個地區爲高山

〔註4〕 古福祥修纂：《屏東縣志》（屏東縣文獻委員會：屏東縣政府，1965 年）。
〔註5〕 簡炯仁：《屏東平原的開發與族群關係》（屏東縣政府文化局，2001 年）。

原住民及平埔族生息之地，當地的平埔族就是史稱的「鳳山八社」，世居於濱海及河流下游地區；高山原住民則散居於平原河流上游的潮州斷層以及大武山系地區。

漢人開發屏東平原至少經過兩次的拓墾活動，第一次的拓墾活動發生在康熙中葉以後；第二次則開始於康熙末葉。

明鄭以後，漢人開始開發臺灣，臺南地區業經三十幾年的密集開發，地利漸失，可是來自廣東、福建的移民卻不斷湧入，致使當地過剩的人口必須往新近開闢的屏東平原移動，閩南人佔墾東港溪以西到下淡水溪下游一帶地區；客家人則溯東港溪而上，拓墾崁頂以北東港溪中游的地區，逐漸形成「十三大庄、六十四小庄」的六堆雛形。

康熙末葉因人口日繁，土地人口扶養力已無法承受人口的成長；於是爆發了朱一貴事件，以進行「社會整合、族群重組」，該事件遂形成南臺灣閩、客分類而居的情勢，並奠定了六堆組織的基礎。

（二）閩客混居到閩客分立

過剩的人口則必須往六堆外圍移出，就是屏東平原第二次的開發活動，屏東平原移墾社會的族群關係，是相當微妙而且是多面性的，當地的族群關係，又可粗分為漢人系的閩、客關係，以及漢、原（平埔及高山原住民）關係。

移墾初期，因當地人稀地廣，加上經濟利益的互生共容關係，屏東平原的族群關係曾經呈現一種「漢、原雜居」、「閩、客混居」的局面，不但第一次拓墾活動初期如此，甚至第二次拓墾活動初期，並不因康熙六十年朱一貴事件閩客分類械鬥的影響，造成「閩客分居」的現象，猶然「閩客混居」。

許多的文獻碑能夠佐證「閩客混居」的現象，例如崁頂發現的墓碑、林邊鄉「忠福宮」的（新建明睨廟記）以及里港「雙慈宮」珍藏的兩塊石碑等。

但隨著彼此經濟利益的衝突，族群關係便有可能改變，逐漸演成族群械鬥的局面，康熙六十年的朱一貴事件、道光十二年的「李受騷擾事件」、咸豐三年的「林萬掌事件」都屬於族群械鬥，而屏東平原閩粵混居的局面，再次進行「族群重組」，以致爾後屏東平原閩、客分類而居的現象。〔註6〕

〔註6〕簡炯仁：《屏東平原的開發與族群關係》（屏東縣政府文化局，2001年）。

（三）族群互動的物理作用

事實上，屏東平原的族群關係素來就是既諧和又緊張對立的局面，由於族群間的物理作用，亦即「撞球原理」及「夾心餅乾」原理，使原先漢人與原住民雜居的移墾社會，逐漸演變成族群相互傾軋，導致住於河流中、下游的平埔原住民族入山被迫屈居於潮州斷層，而原先游獵於河流中、上游的高山原住民，則被迫退居於高山的局面。

移民者與原住者之間的關係，一向就是緊張的，因爲生存空間被侵入，就會產生衝突，例如高樹地區大路關廣福村的石獅，以及加蚋埔的「四目公」，可視爲有其文化相互影響涵化的事實存在。

第二節　各族群開發高樹地區的歷程

在討論高樹這個區域之前，我們必須先了解整個屏東平原的開發過程，才能整理出在高樹及其周邊地區的開發中，客家人是否是最後插入的？或是閩南、客家族群同時開發此地區時就形成的呢？高樹地區並非封閉式的環境，而且交通暢通，從舊名大車路可見，而大路關屬於封閉區域，再加上四面環敵，是否導致客家話反而容易保存呢？大埔村由於潮州客屬身分和在原鄉就熟悉的閩南人較爲親近，是否因爲閩客混居而導致語言被同化？我們必須藉助本地的開發史的輔助才能明白這些。

一、整個屏東平原的開發

撞球原理所指的範圍是整個屏東平原，屏東平原是一個相當完整的梯形沖積平原，東爲南北走向的潮州斷層；西爲與潮州斷層呈平行的下淡水溪，南斜邊則爲下淡水溪出海口到枋寮的海岸線，北斜邊則爲荖濃溪及隘寮溪的沖積平原。

高樹地區就是位於北斜邊則爲荖濃溪及隘寮溪的沖積平原的最前端，在高樹也發現各種族群混居或不混居的類型，我們可以說是由「族群整合」，進而發展到「語言的整合」。

有關高樹地區開發的論述，地理上二條河川的氾濫有相當密切的關係，尤其是荖濃溪的氾濫，針對高樹地區西片靠荖濃溪的各聚落，造成很大的影響，甚至造成廢庄遷村的聚落遷移現象，居民（通常以家族爲單位）因此而在高樹境內做短程的遷徙以避水患。

（一）高樹在荷據時代稱為大澤機社

根據《臺灣平埔族史》〔註7〕，今高樹地區在漢人移墾前，為平埔族鳳山八社大澤機社（武洛社）的游耕狩獵區，荷據時代的大澤機社於 1636 年歸順荷蘭，並於 1634 年協助荷蘭士兵攻打排灣族山豬毛社（今三地門），該社長老三人因管理地方得當，獲得荷蘭長官嘉賞。

據程紹剛譯註《荷蘭人在福爾摩莎》1635 年荷蘭人討伐位於大員東南方今為屏東市的 Tacvareangh 村社（塔卡拉陽，後來的阿猴社），有四、五百名新港人配合出兵。1636 年荷蘭人與「南方」塔卡里揚、上淡水（大木連）、下淡水（麻里麻崙）、塔樓各社締結條約，當時有八個村莊（大路關、荷納瓦黑、荷翁格隆、格洛伊、大澤機、荷沙卡沙凱、荷阿給加給將、荷波洛雷）的頭領前往大員向長官呈獻土地，各社並帶去一棵小椰子樹表示歸順，並且願意接受合約條款。〔註8〕

據《熱蘭遮城日誌》，1647 年大澤機社三位長老在南區村社長老集會中，獲得荷蘭長官的公開表揚和續聘。荷蘭人也鼓勵平埔人種植水稻，並從中國大陸極力招徠中國農民來臺於今臺南一帶耕種，1634 年後屏東平原的平埔族就已經有稻米可以輸往熱蘭遮城港，所以推斷漢人勢力入墾屏東平原前，甚至荷蘭人勢力進入之前，居住於屏東平原的平埔族的稻作農耕就已經有相當程度發展了。

依據簡炯仁指出：荷蘭治臺時期，漢人只在屏東平原作短暫停留，並無久居的情形，直到清朝治臺初期，屏東平原也沒有多少漢人的蹤跡，在《康熙古輿圖》上的屏東平原幾乎沒有任何漢人聚落，完全屬於平埔族的生息之地，平埔族在當時已為農耕民族。〔註9〕

（二）漢人開發屏東平原時期

清代稱屏東平原為「下淡水」，是臺灣的第二大平原，平原內部可分沖積扇帶、扇端湧泉帶、沖積平原帶和低濕沼澤帶，平原的東緣多為石礫地且取水不便，西緣時有洪水危害，均不利聚落的發展，如此的地理條件造成了清代閩粵移民入墾此地時，聚落集中於平原中間，由南而北密佈，東西兩緣稀疏的景觀。

〔註7〕潘英：《臺灣平埔族史》（臺北：南天書局，2001 年）頁 179。
〔註8〕曾坤木《加蚋埔平埔夜祭》（屏東縣高樹鄉泰山村社區發展協會，2012）頁 17。
〔註9〕簡炯仁：《屏東平原的開發與族群關係》（屏東縣政府文化局，2001 年）。

　　有關粵人不許渡臺之論，清領臺之初，康熙二十三年（1684）解除海禁，但唯恐海禁一開臺灣再度成為亂所，故對於渡臺的條件還是有所限制，不准粵人渡臺〔註 10〕，依據黃叔璥《臺海使槎錄》引《理臺末議》之相關記載，因施琅認為粵省惠、潮二府夙為海盜淵藪，故施琅之世始終嚴禁粵民渡臺，琅死後，漸弛其禁，但是福建汀州府山區的客家人不在禁止渡臺的範圍內，這也是康熙年間，汀州府的客家移民在下淡水地區佔有相當比例的原因。

　　根據伊能嘉矩所記載的：

> 康熙二十五、六年（1686～1687）時，漢人開始大規模開發屏東平原，廣東嘉應州之鎮平、平遠、興寧、長樂等縣份的客家人紛紛移入臺灣。〔註 11〕

　　因臺南府治附近的土地早已被河洛人（閩南人）佔據，後來知悉下淡水溪東岸流域尚有大片未開墾的土地，於是便

> 相率移居，協力開墾，田園日增。生齒逐漸日繁。廣東原籍的族人聽到後，趨之若鶩。

　　後來墾地日益擴展，北至羅漢門（今日高雄市內門區）南界，南至林仔邊溪口（屏東縣林邊溪）。

> 到了康熙六十年（1721）朱一貴亂時，屏東平原就已經有十三大庄六十四小庄的客家庄了。〔註 12〕

　　根據林正慧的歸納，認為伊能嘉矩的說法較接近歷史事實，即客家移民於清治臺之初或早於此時即以各種方式渡臺耕墾，其先於府城一帶寓居，然因初期渡臺之客家人，在人口上及權勢上均不能與閩人相較，甚至可能在發生衝突後失利後，遂南走下淡水溪以東拓墾。〔註 13〕

　　客家人入墾下淡水地區應始於康熙三十年代，其入墾之初閩人於下淡水地區開墾已頗具規模，已沿著東港溪兩岸結成各有十八甲的淡水港東、港西里〔註 14〕、下淡水溪沿岸的新園、萬丹一帶亦於康熙末年形成街肆。〔註 15〕

〔註 10〕伊能嘉矩：《臺灣文化志》（漢譯本）（下卷）（臺灣省文獻會）頁 142。

〔註 11〕同上註。

〔註 12〕同上註。

〔註 13〕林正慧：《六堆客家與清代屏東平原》（臺北：遠流，曹永和文教基金會，2008年）頁 83～91。

〔註 14〕高拱乾：《臺灣府志》（文叢第 56 種，1696 年原刊）頁 39。

〔註 15〕李丕煜：《鳳山縣志》，頁 26。

自府城一帶南下的客家人，因爲來下淡水地區的時間較晚，當時下淡水地區強勢的族群仍然是平埔族鳳山八社，客家人於是先在萬丹西方的區域開墾成濫濫庄，也就是客家人開拓屏東平原之始。〔註16〕

二、高樹地區的開發過程

根據《六堆客家社會發展與變遷之研究・歷史源流篇》〔註17〕，康熙二十二（1683）年，清領臺灣之後，康熙初年竹田鄉、新埤鄉、就有設治，屬福建省臺南府鳳山縣。康熙二十三（1684）年，有漳州人入墾今屏東市區，泉州人施文標，入墾潮州、崁頂、萬巒一帶。

（一）清代時期

伊能嘉矩主張，康熙二十五（1686）年，鎮平、平遠、興寧等嘉應州屬客家族群來臺墾拓於下淡水溪以東地區，廣東方面移民進入下淡水溪左岸大武山麓平原開拓，即今日之萬巒、內埔一帶，康熙三十五（1696）年，施琅死後，其移民三禁弛，粵中惠、潮之民可以來臺灣。而客家人大量入墾屏東平原一帶就是從此時期開始，黃叔璥〈理臺末議〉《臺海使槎錄》中記載：「終將軍施琅之世，嚴禁粵中惠、潮之民，不許渡臺，蓋惡惠、潮之地……」康熙年間部分客家人溯武洛溪北上，沿番仔寮溪及隘寮溪間墾地，除承租耕田外，又與傀儡生番發生械鬥。

康熙六十（1721）年，朱一貴事件發生，六堆組織成立，協助清廷平亂之後，閩浙總督覺羅滿保奏請清廷褒揚粵民二百餘人，並屬行遷界（漢番分界）隔離政策，藍廷珍率漳泉士兵百餘人在「阿里港」墾荒，始成村落，隔年（1722）六堆忠義亭落成。雍正年間整個六堆區域（右堆尚未開發），閩粵開始因爲爭奪水源、土地等生存條件而械鬥，原住民平埔族、排灣族也因爲領地多次遭漢人入侵，尤其是客家人的越界開墾而發生許多次衝突。

雍正十（1732）年，發生吳福生之亂，因爲隘寮溪每年的水患，加上與周圍的漳泉人不和，武洛的客家人開始逐漸向今天的高樹、美濃地區墾拓。乾隆元（1736）年武洛庄林豐山、林桂山兄弟率領宋、劉、曾等十六姓人進入瀰濃（今美濃）地區開墾，同時另一支武洛移民沿隘寮溪北上，建立大路

〔註16〕林正慧：《六堆客家與清代屏東平原》（臺北：遠流，曹永和文教基金會，2008年）頁83～91。

〔註17〕曾彩金：《六堆客家社會文化發展與變遷之研究、歷史源流篇》（2001年）。

關庄（今高樹廣福村）。

　　乾隆二（1737）年大路關部分客家移民再由涂百清等帶領六姓（涂、鍾、羅、朱、陳、蕭）人氏，越荖濃溪到美濃建立龍肚庄。

　　乾隆三（1738）年原居武洛的邱、楊、梁、賴、葉、何、徐、鍾、黃、廖、曾等十八姓人士，至船斗庄東振租館墾拓，墾成東振新庄，因此客家人來前已有船斗庄，當時來墾的客家先民是爲在租館墾佃的佃農，清乾隆後是客家人移民至高樹鄉之高峰期，除由武洛地區移居外，許多客家先民來自廣東蕉嶺、梅縣一帶，由族譜資料以及夥房棟對可以看出這些客家移民的來源。

　　東振新庄即爲今日東振、高樹、長榮村一帶，爲今日高樹市區，但當時因爲荖濃溪河道長期爲放射狀亂流〔註18〕，在荖濃溪畔的東振常遭受水患的侵襲，由於河道的更改而有水流東、水流西的情況，在乾隆年間荖濃溪主流是向東流，呈現水流東的狀況，咸豐以後荖濃溪改爲向西流，成爲水流西的高樹，也因此荖濃溪的水流氾濫與高樹聚落的開發息息相關，高樹的開發史就是一部水患史，〔註19〕高樹市區在當時並非屬於本區的中心地帶，堤防興築後，原本水流東的荖濃溪故道成爲河川浮覆地，而這些無主的新墾地也成爲東振庄客家「嘗田」之來源。〔註20〕而後日治時期殖民政府也招募新竹州的客家農民來開墾最北端的這些荒地，形成如今新豐村的幾個客家聚落，像是尾寮、凹湖、中興、大山寮等。

（二）漢人和平埔族生存空間的競爭

　　清領初期，因各地土壤肥沃，多不糞而獲，至乾隆初年，因渡臺移民日多，根據王瑛曾《重修鳳山縣志》的記載，臺灣其他地區因生齒日繁而地力逐漸貧瘠，「惟港東、西二里土地較饒沃」，加上氣候溫暖，故屏東平原吸引閩粵移民競相入墾。

　　清康熙中葉以後，大批客家人移入屏東平原，和原本就已經過著農耕生活的平埔族發生土地和生存的競爭，因此漢人和平埔族人就開始在屏東平原這個區域展開一場土地與生存的鬥爭，如同康熙末年巡臺御史黃叔璥所記

〔註18〕施添福、黃瓊慧：《臺灣地名辭書卷四：屏東縣》（臺北：國史館臺灣文獻館，1996年）。

〔註19〕丁澈士、曾坤木：《水鄉溯源：屏東縣高樹鄉水圳文化》（臺北：行政院客家委員會，2009年）。

〔註20〕曾坤木《客家夥房之研究以高樹老庄爲例》（臺北：文津出版有限公司，2005年）。

錄，以及當時各種方志及文獻，如來臺官員的詩文，所觀察到的現況：當時的「鳳山八社」仍然普遍栽種「雙冬早稻」，是島上唯一「一年兩穫」的地區。

至於平埔族的鳳山八社在屏東平原在漢人未進入墾殖以前，主要爲武洛（又稱大澤機、尖山仔）、搭樓、阿猴、上淡水（大木連）、下淡水（麻里麻崙）、力力、茄藤（奢連）、放索（阿加）等八社活動的區域，清官方並將屏東平原的平埔族群稱爲「鳳山八社」。

清代的大澤機武洛社，大澤機、武洛社其實都是平埔語的漢譯名字，清朝官員對於當時加蚋埔的熟番有不少紀錄，其中譚桓和黃叔璥的記述當中，「鳳山八社」中的武洛社人丁雖少，但卻十分強悍，每每與鄰近的傀儡番（生番）衝突，生番攝服，不敢窺境。〔註21〕

根據施添福的推論，武洛社舊社位於今高樹鄉田子庄舊南勢附近，搭樓社位於今九如鄉後庄的番社，阿猴社位於今屏東市東北角頭份埔的番仔厝，上淡水社在今萬丹鄉社皮庄一帶，下淡水社在今萬丹鄉香社村番社，力力社在今崁頂鄉力社村附近，放索社在濫頭庄的社口社邊附近，茄藤社在社皮、社尾或番仔厝附近，各社都有其活動範圍。〔註22〕在漢人尚未大量入墾下淡水地區之前武洛社活動領域爲武洛溪中游南北兩岸。

綜合以上的資料，在漢人尚未進入本區開墾前，大澤機社或稱武洛社活動範圍應該是今日高樹鄉的全境，包括加蚋埔甚至沿口社溪深入大社與生番（以大社爲主的排灣族拉瓦爾亞族）爲鄰，部分後來因爲生存競爭逐漸退到沿山地帶（泰山加蚋埔），甚至到里港的載興（武洛溪中游），隨著清朝番屯政策又與其他平埔族群（塔樓社、新港社）及漢人（閩南、客家）再度東遷到沿山地帶。

（三）高樹地區的族群重整與衝突

根據莊青祥（2008）的整理，雍正、乾隆時期頒布了許多關於漢人禁入番地的禁令，三申五令甚至是獎罰併用，雍正七年（1729）議准：

> 臺灣南路、北路一帶山口，生番、熟番分界勒石，界以外聽生番採
> 捕。如民人越界墾地、搭寮、抽藤、吊鹿及私挾貨物擅出界外者，
> 失察之該管官降一級調用，該上司罰俸一年；若有賄縱情弊，該管

〔註21〕黃叔璥《臺海使槎錄》卷七。「番俗六考」，南路鳳山番（一），臺灣文獻叢刊第四種，頁149。
〔註22〕施添福〈國家與地域社會──以清代臺灣屏東平原爲例〉頁42～47。

官革職，計贓治罪。〔註23〕

乾隆二年（1737），復重申嚴禁越番界之禁令，對地方文武官為防止漢人偷越番地，採取獎罰並行的方法，並對偷越番界之漢人嚴懲以

> 杖一百，如近番處所偷越深山抽藤、釣鹿、伐木、採稷等項，杖一
>
> 百，徒三年。

其他相關之地方頭目、鄉保、社長、巡查兵役等均予以議處。

到了乾隆九年（1744）甚至指明是「客家人」越界偷墾，且令禁設官莊，以防止「客民侵占番地，彼此相競，遂投獻武員」，據為己有之弊事發生，同時，為了避免漢人侵削番人的鹿場、麻地等，以強欺番之事，更嚴令禁止漢人購買番地。

所以「客家人」屢屢侵入番界開墾，作為引發族群衝突的第一步，這一點是無庸置疑的，清乾隆年間大路關傀儡山沿山地帶已設有數座隘寮，做為防禦生番之用，根據陳壽祺總纂《福建通志臺灣府》「關隘」條的記載，乾隆四十二年（1777）以前，清廷諭令「鳳山八社」就近委派「番丁」，協防潮州斷層沿線各關隘，以「堵禦」鄰近的生番出沒擾民。

高樹地區的大路關庄，於乾隆四十二年設隘寮防番，而清政府撥武洛社番前去守隘並給予附隘埔地，聽其墾種以資永食，且令近山居民，大庄則設望樓二座，小庄一座，每樓派三四人，日則遠眺夜鳴鑼析，每月自朔至晦預期派定大書望樓之上以專責成，如有生番踪跡即行鳴鑼，各庄聞鑼互相救援。〔註24〕

而位於大路關北邊之加蚋埔（今泰山村），原為大澤機社（武洛社）的生活領域，後來在漢人不斷的越界侵墾的情況下，而漸在其周圍建立了廣福庄及大澤機庄。乾隆四十二年（1777）知府蔣元樞與理番同知鄔維肅在加臘埔（加蚋埔）下設隘，並由武洛社通事撥壯番帶眷居住堵禦。乾隆五十五年（1790）又在此設置養贍埔地，新港社因之進入此地，各社群的活動空間因而產生變化。

清代高樹地區的番屯政策，以及客家人和平埔族、高山原住民（排灣族）的互動關係，由上莊青祥的整理論述可知：

> 即是政府以其行政命令，將原屬於臺灣縣的新港社遷到加蚋埔地

〔註23〕《清會典台灣事例》（臺北：臺灣銀行經濟研究室，1966年）頁148。

〔註24〕莊青祥：《屏東高樹大路關之拓墾與聚落發展之研究》（高雄師範大學客家文化研究所，2008年）頁29～31。

區，從事防禦傀儡山上的原住民下山侵擾的工作，也因此聚集成血
緣性較強的聚落。〔註25〕

　　他認為此一制度的施行，除了將界外未墾的埔地分給屯丁墾種之外，並
且下令重立界石，永禁逾越，因此在屯埔的外緣靠近山麓部份重新劃定另一
條界限，劃分出熟番和生番主要的維生區域。

　　番屯的平埔族後來和客家人之間的衝突與對立，除了地盤上的爭奪之
外，主要還是生存競爭，移墾初期，因當地人稀地廣，加上經濟利益的互生
共容關係，高樹地區的族群關係曾經呈現一種「漢、原雜居」、「閩、客混居」
的局面，日子一久，時過境遷，彼此經濟利益的衝突日益顯著，族群間就會
產生劇烈衝突，咸豐三年（1853）的林萬掌事件，大路關發生的「七十二閩
庄圍莊」事件，就是附近的閩庄聯合平埔族對客家族群的攻擊，此類的衝突
和零星族群間械鬥，在大路關地區並不少見，而六堆組織在此時就發揮作
用，年輕的客家鄉勇們響應號召，就會出堆作戰，透過本次調查，發現筆者
祖宗牌位上的先祖「徐昌振」也被奉侍在廣興村的恩公廟，恩公廟和六堆地
區的「忠勇公」信仰，就是族群衝突所留下來的證據。

（四）高樹地區閩、客族群開發的順序

　　有關高樹地區開發史的研究，曾坤木《客家夥房之研究──以高樹老庄
為例》提到：

> 高樹地區尚未正式開墾前為一片荒蕪之地，開墾後居民大致散居於
> 東振新、埔羌崙、船肚、麻六甲及打獵埔，清末日治初期因荖濃溪
> 氾濫改道，居民幾經鄉境內向東遷徙，迨日治初期計有高樹、東振
> 新、舊寮、阿拔泉、加蚋埔、田子、埔羌崙等七大庄頭。

　　可以知道在漢人開發的初期，是散居在東振新、埔羌崙、船肚、麻六甲
及打獵埔等地方的，東振新就是現在的東振、東新（老庄），是純客家人的聚
落，埔羌崙在鹽樹村，昔日埔姜叢生，又有小丘隆起，因而得名因為荖濃溪
溪水氾濫頻繁，舊聚落多次被水沖毀，是純閩南人的聚落。

　　船肚又稱為「船斗」，分別為客家話和閩南話的說法，位於今東振村靠荖
濃溪的溪埔地，極靠近鹽樹庄，此庄因為洪水氾濫早已廢庄，依據鹽樹村內
二座廟宇北極宮和北宸宮的沿革，此二宮廟均主祀玄天上帝，北極宮原廟位

〔註25〕莊青祥：《屏東高樹大路關之拓墾與聚落發展之研究》（高雄師範大學客家文
化研究所，2008年）頁29～31。

於船斗庄，乾隆四十一年（1776）建廟，當鹽樹腳與船斗庄被荖濃溪淹沒時，廟亦毀，道光三十年（1850）才重建小廟侍奉，北宸宮據傳是由船斗庄分靈而來。

而根據〈田子觀音廟沿革〉記載，咸豐九年（1859）船肚庄被洪水沖毀房屋田產，潘、楊、林、許、邱等姓四十餘人，遷來開闢清良庄，即今日田仔村的田子部落，客家人稱此地為「田子腳」，田子一帶原本有客家人之傳聞，可能性頗高，但今日都說閩南話了，可視為閩南聚落。據舊庄（老阿拔泉）的居民陳述，其先祖也是由船斗（今東振村）因避水患遷居而來，「舊庄」地名的由來是因其與源泉村新阿拔泉相對稱而來的。

綜上，可以得知船肚（船斗）是高樹地區開發很早的聚落，但是因為荖濃溪水患的關係，因而廢庄，居民多遷到鄉內其他聚落，形成新的聚落如田子、舊庄等，船斗的位置也位今日純閩庄和純客庄的交界處，所以船肚（船斗）應該是閩客混居的聚落。

（五）閩客族群由西向東、向北擴散

鹽樹腳庄約與船斗庄同時開發，據傳先民到此開墾時，村中有一大片鹽仔樹林，故稱鹽樹，開墾的主力是福建漳州府的漳浦人，在乾隆五十年（1785）《特簡直隸分州調補鳳山阿里港分縣呂公諱岳德政碑》中，有「……鹽樹腳庄上下番仔□」的字樣〔註 26〕，且能在「港西里士庶同立石」，顯示當時鹽樹腳庄已略具規模。

日治時期成立的「漳浦會」的成員都是原籍福建省漳州府漳浦縣者，名下有大量土地在埔羌崙段和高樹段，漳浦會主要分布地區包含埔羌崙、新厝仔、鹽樹庄，在還未解散前，每年由這三個庄頭輪流辦理吃會。〔註 27〕

鹽樹庄在清代末葉與日治時期曾多次遭水患，根據前揭北宸宮《武當山北極玄天上帝廟廟志》記載，舊鹽樹庄在明治二十八年（1895），也就是臺灣割讓給日本之初，被荖濃溪河水沖毀，居民紛紛從鹽樹庄搬到大水未達的東邊，例如田仔庄、舊庄、荣寮庄、舊寮庄，北達隘寮（今新豐村）一帶。〔註 28〕也可以發現鹽樹村的各個聚落埔羌崙、新厝仔、鹽樹當為純閩南聚

〔註 26〕施添福、黃瓊慧，1996《臺灣地名辭書卷四：屏東縣》，台北：國史館臺灣文獻館。

〔註 27〕施添福、黃瓊慧，1996《臺灣地名辭書卷四：屏東縣》，台北：國史館臺灣文獻館。

〔註 28〕施添福、黃瓊慧，1996《臺灣地名辭書卷四：屏東縣》，台北：國史館臺灣

落，其居民因為荖濃溪水患之故由今鹽樹村向東方、北方遷居，也是閩南人的擴散。

緊靠荖濃溪的各庄東振、鹽樹、大埔各村的居民在歷史上因多次荖濃溪的氾濫而向東向北遷徙，許多因水患而消失的村落，最常被提及的就是「水流庄」，昔稱「老庄」，是針對東振新庄而言，所以東振新庄是新的「老庄」，非水流庄的「老庄」，水流庄的位置，據村人描述應該是在今日高美大橋溪底下一帶，所以高樹地區的開發史也是一部水患史〔註29〕，而水患也一直是影響高樹地區族群語言分布的重要因素。

第三節　高樹地區語言分布的解釋

本文針對高樹地區的語言分布進行逐村甚至到自然聚落的訪查，重點在於調查客家語和閩南語以及平埔族和大陳義胞的分布和語言接觸現象，並逐村逐聚落註明為閩南語、客家話、大陳話等，製成一張總圖。

根據語言分布圖顯示高樹地區的語言由荖濃溪、隘寮溪沖積平原、沿山地帶、高山地區呈現閩南話＞客家話＞平埔族閩南語＞南島語的層次性帶狀分布，客家語插入閩南話和平埔閩南話的連續分布當中，而切斷其連續性，形成類似方言島的狀況，但因高樹北方與美濃及六龜等客家話區相鄰，而成一不連續的客家話帶，類似墨漬式的分布。

本文也根據前揭層次性分布進行語言地理學的觀察與說明，輔助以六堆地區及本區的開發史考證、社會語言學的分析，證明本區的語言分布狀況與洪惟仁的三種假設之間的異同。

客家人的插入，並非造成現況的原因，客家人和閩南人是共同開發本地區的，歷史證據也能說明語言地理學上「語言連續性原理」的論證和解釋其例外的狀況。我們用語言接觸理論輔以語言地理學的地理分布，再加上開發史的證據三種面向來勾勒出本區的語言狀況。

一、語言地理學分布的解釋

（一）平埔族分布在沿山地帶講閩南話

文獻館，頁88～89。
〔註29〕丁澈士、曾坤木：《水鄉溯源》（臺北：行政院客家委員會，2009年）頁24～34。

　　根據本章前一節的討論，我們可以確定平埔族分布在在沿山地帶講閩南話，而高樹地區的平埔族是由原本活動在高樹地區範圍的馬卡道族大澤機和武洛社、里港塔樓社，以及後來清代乾隆中葉以後實施「番屯」而遷來的西拉雅族新港社所組成。

　　而最早在此地活動的族群就是平埔族，因為平埔族群人口、經濟在高樹地區居於弱勢，所以依撞球原理被漢民族的壓力，被逼迫到沿山地帶，但他們選擇和閩南人混居，語言也已經被同化，轉用成閩南話，其平埔文化也在失去了語言之後很難延續，只有部分的手抄傳唱歌詞：〈放牛歌〉、〈祈雨歌〉、〈放狗出獵歌〉、〈羅咪雅達吵歌〉等，由老人家憑記憶以日語拼音方式，從以前口耳相傳，改用手抄，做文化傳承，但其內容意義不詳。〔註30〕另筆者查錄到平埔語的詞彙殘餘十數條，請參閱第四章。

（二）客家人居住在中心位置有雙語現象

　　客家人和閩南人同時開墾本地區，但比平埔族晚來此區，大部分集中在本區域的中部客家人的開墾過程，嚴重影響到此地平埔族的生存空間，尤其是大路關地區，因此爆發激烈的族群衝突，閩、客共同開發的過程也因為爭搶水源而劇烈衝突，咸豐三年（1853）的大路關之役為最嚴重的一次。

　　另外大路關的石獅公也是族群衝突的標記，據村民口述石獅公除了有鎮壓邪風作祟之用以外，也有抵擋風災水患功用，每逢水患變會發出怒吼，另有一說是為了震懾附近山豬毛社的原住民和附近世居的平埔族，但大正年間，第二隻石獅公的興建也引發附近南華村閩庄的破壞，這也是當地多族群環繞危機四伏的現象，所留下來的例證。

　　《高樹鄉志》中也有客家聚落遭山胞滅庄而開墾失敗的紀錄〔註31〕，〈高樹鄉各村沿革圖〉記載：

　　　　約民前九十年自船斗庄遷居，後遭遇山胞殘殺遷移散居。

　　就是萬隆（萬亡）聚落，位於加蚋埔的沿山公路旁，關於萬隆（萬亡）被滅村有二說，一為上述客家人聚落，一為平埔族開墾後遭布農族和魯凱族聯合的多納社突擊一夕滅村，倖存者遷居附近的舊寮、加蚋埔、建興村青埔尾，至日治時期族群之間的衝突才趨和緩。

〔註30〕曾坤木，2012《加蚋埔平埔夜祭──趒戲》（屏東縣高樹鄉泰山村社區發展協會）。

〔註31〕高樹鄉公所，1981《高樹鄉志》（屏東：高樹鄉公所），頁13。

自高樹地區開發初期，沿荖濃溪畔居住的閩、客族人皆因水患而朝本區域的北邊、東邊遷居擴散，形成高樹地區北邊、東邊族群混居的村落與聚落，加上原有沿山地帶附近的平埔族，形成了各種族群混居的模式，本文在第四章將其區分爲四種類型，也推測混居的模式應該是造成語言同化的催化劑，不混居的村落聚落，語言被同化的速度較慢，而整個高樹地區都是閩南化的優勢區，中部地區客家人集中居住的幾個村落聚落，則一律也是被閩南話影響，而形成雙語的現象。

（三）閩南人和閩南話從西邊朝東向全境擴散

關於閩南人開發本地區的資料，目前所掌握到的只能從部分零碎的資料推斷，確實不足以證明其是否早到於客家人，然而其數量上和經濟上以及文化上的優勢是顯而易見的，在和客家族群因爲爭搶水源等經濟因素發生衝突的過程當中，平埔族選擇向閩南人靠攏，也因此本區沿山一帶的平埔族聚落都是閩、平混居，從而對中部地區（東振、東興、長榮、高樹）和南部地區（大路關）客家人形成了包圍之勢，這些閩南人擴散的地方如今都成了閩南話的優勢區。

根據林正慧《六堆客家與清代的屏東平原》的說法，在清代乾隆以降，因爲漢人的強勢壓力，部分原居屏東平原的平埔族向東退卻，而留居於下淡水地區的平埔族群或散居原地而漢化，不見痕跡；移墾近山的平埔族群，亦因閩人強勢介入之下，日漸福佬化。

這些都是造成下淡水地區以漢人勢力爲主的原因，平埔族人和閩人在近山一帶墾殖的聚落，分布在客家人聚落與生番界之間，且幾乎在沿山一帶連結成一線，也就是今日我們在屏東縣沿山公路一線，從北自高樹新豐，南到枋寮都可以看見的族群分布景象。

就整個屏東平原來看，客家人的聚落分布在平原中間，近海平原和近山一帶都是閩籍和平埔族人，所以客家族群就被包圍在其中，這種被包圍危機感，也影響日後的閩客關係，刺激了六堆組織的形成，在語言分布上客家話也就被閩南話和平埔族口音的閩南話所包圍。

就高樹地區來看也是如此，平埔族受到客家人的壓力而遷到沿山地帶，初期和客家人發生劇烈衝突，適逢閩南族群的遷居，而選擇和閩南人混居，閩南人的擴散與平埔族混居，慢慢同化平埔族，對客家人形成包圍，在語言分布上高樹客家話也就被閩南話和平埔閩南話所包圍。

因此撞球理論，不論是宏觀屏東平原的大範圍，或是微觀高樹地區的小

區域，都是合理的，而這樣子的族群遷徙與互動對照於整個屏東平原，閩南人、客家人、平埔族之間的關係是很微妙的，時而和諧，時而衝突，造成日後犬牙交錯的多族群混居現象，語言則處於閩南話的強勢壓力之下，平埔族、客家人都無法阻擋，然而語言最先被同化的是平埔族。

（四）潮州府客屬改講閩南話

吳中杰〈堆外粵人——六堆周圍地區清帶廣東移民屬性初探〉中把清代康熙六十一年（1722）後臺灣南部漢人移民的屬性分做了四個群類：

表 5-3-1　清代臺灣南部漢人移民屬性分類表

	閩　　南	客　　家
福建	漳、泉之人（福建閩南）	汀州之人（福建客家）
廣東	潮屬之潮陽、海陽、揭陽、饒平（廣東閩南）	潮屬鎮平、平遠、程鄉（廣東客家）

資料來源：吳中杰〈堆外粵人——六堆周圍地區清帶廣東移民屬性初探〉筆者整理

這是依朱一貴事件後，當時的閩浙總督覺羅滿保〈題義民效力議敘疏〉中所提的內容來做分類的，原文為：

> 臺灣鳳山縣屬之南路淡水，歷有漳、泉、汀、潮四府之人，墾田居住。潮屬之潮陽、海陽、揭陽、饒平數縣，與漳、泉之人語言聲氣相通。而潮屬之鎮平、平遠、程鄉三鄉，則又有汀州之人，自為守望，不與漳、泉之人同夥相雜。

依據《臺南東粵義民誌》的六堆聚落堆屬，大埔庄的確與大路關、武洛庄、龍肚庄、竹頭背等客庄同列為右堆村莊，而且納入自稱「粵」的六堆組織，而不稱「潮」，再加上客家話的親屬稱謂殘餘，所以整個大埔庄原本當屬客庄應該是可以推估的，而非講潮汕話的閩南人。

至於大埔庄、菜寮庄供俸在潮汕地區最為普遍的三山國王，十分合理，雖然有三山國王信仰者不一定是客家人，但國王信仰卻和潮汕地區有密切的繫連，國王信仰在潮汕人心中有優越的地位。

且大埔、菜寮的三山國王信仰本來是同一個祭祀圈，後來才因糾紛而分家，〔註32〕而地緣鄰近大路關的三山國王廟雖然是民國五十八年（1969）年

〔註32〕吳中杰 2007〈多族群混居下的語言與空間變遷——以高樹鄉東振、大埔為例〉、楊若梅 2011《屏東縣高樹鄉菜寮村福佬化之研究：以語言使用和族群認

才興建的，但村民信仰王爺公卻是相當早的，根據耆老口述，早在咸豐三年（1853）大路關之役時有王爺公神蹟發威協助村民取得水源之說，以大路關和大埔庄相近的地緣關係和共同信仰三山國王，加上大路關客家話中陽平變調，在南部四縣客家話中特殊性，東勢大埔腔的徐登志老師曾提出和東勢大埔腔變調語感上的相似等的多重訊息，大路關與大埔庄和東勢大埔客家話之間的關係也是後續高樹客家話研究的重要方向。

（五）本區北部各族群混居的聚落講閩南話

潮州客屬分布的區域以北，多為族群混居的聚落，日治時期以後，各族群間互動關係由緊張趨於和緩，加之以自清代以來，鄉內閩、客族群的因水患而遷徙的緣故，造成高樹地區中部以北的範圍成為這些鄉內移民的遷居地，也因此包含荖寮、舊寮、新豐等村的各聚落，閩、客、平族群混居，並非典型的閩庄或客庄，然語言的使用上卻朝向語言轉用，平埔族和潮州客屬都已轉用成閩南話。

第四節　高樹地區各族群的競爭與變遷

有關高樹地區各族群開發先後之討論，必先解決平埔族、客家人、閩南人開發本地的先後順序和區域，才能進一步解釋語言上的變化，最後對照現今的語言分布狀況，進行語言接觸現象的分析。

一、閩南人、客家人何者先進入高樹地區開墾

根據《高樹鄉志》鹽樹腳庄約與船斗庄（今東振村）同時開發，開墾的主力為福建省漳州府漳浦縣人，在乾隆五十年（1785）立於阿里港的《特簡直隸分州調補鳳山阿里港分縣呂公諱岳德政碑》有福建漳浦移民在此地成立跨庄的漳浦會，會員都是福建省漳州府漳浦縣。

有關閩南人和客家人哪一方先開墾本區域，目前尚無法定論閩南人是否先到，客家人是否後到，我們只能肯定在高樹地區開發的初期，閩南人和客家人共同開墾本區域，無法斷言哪個族群先到，如果要說哪個族群先到，高樹地區原本就是平埔族大澤機社和武洛社的地盤。

同為例》高雄師範大學客家文化研究所。

二、客家人和閩南人初期混居，後期重整

本區的狀況有關閩南人和客家人初期混居後期重整，以文獻的證據而言，閩南人客家人都提到的船斗庄，有兩個稱呼，分別是客家話的「船肚」和閩南話的「船斗」，純閩庄的鹽樹村，北極宮堅持其玄天上帝為「船斗庄金身」，至今此說明招牌仍高掛於高樹通往里港的聯外要道 22 縣道上，新厝庄的北宸宮則強調「船斗庄分靈」。

純客庄的東振新又名老庄、老新庄，閩人稱為舊新庄、新庄仔，是本地區最早開庄的聚落，客家人自稱乾隆二（1737）年，有福建、廣東二省移民輾轉遷居於高樹地區，當時船斗庄設有一大租館，名稱東振館。東振館確切位置已無人知曉，《高樹鄉志》僅指出東振館曾位於早已被河水流失的船斗庄。

據此判斷船斗（船肚）庄應為閩客初期合作混居的聚落，其地理位置，也在現在的閩客交界處，後來船斗庄因為大水而廢庄。

後來客家人依照東振新租館形成東振新庄，如今本區域的閩客庄分布，大致上閩庄位於東邊、南邊，客庄在中部、北部，因此高樹地區應該是客家人和閩南人一起開墾，也就不符合洪惟仁所提的假設一，閩南人先到，客家人後來插入在閩南人和平埔族中間的假設。

相反地，就高樹地區而言，以有關船斗庄的歷史沿革以及後來高樹地區閩、客庄的分布，較符合洪惟仁的假設二，客家人和閩南人初期混居，後期重整的狀況。

三、世居平埔族和閩南人混居，早期就已在沿山地帶

而洪惟仁的假設三：平埔族初期和閩南人混居，後期繞過客家人東遷到沿山地帶的假設，本文發現從史料上可以說明：本區域於荷治時期原本就是平埔族鳳山八社大澤機社的活動範圍，到了清代在今日田子村附近還是武洛社的根據地，所以平埔族人原本就在此區域活動，後來的客家人競墾與壓迫，造成最早的平埔、客家族群衝突，而後清廷的番屯政策，派平埔族的隘丁充做隘勇，也從其他地方遷入平埔族，形成目前近山的沿山地帶為平埔族分布帶。

乾隆初年漢人入墾本區之後，壓迫到平埔族的生存領域，尤其是客家人的開墾，不論是東振新庄的拓墾或者是大路關開墾都是，尤其是大路關的開墾更是直接插入了平埔族的地盤，這些平埔人雖然沒有土地所有權概念，但卻有勢力範圍的概念，根據泰山平埔族說法，在當地平埔人傳統觀念裡平埔

人已經被迫東遷了，大路關人卻又直接佔領近山的區域，插入他們的活動範圍，所以造成當地劇烈的客、閩、原衝突，他們最後選擇和閩南人合作。

就這個部份而言我們又可以說和洪惟仁的假設三不符，平埔族人雖然是被客家人壓迫而東遷，但他們也是世居在此地，而非繞過，是退卻和清政府的力量所導致，也非被閩南人同化之後才繞過客家人而東遷，而是在競墾初期就退卻到沿山地帶。

平埔族在漢化的過程選擇和認同閩南文化，因為閩南文化在當時的漢文化裡就是較佔優勢的文化，平埔族也是在此時和閩南混居的，後來語言也因此漸漸被同化，最後語言轉用成閩南話，帶有平埔腔調的閩南話，所以假設三「平埔族初期和閩南人混居，後期繞過客家人東遷到沿山地帶」在高樹區域需要修正調整，本文的觀點為：平埔人原本在高樹地區活動，包括本地的大澤機社、武洛社，以及之後清廷遷來番屯的隘丁——西拉雅族新港社，因為閩南人和客家人的開墾，活動空間被壓迫到沿山地區，尤其和客家人劇烈衝突，後來才選擇和閩南人混居。

四、族群混居的其他原因

高樹地區境內的短程遷徙也造成語言現象複雜，高樹鄉境內的短程遷徙是相當頻繁的，遷徙的原因不一，有因為水患而遷居的，例如前面我們討論的荖濃溪沿岸，船斗庄、水流庄的廢庄，以及光緒十三（1887）和光緒二十二（1896）年的水患讓大埔庄的部分居民遷居到龍眼腳、茇寮、舊寮、溪埔仔等地的。

也有因為族群間的紛爭和衝突而遷移的，例如茇寮西北方的賴、廖兩姓人家因為閩、客族群間的水源糾紛而搬到茇寮，更早期的潮州客屬劉連奎一族也是因為土地流失加上水權、語言不通等因素由船斗移居到茇寮。

更有為了生計而搬遷的像下列例子，根據莊青祥《屏東高樹大路關地區之拓墾與聚落發展之研究》將大路關的移民資料整理：

> 清乾隆初年，廣東梅縣、蕉嶺之客家人由武洛遷至此地拓墾建，並
> 於昭和4年（1929），闢建高樹大路關寮，建興村目前有三個部落，
> 分別為溪埔仔又稱石崗、青埔尾、大路關寮，其中青埔尾為最早的
> 部落，大都為在地的平埔族人。〔註33〕

〔註33〕莊青祥：《屏東高樹大路關之拓墾與聚落發展之研究》（高雄師範大學客家文化研究所，2008年）。

　　舊大路關之耕地，也因修築堤防之故，部份爲日人徵收爲築堤之用，故有
11 戶人家遷徙至此開庄，建「大路關寮」，是爲大路關人在高樹鄉內的移民。

　　據曾坤木《客家夥房之研究──以高樹老庄爲例》的〈高樹聚落遷徙圖〉
提到的部份，可以發現因爲水患而造成的高樹地區境內短程遷徙，狀況也是
相當複雜，本文將之摘錄爲【圖 5-4-1 高樹聚落遷徙圖】，並引該書中〈高樹
水患居民遷徙表〉說明。

圖 5-4-1　高樹聚落遷徙圖

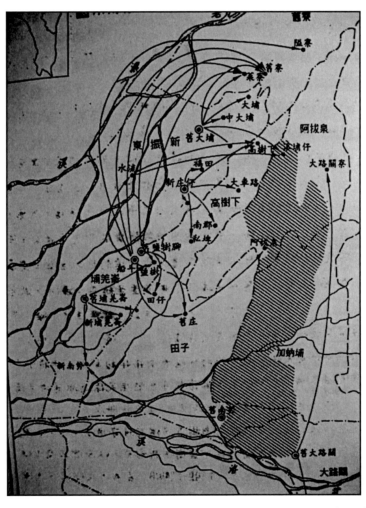

資料來源：轉載自黃瓊慧《屏北地區的聚落型態、維生活動與社會組
　　　　　織》（臺北：臺灣師範大學地理研究所碩士論文，1996 年）。
　　　　　曾坤木《客家夥房之研究──以高樹老庄爲例》頁 34。

　　水患將荖濃溪沿岸的聚落，如十張犁、舊大埔、東振新、水流庄、舊鹽樹腳、船肚（船斗）、舊羌崙埔、中崙、麻六甲、頭崙、公館、木柵等聚落全部或部份沖毀，導致居民必須移往鄉內地勢較高處，形成鄉內的短程遷徙。

　　客籍部分主要有東振新庄遷往高樹下，舊大埔（大埔頭）遷移到頂大埔、中大埔、龍眼腳（牛眼腳）、茶寮、舊寮等庄，水流庄遷到高樹下、溪埔仔（建興村）等。

　　閩籍的有船斗庄和鹽樹腳庄搬到鹽樹庄（新）、田仔庄、舊庄、茶寮、舊寮等庄，還有舊羌崙埔遷到新羌崙埔、鹽樹、新南勢以及豐田（今田子村），舊南勢遷移到新南勢。

表 5-4-1　高樹水患居民遷徙表

族群別	原　居　地	遷　徙　地
客家	東振新庄	高樹下（高樹、長榮）
	舊大埔（大埔頭）	頂大埔、中大埔、龍眼腳（牛眼腳）、茶寮、舊寮等庄、溪埔仔
	水流庄	高樹下、溪埔仔（建興村）
	舊大路關	新大路關
閩南	船斗庄和鹽樹腳庄	鹽樹庄（新）、田仔庄、舊庄、茶寮、舊寮等庄
	舊羌崙埔	新羌崙埔、鹽樹、新南勢以及豐田（今田子村）
	舊南勢	新南勢

資料來源：曾坤木《客家夥房之研究——以高樹老庄為例》頁 35。

　　以上所討論高樹境內短程遷徙的情形，包含：走大水、族群糾紛、水源糾紛、經濟因素等，都是造成頻繁的高樹地區境內移民的因素，而這些境內的移民也是造成語言接觸頻繁之因素，更影響了語言的分布，如建興村的大路關寮就是大路關客家話的方言島，走大水的閩、客族群更是將他們的語言帶到新移居的聚落，而產生語言接觸，影響原本聚落的語言。

五、國家權力的介入

　　1955 年後，政府陸續在六堆地區安置了新的集體移民，高樹鄉的大陳義胞在民國 44 年（1955）透過「飛龍計畫」撤退來臺，居於虎盤新村的居民為南麂島人，根據楊忠龍的結論：

　　客家在本地作為主體，因此客家文化是佔有優勢位置。高樹大陳新
　　村在整個右堆地區更顯得弱勢，相較於客家庄積極發揚客家文化，
　　推展客家藝文活動，大陳義民面對的是快速凋零的人口，逐漸殘破
　　的屋瓦，以及「大陳」存續的問題。〔註34〕

　　此時期的族群關係已趨於和諧，鄉民們因為嫁娶和經濟上面的接觸，而
在族群的相處上顯得相對的平靜。長期居住在這塊土地上的人民或許知道自
己是「客家人」或是「平埔族」、「大陳人」，但是他們的下一輩卻逐漸被所習
講的閩南話所影響，而逐漸以為自己是「閩南人」。

　　各大陳新村的語言狀況雖然紛雜，但是有一個共通點，就是現在都說閩
南話，而大陳新村人口的快速凋零，可以確定的是大陳移民所形成的南麂話
方言島和吳語方言島，即將隨著老一輩的凋零而消逝。

六、族群語言的融合

　　洪惟仁曾經引用簡炯仁（1997）的「撞球原理」和「骨牌效應」及「夾
心餅乾原理」來解釋整個屏東平原族群間的互動機制，以宏觀的視野和思維
來做推論，本文以高樹鄉全境及其周邊（美濃、鹽埔、里港）的幾個方言點，
以微觀的區域，經過詳細地調查和比較分析其音韻變化的機制，研究發現印
證洪惟仁所論述之語言分布理論，與高樹地區之現況有所出入，高樹鄉偏於
屏東平原東北一隅，其居民多屬不同時期之移民，以其移入之先後為軸，其
語言分布與接觸現狀，與洪氏所言整個屏東平原語言分布之大趨勢大致上是
相符的；但因為高樹地區的開發和此地之族群特別多元，包含閩南、客家、
平埔族、大陳義胞，本節所討論的部分已經與洪惟仁所提的假設一和假設三
狀況不符，高樹地區並非由閩南族群先開發，原為平埔族人的根據地，繼之
閩客族群的共同開墾，平埔族受到客家人的壓力因而東遷至沿山地帶，閩客
族群初期混居，後期重整而分立閩客庄，平埔族人後來居住於沿山地帶，和
清廷番屯政策有關，而非故意繞過客家人而東遷，高樹地區的語言族群分布
實為高屏地區多元族群與語言接觸之縮影。

　　其實整個屏東平原的族群分布一直是諸多學者探討的現象，前有簡炯仁
的撞球理論，後有洪惟仁從語言分布上所提出的層次分布，其族群分布自沿

〔註34〕楊忠龍：《多重視野下的族群關係與文化接觸：以高樹東振與美濃吉洋為例
　　　（1955～2005）》（高雄師範大學客家文化研究所碩士論文，2008年），頁1。

海地區到沿山地區依序是閩南人、客家人、平埔族、高山族，根據筆者本身
的調查驗證整個高樹地區的現象，除了上述二種理論之外，尚有其他影響語
言和族群分布的因素，也就是本節所提出來的人口比例、開發順序、境內短
程遷徙、國家權力的介入等等。

　　語言和族群的分布線並非絕對有一條明顯的界線，有時是像行政區有明
顯的分界（五溝、萬金），有時是一條河流或是小丘等地形阻隔（高樹、美濃），
有些則是聚落內的混居現象就十分明顯，像是泰山村、大埔村等，所以語言
接觸在這些地方是十分頻繁的，而高樹地區族群和語言複雜的程度應該是整
個屏東平原之最，我們可以歸納本章的以開發史驗證語言分布的結果：

（一）高樹地區的語言分布和移民的順序有關

　　客家人佔據了中部的地區（高樹、長榮、東振、東興），說的是和佳冬、
新埤、長治同類型的客家話，另一批也是從武洛來的客家人居住在最南邊的
大路關（廣興、廣福），說的是大路關客家話，閩南人則聚居於高樹鄉西部和
南部說閩南話，但是閩南話的優勢藉著語言接觸不斷向外擴散，並且滲透、
包圍客家村落，並且使得較晚來的潮州客屬（大埔、荣寮、建興）和原本世
居此地的平埔族都已經「福佬化」了，大陳義胞的聚落，由於自體的封閉性
和隨著年代的凋零，也隱身於閩南人之中，其語言最終會消失。

（二）高樹地區語言族群分布和頻繁的境內遷徙有關

　　高樹鄉境內頻繁的的短程遷徙是造成語言現象更複雜的原因之一，高樹
境內短程遷徙的原因，本節所提包含了水患、族群糾紛、水源糾紛、經濟因
素等，境內的遷徙也是造成語言接觸頻繁之因素，更影響了語言的分布，在
語言不通以及使用該語言人數較少的狀況下，原有的語言往往被取代，整個
高樹地區語言福佬化的原因，並不是因為族群被同化了，而是因為語言接觸
的影響。

　　語言的接觸就代表著文化的接觸，而在語言和文化接觸的過程中，弱勢
的語言和文化往往會朝著優勢的語言和文化靠攏，語言轉移也是語言發展的
一種普遍現象，今天高樹地區閩南話的大面積分布，和當地客家人、平埔族
無法堅持其母語，而進行了整個語言轉用的過程，這點也和經濟因素有關。

　　以往的「福佬客」研究顯示福佬化過程大多是因歷史因素（遷移時間先
後）或社會因素（閩客械鬥），以經濟因素為主的說法也僅圍繞於處於多數族

群的社會意識形態（福佬）壓力下，不太願意承認自己是客家人等說法，高樹鄉大埔村、菜寮村的例子卻是身處於眾客庄中，周圍都是客家人，福佬人的聚落還在客庄之外，被「福佬化」而忘記自己是客家人，可見語言認同是會影響族群認同的。

（三）語言接觸現象造成語言改變

本文以調查幾個方言點的特色為始，接著進行比較、分析，探討語音、詞彙的變化，進而比較高樹客家話內部及六堆各次方言間的差異，接著以語言接觸的理論佐以移民史的解釋，探討高樹鄉全境的語言分布及六堆次方言語言差異變化的因素，所發現高樹地區的語言接觸現象是：本區的優勢語為閩南話，客家話使用者往往是雙語者，能兼用閩、客方言，在一般語言使用的狀況下，卻因為地區優勢語閩南話的關係，往往先使用閩南話，再視對方使用的語言進行與碼轉換，由於語碼轉換的次數頻繁，導致原本客家話音韻上有所轉變。

第六章 高樹地區的語言接觸現象

前二章討論了高樹地區語言族群的地理分布，以及運用開發史印證解釋語言和族群分布的現況，可以了解此地區語言和族群的多元現象，在訪查的過程中更發現生活於此地的族群，他們經過文化不斷的接觸和融合後，語言也不斷進行接觸與演變，基於這樣的先天條件，整個高樹地區是語言接觸非常頻繁的區域，我們也可以稱之為語言接觸的實驗場，透過觀察，在各族群之間找到例證，在各村以及各聚落之間找到很多的例子。

每一個聚落、每個居民，每一段遷移的歷程，都可以發現語言接觸過程中不同面向以及不同的歷程。

第一節 語言接觸的定義

「語言接觸」的英語叫做 language contact、languages in contact、contact between languages，語言接觸的定義可以從許多不同的角度來表述，由於大家對於語言接觸的理解不同、所強調的內容不同，所重視和闡述的角度也不同，因而有數種不同的論述。

20 世紀中 50 年代馬丁在 Weinreich《語言接觸》（1953）之序中提出，之後開始廣泛使用，在此之前多以「語言混合」或「語言融合」來表示語言之間的習染，張興權所著《接觸語言學》中曾引用多位前蘇聯語言學者說法，在俄語中的「融合」一詞乃是從生物學中「雜交、交配」一詞中借過來的，它對語言學領域很有影響，另外「語言相互影響」、「語言相互作用」、「語言相互關係」等術語都曾在前蘇聯及中國的語言學界經常被使用，指的都是語言接觸的現象，在國際上「語言接觸」則是在 1960 年代以後廣泛為語言學界使用，可以透過歸納整理出幾條有關語言接觸的原則：

一、語言接觸是多樣性的

因語言接觸而發生的語言變化是很豐富的，其內容包含語言成份借用（borrowing）、雙語兼用（bilingualism）、多語兼用（multilingualism）、雙言並用（diglossia）、語碼轉換（code-switching）、語言轉用（language shift）、語言混用（language mixing）、語言聯盟（language union）、語言干擾（language interference）語言混合（language mixture）、語言消失、語言瀕危等多種範疇。〔註1〕

只講出語言接觸的結果或是現象，而沒有指出語言接觸的過程是不夠的，只談語言接觸結果所產生的變化，而不去解釋變化也是不足的，因此語言接觸應該做為一個正在進行中的過程來描寫。

二、任何語言都是語言接觸而形成的

從語言發展變化的歷史角度上，世界上應該沒有所謂「純粹」的語言，每種語言在發展變化的歷程中，或多或少都受到了周圍各種語言的影響。

現代的語言在與周圍語言發生接觸的過程中，因而產生了像是借貸語言成分及兼用兩種語言或是轉用別種語言等現象，這些語言接觸現象不僅僅只發生在沒有親緣關係的不同語言別之間，甚至有親緣關係的同種語言間的不同方言之間亦會產生語言接觸，因此在意義上可以說：「任何語言都是語言接觸而形成的『融合體』或『混合物』。」〔註2〕

三、語言接觸即文化接觸

語言接觸又可以說是文化的接觸，語言不僅是人類最重要的交際工具，而且也是文化的載體，語言本身是文化的一部份，是主要的文化現象，又是文化主要的表現形式，一種語言和另一種語言接觸實際上是具有不同文化特點的人之間的接觸。

而且語言接觸時往往吸收對方語言來表達新文化成分，這種現象以借詞為最為明顯，借詞是在語言接觸過程中，被吸收或貸出的詞彙，因而它顯示出兩種文化和語言接觸的過程和結果，在南部六堆地區的借詞現象，對於臺灣南部四縣客家話都造成相當的影響，在高樹地區更可以發現豐富的閩南語

〔註1〕 張興權：《接觸語言學》（北京：商務印書館 2012），頁 143～201。
〔註2〕 張興權：《接觸語言學》（北京：商務印書館 2012），頁 1。

借詞。

　　以語言要素構成的語言作品內容是和文化密切相關的，所以像是本地文學家鍾理和的文學作品當中也保留了許多客家詞彙，也可以說是高樹、美濃地區客家文化和客家語言的保存。

四、直接接觸和間接接觸的區別

　　直接接觸是指操兩種或兩種以上的語言及其變體的人直接使用某種語言或變體進行語言交際的有聲語言的使用過程：主要指人們面對面的對話或是以一定的通信方式（如電話）進行語言交流等雙向接觸。

　　間接接觸是只通過書面語或傳播媒體等中介者所進行的單向語言接觸，此二者所產生的語言現象和演變過程及變化結果有所不同。本文中所討論的客家話、閩南話是屬於直接接觸，華語和閩南話及客家話之間在本文的認定上多傾向於間接接觸。

　　語言接觸大致有四種結果，一是語言的同化；二是語言的借用，以詞彙的輸入和輸出為主；三是語言的融合，即產生洋涇浜語和混合語；四是雙語或雙言現象的產生。〔註3〕

五、語言同化的過程

　　高樹地區開發歷經各個時期，語言接觸一直是非常頻繁的，因而形成了客家話、閩南話、和平埔語之間的語言相互競爭，不同的文化之間也產生了交流，語言接觸的過程也是文化接觸的過程，客家話和閩南話之間詞彙的交流，互相填補對方文化上的空隙，例如客家人文化中本來沒有的「扁食」、「割包」、「油食粿」、「愛玉」、「肉羹」、「牽羹」等等詞彙，這些都是客家文化中缺乏的部份，透過語言接觸從閩南話借進來的，閩南話當中也有客家話的借詞，像是「覆菜」、「粄粽」、「粄條」、「禾蝦」等等〔註4〕，借詞是有方向性的，通常是居於劣勢的文化向佔有優勢的文化來借，而優勢文化的詞彙就容易取代或者成為劣勢文化的一部分。

〔註3〕鄒嘉彥、游汝傑：《社會語言學教程》（台北：五南圖書出版，2007 年 6 月），頁 244。

〔註4〕張屏生《臺灣客家族群史臺灣客家之區域語言調查：高屏地區客家話多樣化現象研究》，（2012），頁 161。

　　在移民語言的演變過程中，也常常形成雙語和多語的社會，我們從第四章高樹地區族群語言分布所呈現的各村、各個聚落、混居與不混居的情況，以及語言接觸中的雙語、雙言及語言轉用現象，可以發現此一發展脈絡，本章則要進一步討論這些語言接觸現象背後所代表的意義，是文化的同化或者是肇因於語言的外部因素，像是社會因素等，例如：為什麼雙語現象只出現在客家聚落，或者是混居聚落的客家人身上，為何不會出現在閩南聚落？或者是混居聚落的閩南人身上，這背後是否有優勢語言或弱勢語言以及優勢文化等其他社會因素的影響，也是本章討論的重點。

　　而在歷史發展的過程中語言和文化的同化則會經歷各個演變的過程，也就語言接觸的過程能分成數個階段，本章及下章的主要重點是討論高樹地區各族群語言使用的演變過程，進而研究此類語言行為（language behavior）的演變。

　　語言接觸同時也是文化同化的現象，例如本地潮州府客屬的福佬化、平埔族馬卡道族和西拉雅族的福佬化等現象，導致潮州府移來客家人，已經放棄了原本使用的客家話，而轉用成閩南話，從語言認同的改變，甚至改變身分認同，導致身分認同的主觀性轉換。

　　語言轉用和族群身分認同這個問題在本地的平埔族身上更形凸顯，為何原本歷史文獻上所記載有相當數量的平埔族人，在沒有大規模的戰爭、疾病、水患、乾旱等天災人禍的情況之下，在幾十年間突然憑空消失或者是數量劇減？資料上記載著高樹地區新豐村、田子村、舊寮村、司馬村、南華村、阿拔泉等地的平埔族人，又去了哪裡？是漢化了，或是語言認同導致身分認同的改變。

　　這些消失的平埔族人或聚落，其背後否代表相當的文化意涵，在漢（閩南）文化的強勢入侵之下，經過一連串文化的同化、語言的同化後，原有文化的消失、弱勢語言的消滅，語言的死亡直接導致一個族群文化的萎縮與消亡，那平埔族人在整個語言與文化接觸過程中是採取主動？抑是被動的態度？最後選擇放棄原本的身分認同？這又是一個值得深入研究的課題。

　　本章將討高樹地區語言接觸的歷程，分為以下幾個過程，也是語言接觸現象發生的五個階段順序，包含語言的移借、語言的替代、語碼轉換（code switch）、雙重語言，最後是殘餘的干擾，而這些語言同化的歷程恰巧都可以在高樹地區找到適當的例子，我們以這些具體的語言接觸現象為佐證，

來充分討論這些例子是屬於語言同化的哪些階段，藉著高樹地區多樣性語言接觸現象的歸納，也能提出未來高樹地區語言演變方向性的預測，本章依據語言接觸及語言同化的順序，分節依序探討在本區域內找到的語言接觸實際例證。

第二節　高樹客家話中的閩南話借詞

　　語言的移借也是文化的交流，在一個社會裡如果有兩種文化同時存在，兩種文化皆可以從各自的語言中反映出來，當不同文化交流的時候，不同的語言也互相影響。

　　互相影響的語言可以分為施惠語言和受惠語言二類，當兩種文化交流時，假設 A 語言因為本身缺乏 B 語言所代表的文化內涵，通常可以是一個語詞，那 A 語言就必須設法向 B 語言借貸，這就是所謂的「語言移借」，A 語言就是受惠語，B 語言就是施惠語，通常是施惠語言影響受惠語言，施惠語言的文化內涵充實了受惠語言的文化內涵。

　　一般來說通常施惠語言多在文化上佔有優勢，但這並非絕對，有時候是兩種語言文化間的互補，例如：高樹地區的客家人原本沒有吃潤餅的習慣，後來受到閩南人影響而接受這種飲食文化，所以「潤餅」這一個詞彙，便從閩南話進入到客家話當中，也變成此地客家話的一部分，諸如此類的語言移借現象在本地區也非常豐富。

　　語言裡的詞彙可以忠實反映出一個區域的文化內涵，人們在使用語言的時候，往往透過具體的描述來表現事物，所以語言使用者的思維往往是受到當地環境和文化所影響，也代表著當地特有的文化內涵。

　　高樹地區的客家人在和閩南文化長期接觸的過程當中，在語言裡慢慢融入雙方的文化內容，表現在詞彙上就是詞彙上的互相滲透，而形成高樹地區獨特的詞彙和文化內涵。

一、借詞的定義

　　借詞（loanward）是語言移借中最常見的現象，借詞又稱為「外來語」，是指由其他的語言體系裡借用的詞彙，且融入到自己的語言體系當中，許多學者對借詞也有不同的稱呼和定義，像是：借字、借詞、外來語、借用語、外來詞、外來借字等，學者對借詞的定義並不一致。

　　陳秀琪把客家話和閩南話的借詞依據閩客接觸的程度，由淺而深將借詞區分為：部分移借詞、閩客合璧詞、完全移借詞、音韻移借詞四種。分別代表客家詞彙閩南化的各個階段，部分移借詞只有借用部分的閩南話詞形，語音形式仍然是客家話；閩客合璧詞是融合閩南和客家特徵的詞彙，以「亦閩亦客」的方式反映出閩客語言接觸的歷史，合璧詞又分為二種：一為使用客家話本身的詞彙形式，借入閩南話，例如：詔安客家話的「雙生供」，「雙生」在閩南話是雙胞胎，但是「供」（一做降），則是客家話原本的詞形。二為閩南話的詞形和語音共同被借入客家話，但是原來的客家話詞彙並未被取代，「薟辣」，「薟」是閩南話的辣，辣則是客家話的辣，合璧詞能影響語音系統，也會改變構詞的形式。〔註5〕

　　考量研究的區域相近，語言接觸的性質較為雷同，故本文採取張屏生、呂茗芬在 2006（六堆地區客家方言島的調查——以武洛地區為例）的定義〔註6〕，該文將借詞分為四類：

　　（一）全盤置換：完全用閩南話的詞彙，閩南話的音讀，如割包 kua51 pau55。

　　（二）語音拗折：詞形和閩南話相同，全部語素音讀拗折成客家話音讀，如雪文 sat5 bun11。詞形和閩南話相同，全部語素音讀借自閩南話，語音而加以客家化，如交培 kau35 phi11。

　　（三）部分套用：有部分詞素是客家話，部分詞素是閩南話，如豬骨交 tsu35 kha11。

　　（四）曲折對應：把閩南話詞彙透過音讀的曲折對應，拗轉成客家詞彙，如打爽（損）ta31 soŋ31。

二、高樹客家話中的閩南借詞

　　（一）全盤置換：完全用閩南話的詞彙，閩南話的音讀，這種借詞方式常常造成閩南話的語音系統，混入高樹地區的客家話音韻系統。

〔註5〕陳秀琪〈語言接觸下的方言變遷——以臺灣詔安客家話違例〉《Language And Linguisitics7.2》（2006，頁 425～431）。

〔註6〕張屏生、呂茗芬《六堆地區客家方言島的語言使用調查——以武洛地區為例》（行政院客家事務委員會，2006.12）。

詞　彙	高樹中部	大路關	閩南話
肚子脹氣	膨風 phoŋ55 hoŋ13	膨風 phoŋ53 hoŋ55	膨風 phoŋ51 hoŋ55
香腸	煙腸 ien35 tshien11	煙腸 ien35 tshien11	煙腸 ien33 tshien13
割包	割包 kua51 pau55	割包 kua51 pau55	割包 kua51 pau55
餛飩	扁食 phian55 sit5	扁食 phian55 sit5	扁食 phian55 sit5
央求	姑成 ko11 tsia11	姑成 kɔ33 tsiã11	姑成 ko33 tsiã11
烏賊	墨賊 bak1 tsat3	墨賊 bak1 tsat3	墨賊 bak1 tsat3 la51
祖母	阿媽 a11 ma55	阿媽 a11 ma55	阿媽 a11 ma51
腎臟	腰子 ieu13 tsi31	腰子 ieu11 tsi31	腰子 iə33 tsi51
塑膠	塑膠 sok3 kau13	塑膠 sok3 kau13	塑膠 sɔk3 kau13
塑膠袋	塑膠袋 sok3 kau33 toi55	塑膠簏 sok3 kau13 lok3	塑膠簏仔 sɔk3 kau13 lok5 ga51
椿腳	柱仔跤 thiau33 a55 kha55	柱仔跤 thiau33 a55 kha55	柱仔跤 thiau33 a55 kha55
便宜	俗 siok5	俗 siok5	俗 siɔk5
小黑蚊	烏蠅仔 o33 bui33 a51	烏蠅仔 o33 bui33 a51	烏蠅仔 ɔ33 bui33 a51
女巫	尪姨 aŋ11 gi13	尪姨 aŋ11 gi13	尪姨 aŋ33 i13

（二）語音拗折：詞形和閩南話相同，全部語素音讀拗折成客家話音，符合高樹地區語音系統。

詞　彙	高樹中部	大路關	閩南話
柏油	打馬膠 ta55 ma31 ka13	打馬膠 ta55 ma55 ka11	打馬膠 ta55 ma55 ka55
肥皂	雪文 sat5 bun11	雪文 sat5 bun11	雪文 sap5 bun13
火灰	灰麩 foi31 fu13	灰麩 foi35 fu33	灰麩 hue35 hu55
望遠鏡	望遠鏡 moŋ55 ɲian31 kiaŋ55	調鏡 tiau55 kiaŋ11	調鏡 tiau51 kiã11
破布子	破布子 pho55 pho55 tsi55	破布子 pho55 pho55 tsi55	破布子 phua51 pɔ51 tsi51
潤餅	潤餅 lun55 piaŋ31	潤餅 iun55 piaŋ31	潤餅食夾 lun11 piaŋ55 kauʔ3
虱目魚	馬沙麥 ma11 sa55 mak5	海草魚 hoi31 tsho31 ŋ11	海草魚 hai55 tshau55 hi13
工作	頭路 theu11 lu55	頭路 theu11 lu55	頭路 thau33 lɔ33

單身漢	羅漢跤仔 lo11 hon55 kha13 i11	羅漢跤仔 lo11 hon55 kha13 i11	羅漢跤仔 lɔ33 han51 kha33 a51
五根指頭握緊打頭	五斤鮭 ŋ31 kin35 kie11	五斤鮭 ŋ31 kin11 kie11	五斤鮭 gɔ33 kin33 ke13
正流行	時行 si33 haŋ11	時行 si33 haŋ11	時行 si33 kiaŋ13
可惜	無彩 mo11 tshai31	無彩 mo11 tshai31	無彩 bə33 tshai51

（三）部分套用：有部分詞素是客家話，部分詞素是閩南話，如豬骨交 tsu35 kha11。

詞　彙	高樹中部	大路關	閩南話
接下去	續下去 sua55 ha11 hi55	續下去 sua55 ha11 hi55	續落去 sua11　lə11　khi11
豬腳	豬骨交 tsu35 kha31	豬骨交 tsu35 kha31	豬骨交 ti33　kha11

（四）曲折對應：把閩南話詞彙透過音讀的曲折對應，扐轉成客家詞彙，如打損 ta31 soŋ31。

詞　彙	高樹中部	大路關	閩南話
茶垢	石灰滓 sak5 foi35 tai31	石灰滓 sak5 foi13 tai31	茶滓 te33 tai31
浪費	打爽 ta31 soŋ31	打爽 ta31 soŋ31	打損 pha51 sŋ31
幸虧	加在 ka11 tsai55	該在 koi35 tsai55	加在 ka33tsai11

（五）飲食文化中的借詞

　　張屏生認為，南部六堆地區四縣客家話中的潤餅、扁食、肉繭、割包、油食果、仿仔雞、愛玉、肉羹、芍芡和醢（鮭 ke13）都是閩南話借詞[註7]，其中的醢（鮭 ke13）經本文的查證，其實是閩、客共有的詞，其來源是漢語中的「醢 hai214」，是肉醬的意思。

　　查教育部異體字字典，「醢」：《三國志·卷二十一·魏書·王粲傳》：「昔伯牙絕絃於鍾期，仲尼覆醢於子路。」，另一個意思是，剁成肉醬。戰國策·趙策四：「魯仲連曰：『然吾將使秦王烹醢梁王。』」醢可以用來指用鹽醃製的魚蝦、肉類，北部的客家話有這個詞彙，並非閩南話的借詞。

[註7] 張屏生《臺灣客家族群史臺灣客家之區域語言調查：高屏地區客家話多樣化現象研究》，（2012），頁 163。

閩南話中的客家話借詞則有：覆菜、粄粽、禾蝦、粄等，從語言接觸的觀點來看，借詞是文化上的互補，閩南話、客家話之間的互相移借，也就是文化上的互補，從歷時的觀點來看借詞屬於語言接觸初始的階段，如果繼續發展就可能導致語言的取代和雙語現象。

高樹中部地區的客家話和大路關的客家話裡都有不少的閩南話借詞，也導致高樹地區的客家話在音韻和構詞，都借入了閩南話的音讀和構詞方式，在語言的演變上與臺灣北部四縣客家話就會產生很大的差異，尤其是在詞彙以及構詞上。

相形之下閩南話裡的客家話借詞的確是不多，只有煏羅 phu33 lɔ24（煮飯用具），還有粄仔，在整個南部高屏地區閩南話絕對優勢的狀況下，小區域的高樹地區又無封閉地形，無法抵擋閩南話優勢，所以整個高樹地區的客家話和客家族群進入雙語階段也是語言接觸發展的必然現象。

高樹地區的地理及語言環境，使得本地的客家話相較於六堆其他地區，或是臺灣其他客家話地區像是桃園、苗栗、新竹等地區的客家話，所受到閩南話的影響更爲深遠，這一點使得高樹地區的客家話除了原本的客家詞彙以外，多了許多臺灣其他地方所沒有的閩南話借詞。

閩南話借詞對高樹地區客家話聲韻系統的影響，主要是當客家話借入閩南話借詞的聲韻不符合高樹客家話的聲韻系統時，會取比較相近的音位做對應。例如原本客家話語音系統中沒有〔b〕，像是閩南話借詞「烏賊」墨賊 bak1 tsat3、「小黑蚊」烏蠅仔 ɔ33 bui33 a51，原本高樹地區客家話音韻系統沒有 o——ɔ 的對立原則，因此借入的閩南話借詞中，若有〔ɔ〕，則以近似的〔o〕來對應。

第三節　高樹地區的雙重語言現象

高屏地區有不少地方有這雙重語言現象的例子，根據張屏生和呂茗芬所調查的像是高雄市（原高雄縣）杉林區上平村、屏東縣南州鄉萬華村大埔社區的客家話、車城鄉保力村和萬巒鄉新厝村（加匏朗）的閩南話，其中杉林區上平村和南州鄉萬華村大埔社區是客家話的方言島，周圍被閩南語的族群所包圍，這些地方的人都可以流利的交互使用閩、客語和別人溝通，也因此在他們所說的客家話裡會有數量比較多的閩南語詞彙，尤其是比六堆其他使

用客家話的地區來的多。〔註8〕

　　根據張屏生的調查車城鄉的保力村、統埔村的居民是從六堆地區遷徙而來的，至今已經不會說客家話了，變成了所謂的「福佬客」，只剩下少數詞彙還殘餘客家話的語音和詞彙特徵，他們的客家話已經被閩南語同化了，在高樹鄉的大埔村也有這種現象，其周邊的司馬村和菜寮村則比較接近南州鄉萬華社區的狀況，高樹鄉的泰山村情況和萬巒鄉加匏朗很像，此地的平埔族長期以來已改說閩南話，但他們還是有平埔夜祭「趒戲」以及口傳歌曲數首，和一些平埔語的詞彙殘餘。

一、客家話區內的雙語者

　　高樹地區的客家人有雙語能力的很多，即使是在純客庄的東振、東興（老庄），還有多族群卻不混居建興村的客家聚落溪埔仔、大路關寮以及行政中心的高樹村、長榮村的街市，和南郡、私埤，只要是劃入客家話區的村落和聚落，都能見到客家話和閩南話的雙語者，本文的調查就連八十歲以上的老輩，都能流利的說閩南話，而且建興村八十三歲的葉阿婆回憶道，從年輕時候就會說閩南話了，見什麼人說什麼話是很正常的，葉阿婆聽到在筆者對其他人訪談時使用閩南話，就使用流利的閩南話與筆者交談，一聽到筆者說客家話，她就馬上選擇使用自己的母語客家話，這讓筆者回憶起今年八十六歲的祖母，曾華妹女士，高樹老庄曾屋夥房人，因為小時的經驗，常看祖母做生意以流利的閩南話和顧客交談，加上祖母和她的兄弟，也就是筆者的大舅公（居住於新豐村大津）、二舅公（居住於泰山），皆娶閩南人為妻，他們每次來訪交談時都使用閩南話，讓筆者小時候一直誤以為「阿媽」家族是福佬人，長大後才知曾姓夥房為道道地地的高樹老庄客家人，但各自在高樹鄉內短程遷徙後，卻都改說閩南話，根據這些八十歲以上老輩的敘述，位於新豐村最北的大津聚落（與今高雄市茂林魯凱族為鄰），和泰山村改說閩南話，並非近二、三十年之事，可見新豐村的語言轉用，至今還正在進行中，居民以用閩南話作為全村溝通語言，而泰山村的語言轉用則早已完成。

〔註8〕張屏生《臺灣客家族群史臺灣客家之區域語言調查：高屏地區客家話多樣化現象研究》，（2012），頁106。

二、客家話地區頻繁的語碼轉換（code switching）

　　所有的高樹客家話區，包含大路關和高樹中部客家話區都可以劃入閩、客雙語區，新豐村、建興村等正在語言轉用中的聚落也是雙語區，大埔、茶寮、和舊寮、司馬的高樹客家族群和潮州客屬，則是早一步進入語言轉用完成，都已經改說閩南話，對於客家話只能以少數的詞彙，做句子中的語碼轉換（code switching），他們不是真正的雙語者。

　　只能進行句子中的語碼轉換，並不算是真正的雙語者，而能夠做到句間語碼轉換以及隨著環境選擇適當語言的才是真正的雙語者，導致語碼轉換的原因很多，包括各種的詞語替代所引起的作用，或者是私下交談的需要，或者是需要能和對方溝通，在高樹地區的例子是，當筆者進行訪問時，受訪者為了適應筆者的語言，頻繁地進行語碼轉換，筆者在建興村溪埔仔訪談六十五歲的劉素美女士時，在一次的交談間轉，她換了三種語言使用，依序分別客家話、閩南話、華語，而她是真正的雙語者，而她的母語是閩南話，她是年輕就嫁進來溪埔仔的閩南媳婦。

　　筆者先以客家話訪問，受訪者也以流利的客家話回答，訪談到某些階段時，出現較艱深的客家詞語，受訪者劉素美女士突然表明她是閩南人，某些難的詞彙她不會說，例如：「蟑螂」的客家話「黃蚻 voŋ11 tshat5」，她的客家話是嫁來此地後才學的，後來劉女士就改用閩南話回答，當筆者提及某些話題，如小孩的教育時，受訪者卻又自動轉成華語。

　　這種不經暗示地選擇不同種語言和對方溝通，或者為了適應對方話題或語言而做的語碼轉換，而且每種語言都能夠流利的使用，就是本文所稱的真正雙語者。

　　這種現象發生在建興村的溪埔仔，和高樹中部的客家話區以及大路關客家話區十分普遍。

　　尤其是現稱為高樹市區的長榮村、高樹村，本文稱為高樹中部的客家話區，是閩南話和客家話、華語之間的轉換，經過筆者的觀察，當商家做生意時，遇見陌生的客人，會先以閩南話做為溝通語言，不是選擇華語也非客家話，以試探對方的語言別，視回話者以何種語言回答，再選擇使用閩南話或者客家話回應，雙語者可以選擇客家話、閩南話、華語任何一種語言以適應客人，為了達到交際或者是生計等經濟因素，這些外部的社會因素也影響了雙語者的語言使用。

三、新豐村北客的多語現象

本地從北部遷移而來高樹的客家族群，他們來自於臺灣北部的新竹關西、竹東與橫山地區，居住在高樹鄉的最北端新豐村，說的是海陸話，他們的海陸話與高樹的客家話和閩南話接觸之後，語言產生變異的現象。

根據新豐村社區發展協會林美發先生的說法，目前正在編纂新的《新豐村志》，新豐村全部都是外來移民，因為濁口溪水源充沛，加上新豐村有大片的土地，所以吸引臺灣許多地方的移民前來墾荒，計有鄰近萬巒鄉的萬金、鹽埔鄉的西瓜園、高樹鄉泰山村、較遠的有：嘉義、雲林等地的移民，其中也包含了從北部遷移而來高樹的海陸客家族群。

新豐村的客家人口約佔全村 45%，閩南人比例約為：55%，其中北客南遷的客家人佔新豐村的人口約有 30%，目前還會說海陸話的人，但都是老一輩五、六十歲以上者，多數為北客南遷的第二代和第三代，第二代的海陸客家話尚且流利，但是第三代的移民海陸客家話已經流失許多，而且海陸客家話的使用，僅限於家庭語言與北客的社群之間，全村有十八個聚落，北客並沒有特別群居的現象，而是分散在這些聚落當中。

目前全村的交際語言為閩南話，面對前來訪問的筆者他先用華語溝通，之後才轉換閩南語交談，多數的村人，包含閩南人、平埔族後裔，都能聽懂高樹和鄰近美濃地區的客家話，也會說一、二句客家話，或做句子中的語碼轉換。

北客他們大多是日治時期從北部遷移而來的客家人，大多是以家族遷移的方式，散布在整個高屏地區各鄉鎮，新豐村的北客分布成為本地區的海陸客家方言島。

四、雙重語言現象和雙層語言現象的差異

雙層語言現象（diglossia）是指同一個人在日常生活中，在不同的場合使用兩種或兩種以上不同的方言，或者在甲場合使用標準語，在乙場合使用方言，因此雙層語言是就其社會功能而言，而雙層語言現象言和雙重語言現象關係密切〔註9〕，因為一定必須是一個雙語者才會有雙層語言的現象，而在一個社會裡有兩種或兩種以上的語言並存，而使用場合不同，語言的使用就有

〔註9〕 鄒嘉彥、游汝傑，《社會語言學教程》（臺北：五南圖書出版，2007 年 6 月），第八章〈語言接觸〉，頁 69。

上下層級的差別，也可以稱為高層語言和低層語言。

　　雙層語言可以是一種語言的兩種變體，也可以是兩種不同的語言，這樣的例子在世界上很多，例如在瑞士標準德語是「高級語體」，而瑞士德語是「低級語體」，在中國的文白異讀也是兩種不同的語體，文讀用在讀書、書寫，白讀則用在口語；在高樹地區的雙重語言地區，也就是前揭的高樹客家話地區，和新豐村的海陸客家方言島，對外像是做生意、和外人溝通使用閩南話，在家庭內或是客家人的社群內則使用客家話，也是屬於雙層語言現象。

　　Fishman 於 1972 年首先提出來，雙重語言現象和雙層語言現象在一個社會裡穩定並存，是社會語言競爭的結果，雙重語言〔註 10〕和雙層語言的關係如下。〔註 11〕

圖 6-3-1　雙重語言和雙層語言的關係

雙重語言現象

	+	−	
雙層語言現象	A 雙重語言和雙層語言並存	B 有雙重語言無雙層語言	+
	C 有雙層語言無雙重語言	D 無雙層語言無雙重語言	−

　　而目前的的高樹客家話地區是屬於 A 階段，表示雙重語言現象和雙層語言現象並存，是移民社會的現象，在擁有許多民系的同一居住地中，社會或經濟方面比較成功的民系的語言就會成為高層語言。

　　上圖的 B 表示外來語言和本土語言並存的階段，最初只有少數本地人學會高層語言，後來透過教育或其他的學習途徑，雙語者逐漸變多，雙重語言現象逐漸普遍，就會進入 A 階段。

〔註10〕雙語現象（bilingualism）又稱為「雙重語言現象」，是指在一個語言社區，在日常生活的各種不同場合，人們普遍使用兩種或兩種以上不同的語言口頭表達或交流思想，例如香港有許多人具備英語和粵語兩種語言的使用能力，雙重語言現象也包括「雙重方言現象」和「多重語言現象」，雙言現象（diglossia）又稱「雙層語言現象」，是指同一個人在日常生活中，在不同的場合，使用兩種或兩種以上不同的方言，雙層語言現象是就社會功能而言，在語言的使用上有層級之別。同上註，頁 67～69。

〔註11〕同上註，頁 71。

　　C 階段表示多個民系居住在同一個區域，語言各不相同，最後會有某一個民系的政治、經濟或社會方面佔有優勢，而其語言成為高層語言，其他語言成為低層語言，在高樹境內除了屬於客家話地區以外的地方都屬於這個部份，尤其是語言轉用閩南話的平埔族和潮州客屬，因為他們已經選擇了高層語言閩南話，放棄了自己的母語。

　　因此筆者從目前在年齡層上形成三個社群可以做此推測，自乾隆二（1738）年距今二百七十餘年前，閩南話和客家話的接觸開始，閩南語的強勢，使其從第二語言的地位，轉而與客家話並列為雙重語言現象，甚至成為第一語言，最後取代了客家話，以閩南話為頂層語言與上層語言（針對底層語言而言）的現象十分明顯。

　　從共時的角度來觀察語言接觸在實際語言中的呈現，我們可以看到，一個語言或詞彙由 A 形式轉變到 B 形式，並非只是一個單純的取代或是繼承的過程，必須經過層層的競爭和妥協。

　　高樹地區的客家話區就是既有雙重語言現象又有雙層語言現象的最好例子，屬於 A 形式雙重語言和雙層語言並存的穩定狀態，然辭彙擴散的作用還是透過雙重語言在慢慢進行，只是演變的速度較緩，語音聲母 v- 變 b- 的改變也正在進行中，聲母 f- 變成 hu- 的音變則幾乎已經完成，因為連七、八十歲的老年層都是講 hu-。

　　大埔、茭寮、舊寮一帶的潮州府客屬則已經是 C 形式，有雙層語言但是無雙語現象了，他們或許能講一兩句客家話，或客家話殘餘在親屬詞彙，但無法流利的做句間的語法轉換，所以他們不算是真正的雙語者，他們的語言使用已經改用閩南話，甚至六十歲這一輩自小就有閩南人的身分認同，當然高樹的平埔族後裔並不是是屬於 C 這個階段。

　　高樹的平埔族後裔屬於形式 D 這個階段，形式 D 這種情況之下，閩南人和平埔族後裔都是使用閩南話，當然不會去學習客家話，所以閩南人的雙語者一直很少，閩南話裡的客家話借詞也很少，他們頂多能聽懂部份客家話，但完全不會說，或只會講一二個簡單的詞，或者用客家話和閩南話相似的語音和詞彙去「猜測」客家話。

　　若是高樹地區閩南話詞彙擴散情況一直惡化，恐怕會全區都進一步到形式 D，沒有雙重語言也沒有雙層語言的狀況，而全部被閩南話同化了。

第四節 潮州客屬的客家話殘餘

高樹鄉的大埔、舊寮、司馬、茶寮、建興這幾個村有部分的客家人，來自於廣東省潮州府，其中最為人所知的有來自潮州府大埔縣的張姓、陳姓（居住於大埔頭）和饒平縣的劉姓（居住於茶寮），他們自清代末年移居此地後，都和閩南人比鄰而居，甚至有些村約有半數以上的閩南人，像是茶寮和司馬，這些潮州府的客家移民，他們在原鄉也因為語言的認同和地緣關係，與講潮汕話的閩南人為鄰，和閩南人能夠親近與溝通，所以在移居臺灣之後，也是一樣的狀況。

但從《臺南東粵義民志》納入潮州府的大埔庄客家人移民進右堆組織的記載，可以推估他們應該和嘉應州客屬的客家人在族群對立時的立場是一致的。

如同高樹大埔村及茶寮村、舊寮村的潮州府客家人和里港鄉的武洛地區的客家人，因為語言接觸的影響使得這地區的客家話消失了，目前都說閩南話，我們稱之為福佬化現象，這群福佬化的客家人我們仍能夠從其語言的殘餘和風俗習慣來推斷，他們是客家人後裔的事實，但是在族群認同上，因為語言的轉用的關係，在族群認同上許多人都不知道自己的客家身分，而需要許多的證據證明之後，才能接納自己是客家後裔身份，而這一點和位於附近的新豐村、舊寮村已經福佬化的平埔族也有類似的現象，甚至更為顯著，因為平埔族群在現今臺灣社會更顯弱勢。

這種福佬客的現象也和車城鄉的保力村、滿州鄉以及恆春鎮有相同之處，這些地區的客家人只剩下親屬稱謂和極少數的詞彙還有客家話的特徵，但本文的立場卻非從雙方言現象及語言移借的借詞角度來看待，本文提出高樹地區的潮州府福佬客早在日治時期就完成了語言轉用。

一、閩南話中的客家話殘餘成分

大埔村的大埔頭聚落，根據吳中杰的調查，加上筆者也親自訪問村民後，發現吳中杰的推論十分精準：

> 大埔村民原本就說客家話，有些親屬稱謂還殘存客家成分，何況地
> 處美濃和東振、高樹等客庄之間，居民相互接觸甚至通婚〔註12〕，

〔註12〕吳中杰《多族群混居下的語言與空間變遷——以高樹鄉東振、大埔為例》（2008年6月），頁10。

　　所產生的語言接觸甚為頻繁，因此有些人把客家話給重新學回來
了，但是程度不一，有的可以說的十分流利，有的可以完全聽懂客
語，但說不了幾句，亦參雜福佬話。

　　這裡的語言閩南話客家話往往參雜，例如提到六龜新發這個地名，講成
客語的 sin¹ fat⁴，而非福佬的 sin¹ huat⁴。「名義」一詞，不說福佬的 ming⁵ gi7
卻說成客家讀法 miang5 gi7，親屬稱謂客家成分至為明顯，卻又和鄰近東振
村的客家話不同，應該是客家話在大埔村有一段時間，瀕臨失傳導致發音走
樣，尤其是聲調不合乎客語規則，尤其是五十歲以上的壯年、七十歲以上老
年人身上〔註 13〕，以下是根據吳中杰以及筆者調查後整理親屬稱謂詞彙比
較表：

表 6-4-1　親屬稱謂詞彙比較表

稱　　謂	大埔村	東振（四縣）	閩南話（福佬）
阿舅	a33 khiu55	a33 khiu33	a33 ku33
姊丈	tshi11 tshong55	tsi31 tshong33	tsi11 hu55
阿姨	a33 gi11	a-24 i11	a33 i34
阿姑	a33 ku55	a33 ku33	a33 ku55
阿伯	a33 pak32	a33 pak32	a33 pe?32
阿叔	a33 suk32	a33 suk32	a33 tsik3
叔姆	mi33 a55	suk32 me33	a33 kim33
姪子	sun33 na53	tshit55 li31	sun33 na53
阿婆（祖母）	a33 ma53	a-24 pho11	a33 ma51
姐婆（外婆）	a33 pho11	tsia31 pho11	a33 ma51
舅母	khiu55 me55	khiu33 me33	a33 kim33
阿姆	a11 me55	a33 me33	a33 mu51
曾祖父	a11thai55	a11thai55	a33 tsɔ51
曾孫	sat55 ma53	set32 ma11	kann33 nann55 sun55

本表根據吳中杰（2007），閩南語部分為筆者自行整理

〔註13〕同上註，頁 11。

根據上表，我們可以發現：

（1）零聲母搭配齊齒元音時，產生新的聲母 g-，此現象和同樣被福佬話包圍的里港武洛、臺北石門武平話相同。

（2）以 mi33 稱呼嬸嬸，和饒平客語相同，饒平亦屬於潮州府。〔註14〕

（3）由以上的親屬稱謂語音比較，可以發現在發音上大埔村的發音是客家話和閩南語混雜的，又可以細分下列項

1）詞彙和聲調都和客家語相同

例如：阿伯 a33 pak32　阿叔 a33 suk32

2）詞彙是客家語，但是使用福佬話的聲調或接近福佬話的聲調

例如：舅舅 a33　khiu55

a33　khiu55 是客家話的聲母和韻母，這一向是客家人的說法，若是閩南人會將送氣的〔kh〕發為〔k〕，舅母〔kʰiu33　me33〕更是客家語的用詞，若是閩南人則會說〔a33 kim33〕，曾孫說 sat55 ma53，若是閩南人則會說 kann33 nann55 sun55。

3）用閩南語「阿媽」稱呼內祖母、客家的「阿婆」稱外祖母，是閩客並存分工的有趣現象。〔註15〕二者沒有競爭關係，彼此互相退讓，縮小詞義，筆者認為是詞義轉換，也是語言接觸的結果。

歸納大埔村客語特色，本文認為由於客家話的流失，目前居民用的客家話是向附近的美濃和高樹其他客家庄學來的，因此發音兼具兩邊特色，如「字、祀、祠、陳」讀美濃舌尖元音，「是、時」讀高樹的齊齒元音。……而客家話中的福佬成分是客中帶閩，例如「新丁粄 sin33ten33pan31」說成「新丁龜 sin33 ten33 ku55」，「龜」用法來自福佬話之「紅龜 ang33ku55」粿，發音也讀如福佬話之單元音 u。

吳中杰所發現的詞彙大部份是屬於稱謂上的，但根據張屏生（2008）的研究卻認為尚有其他非親屬稱謂的詞彙，例如生活上的詞彙，也會成為客家話殘餘〔註16〕，筆者自行向大埔村中的耆老，收集到以下的生活用語詞彙：

〔註14〕吳中杰《多族群混居下的語言與空間變遷——以高樹鄉東振、大埔為例》（2008年6月），頁11。

〔註15〕同上註。

〔註16〕張屏生〈彰化永靖和屏東滿州福佬客閩南話中的客家話殘餘〉《第八屆國際客方言研討會論文集》（桃園：國立中央大學，2008年11月）

表 6-4-2　生活用語詞彙表

詞　條	大埔村	高樹東振客語	閩南語（福佬）
河邊	溪壩	河壩	溪埔
新丁粄	新丁龜	新丁粄	紅龜粿
粄條	粄（仔）	粄	粿
掃墓	掛紙	掛紙	培墓
大圳	大圳	圳溝仔	圳溝
打雷	響雷	響雷公	霆雷公
骯髒	骯髒	骯髒	垃圾
水桶	錫桶	錫桶	鉛桶
貓	ŋiau53	meu13	niau53
年架	年架	年架	無
洗澡	洗浴	洗身	洗身軀
土地公	伯公	伯公	土地公
鍋子	ue33-a51	vok5	Tiã55 –a51
開車	駕車	駛車	駛車

本表根據筆者調查自行整理

　　筆者的父母親正好出生自東振、大埔兩村，自幼也發現一些詞彙上的差異，根據這詞彙方面的有利證據，筆者大膽的推斷，大埔村民在稱謂的詞彙上有些是與客家人相同的，只是聲調不同，有些採福佬話聲調，應該是客家話的殘留。其中的溪壩、洗浴、和貓的音讀，是具有潮州大埔客家話色彩的語詞。

二、語言接觸下的結果──競爭與取代

　　如果一個地區的語言被另一種語言替代，那麼前者就有可能成為後者的底層，兩種不同的語言相接觸、競爭的結果，戰勝語言會吸收戰敗語言的成分，戰勝的語言就是上層語言，戰敗的語言就是底層語言，底層成分可以包括語音、詞彙和語法結構。

　　底層語言的產生可以說是一種特殊的語言借用現象，是指從一種語言滲透到另一種語言的成分。底層語言理論（Substratum theory）認為在一種上層語言裡有可能殘留底層語言的成分，底層語言以多種不同的形式，對上層語

言產生不同的影響。〔註17〕

　　在臺灣有兩種優勢語，華語是政治文化的優勢語，閩南話是人口的優勢，根據黃宣範（1993）的估計閩南族群約佔總人口的73.3%，但會說國語、閩南話的雙語人口全台約有82.5%。在不斷的語言接觸和語言融合下，目前大埔村的通用語是閩南話，筆者走訪全村三個聚落，所用的語言幾乎都是閩南話，除龍眼腳外，其他的居民雖能聽懂客家話，但會說的很少，七、八十歲老輩亦用閩南話，年紀小者如青少年甚至只會說閩南話，而聽不懂客家話。

　　以下筆者藉著幾個面向，以語言接觸的角度來探討高樹鄉大埔村的狀況，以深入訪談的方式，在廟會與社區活動當中訪問大埔村三個聚落在語言使用以及族群認同上的的年齡層差異，統計樣本數為67人，尤其是大埔頭和中庄聚落，已經全面改說閩南話，只有龍眼腳是屬於客家話區，但是所說的客家話並非潮州府大埔縣的客家話，而是和高樹中部地區一樣的客家話。

表6-4-3　大埔村居民語言認同與族群認同表

	老年層（23人）	壯年層（19人）	青年層（25人）	說　明
出生年代	約1945年以前	約1945年以後——1960年代	1960年代以後	受到華語影響以，1945為語言層次的分界，但無法以絕對的時間點確定。
第一語言	閩南話	閩南話	閩南話、華語	
第二語言	鄰近的美濃、高樹客家話	國語鄰近的美濃、高樹客家話	閩南話	老年層以閩南語為中介語重新學習客語。
語言接觸的原因	1.婚嫁2.做生意	1.到外地謀生2.教育3.婚嫁	教育	
目前語言使用狀況	閩南話客家話混雜	閩南話客家話混用	閩南話、華語外出使用華語為主，回家使用閩南話	社會網絡制約了語言的使用

〔註17〕鄒嘉彥、游汝傑著《社會語言學教程》（臺北：五南圖書出版，2007年6月），第八章〈語言接觸〉，頁286。

族群認同	部分知道自己是客家人，自稱「九縣客」或「客人底」。	絕大部分不知自己是客家人，或有部分人懷疑非閩南人。	閩南人	
語言認同	閩南話和客家話混用。	閩南話和鄰近客家話混用	國語閩南語不會客家話	老年層、壯年層都發覺部分大埔的親屬稱謂和閩南話異。
語言環境	因語言接觸導致原有的客家話被閩南話取代	缺乏客家話使用場合，只在外出到鄰近的美濃、高樹客庄時使用	青年層的社會網絡及語言社群	與閩南族群完全融合，共同使用華語、閩南話溝通。
詞彙狀況	在稱謂上有些許殘餘外，日常生活用詞彙也保存了少部份客家話。	閩南語，僅在稱謂上有些許殘餘。	連稱謂都閩南化	

三、大埔、荖寮一帶潮州客屬移民的由來

根據高樹地區相關文獻顯示，大埔村的地名來自於廣東省潮州府大埔縣，目前為客家人和閩南人混居的聚落。

清末高樹鄉是歸屬於鳳山縣港西上里與港西中里的一部分，大埔村在日治時期：明治三十七年（1904）則由阿猴廳阿里港支廳管轄，行政區為西上里東振新，大正九年（1920）實施州郡庄街制度，改歸「高雄州屏東郡高樹庄東振新」，光復後民國三十五年隸屬「高雄縣屏東區高樹鄉」；民國三十九年（1950）行政區調整為屏東縣。

根據《高樹鄉志》記載：大埔村舊小字名「中庄仔」。由於土地廣闊，許多大塊的「埔」（田）沒有開墾，又是廣東省大埔縣移民所墾，因此定名為大埔，本村先民大約於一百六十餘年前，由廣東嘉應、大埔一帶遷移而來，始居於大埔頭，光緒二十四年七月十四，洪水氾濫，村莊被水流失，居民乃遷至中大埔及上大埔及建興等地定居。民國四十五年，部分大陳義胞入本村（大陳第一新村）。居民以閩客各半，閩客語通用，而風俗多從客俗。……以劉、楊、張姓居多數。

探討一地的移民來源，不能只以一方面的證據來說明，必須要從各種不同角度來切入，以下筆者所觀察到的面向來顯示，大埔村原本為客家人開墾之地。

　　根據《高樹鄉志》記載，清乾隆二年，始有廣東、福建二省移民遷居於此，當時船斗庄有一大租館，名為東振館，招丁墾殖於今東振村（大埔村鄰村）一帶，就名為「東振新庄」，至清同治辛巳年，因荖濃溪水氾濫，流失西北面良田數千甲，房屋亦被毀，庄民才遷居至大車路（今長榮村、高樹村）。

　　根據曾坤木所整理的〈六堆客家墾拓表〉、〈高樹客家聚落開發表〉，乾隆三年（1738）原居武洛庄十八姓人因東北部船斗庄東振租館招佃墾荒，乃移墾成東振新庄。而阿里港的武洛庄，在清康熙六十年所發生的朱一貴事件時，為六堆地區右堆唯一的客家聚落。故可知六堆地區右堆的早期開發都以武洛為起源地，高樹客家庄是屬於六堆的右堆，先民曾居里港武洛（東振、東興、高樹、長榮、建興），祖籍為廣東梅縣和蕉嶺，但緊鄰的大埔村民的先民卻是來自廣東大埔縣，同樣來自廣東但縣份地方不同。

　　按曾坤木的對高樹鄉客家人移入時間的歸納，大埔村屬於第二批來此的客家人，是清朝時代廣東梅縣、蕉嶺、大埔、惠州的客家人大批移民，由於第一批從武洛移居高樹的客家人發現高樹鄉還有大片荒地尚未開墾，便返回原鄉號召梅縣、蕉嶺、大埔、惠州的客家鄉親移來，故大埔村民比武洛移來的客家人晚到高樹，只能開墾於常有水患的荖濃溪畔，茲將訪談重點節錄於後：

（一）至閩語區謀生產生語言接觸

　　從筆者訪問的耆老口述歷史發現，根據受訪者六十一歲的張慶木表示：

> 小時後曾經聽老輩說起，祖先由於來此開墾較晚，人較少，故必須假裝凶悍，所以有先祖取名為『張惡霸』，又因為經濟因素必須學閩南話，到荖濃溪下游一帶里港去做生意，大概在日治時代起我們全村已經是說閩南語的。

　　從七、八十歲老輩的口述可整理發現，他們並不知道自己是客家人，只覺得自己是閩南人，是自小說閩南話，不會說客家話，但村民都覺得奇怪，為何流傳下來的禮俗卻和客家人的禮俗一樣，但說的語言卻是閩南話。

　　張慶木又表示：

> 村民這幾年，有自發性回大陸尋根的事情，他的舅舅（80餘歲）陳英祥先生考訂結果，證實祖先來自廣東省大埔縣，但是因為張姓族譜已經於數十年前丟失，而祖宗牌位也在幾年前火化了，無法追溯到大埔縣的祖居地。

（二）從信仰與風俗面觀察

大埔村、菜寮村皆有三山國王廟信仰，且在清代爲同一祭祀圈，守護神絕大部分是由地方性的神祇升格而來，但也有專屬某一族群的守護神，潮汕地區的三山國王便是一個典型的例子〔註 18〕，三山國王信仰源於大陸廣東潮州，流傳到臺灣後成爲臺灣各族群都崇拜的神明，大部分三山國王廟的建廟奉祀，都是潮汕地區的移民對自己鄉土的守護神，一種最崇高的表現，把潮州揭揚縣的獨山、明山、巾山，三座名山加以神格化〔註 19〕，而三山國王廟則是認定早期潮汕移民聚落的表徵之一。〔註 20〕

高樹鄉大埔村的三山國王廟的記載，根據《高樹鄉志》：「清朝年間，地方發生飢荒，盜賊橫行，瘟疫復起。村民乃向里港打鐵店王爺廟迎駕三王爺駐村鎮邪，庇祐村落，果告平靜無事。村民爲感激神恩，建廟於大埔頭，後因洪水爲患，遷至中大埔。」

根據鄉民劉東榮的田野調查整理：

> 於清乾隆五十年（1786）間正式安奉，至今二百一十六年，光緒二
> 十四年七月十四（1898）濁口溪、荖濃溪二溪氾濫大埔庄，庄民流
> 散各處，菜寮村民將神像迎回菜寮庄祀奉……，三山國王廟在大埔
> 村的奉祀已有二百多年歷史，是村民的守護神，村民感恩神靈顯赫，
> 每年農曆正月十五都有繞境習俗……。

從三山國王廟的信仰來看高樹鄉大埔村、菜寮村的確爲潮州客屬開墾的聚落，再從語言殘餘和六堆組織的參與二方證據，則可推斷這群人應該爲潮州客屬是沒什麼疑慮的。

根據年紀六十餘歲村民劉東榮先生以「閩南話」口述：

> 小時後覺得很納悶，爲何我們說的是福佬話，但習俗卻和客家人一
> 樣，例如過年要吃甜粿，也就是客家人的甜粄，還有入年架……包
> 括掛紙、祭祀、過年的所有習俗也和客家人一樣。

《高樹鄉志》也記載：「大埔村居民以閩客各半，閩客語通用，而風俗多從客俗」。「入年架：十二月二十五日，開始準備過年物品。又是日相傳爲天神下降之日，監察人間善惡，故特禁吵架、壞物、不得討帳討債，禁忌頗多」。

〔註18〕 劉還月：《臺灣民間信仰小百科——節慶卷》（臺北：臺原出版社，1994）頁
241～243。
〔註19〕 姜義鎮：《臺灣的鄉土神明》（臺北：臺原出版社，1995）頁246～248。
〔註20〕 范姜灯欽：《臺灣客家民間傳說之研究》（臺北：文津出版社，2005）頁257。

「年架、甜粄」是客家人特有的過年風俗，客家人的年架從臘月二十五日至正月初五日，臘月底爲入年架，新年之後初五日爲出年架，這十內必須嚴守禁忌，如不能打破碗、不能罵人、凡是以吉祥、好彩頭爲重，年架雖只是一種形式卻也代表客家人對年俗的重視，尚有大年初一要吃白水煮蛋的傳統，是爲「雞春」，但用閩南話來說成「ke33 tshun55」，意思爲「有家又有存（剩）」，由這個習俗所以我可以知道，大埔村民在語言上已經「福佬化了」，但習俗上還保留了客家人的習俗。

（三）女性名字由「妹」轉為「罔市」

從張家所提供的日治時期的戶籍資料顯示，種族欄填「廣」，顯示祖先應來自於廣東無誤，在姓名上在日治初期與後期有顯著改變，女性名字多有「妹」，到了後期卻有閩南化的「阿綢」以及原住民的「番婆」出現，看見日治時期大埔村的通用語已是閩客各半，而光復後更多取爲「罔腰」、「招治」閩南話名字者也不少，此一線索或爲語言轉用完成時期之考訂。

從語言接觸的角度來看，目前通行於高樹鄉大埔村的閩南話，在親屬稱謂詞彙以及部分生活詞彙上，發現客家話的殘留，但不同於鄰近的高樹、美濃客家話。

（四）大埔村居民因為水患而遷徙，和閩南人混居，產生語言轉移

大埔村在語言使用以及族群認同上產生的年齡層上的差異，根據筆者的推斷應該是語言接觸導致語言轉移後身份認同的轉移結果，從大埔村的族群與其它社會因素考量，大埔村在清代應爲客家聚落，從文獻的分析上顯示，大埔村民來自於廣東大埔縣。從地名上的證據也顯示，大埔村民是來自於廣東省潮州府大埔縣，從客家移民來高樹的時間顯示，大埔村民因晚到所以才墾於荖濃溪畔，飽受水患之苦，村民因此遷居到本地區其他聚落。

周圍的各村均爲客家庄顯示，大埔村應爲客家聚落，不可能有閩南聚落被客家聚落包圍住，從三山國王信仰和習俗來看，大埔村民保留了潮汕地區的信仰，大埔村民應爲潮汕地區的客家後裔。

從村民口述歷史及提供的資料中顯示，大埔村民應爲客家後裔，大埔村福佬化的原因不是被同化，而是因爲和閩南人混居，語言接觸後導致語言轉移，而語言轉移後導致身份認同的轉移。

以往的「福佬客」研究顯示福佬化過程大多是因歷史因素（遷移時間先

後）或社會因素（閩客械鬥），以經濟因素為主的說法也僅圍繞於處於多數族群的社會意識形態（福佬）壓力下，不太願意承認自己是客家人等說法，而大埔村的例子，身處於眾客庄中，周圍都是高樹、美濃的客家人，福佬人的聚落還在客庄之外，會被「福佬化」，進而忘記自己是客家人，應是境內為了躲避水患而遷徙到鄉內其他聚落，和閩南人混居之後，語言接觸造成語言轉移，由於和閩南人混居的關係，造成語言轉用的速度加遽，此因素使然也是相當典型的例子。

四、語言接觸後的語言演變情形——競爭與妥協

語言是一個不斷變動的結構，而語言結構改變的原因，一般可分為內部的語言內部分化，一為外部的，語言間或方言間的接觸，王士元先生提出「詞彙擴散」理論，證實了「語音的變化是突變的，詞彙的變化則是漸變的」原理，董忠司更進一步提出了在語言接觸所形成的語言變化類型上，提出「取代型」與「新變型」兩大類型的語言接觸模型，展現了二種不同的語言在發生語言接觸時的演變過程。

圖 6-4-1　語言接觸模型

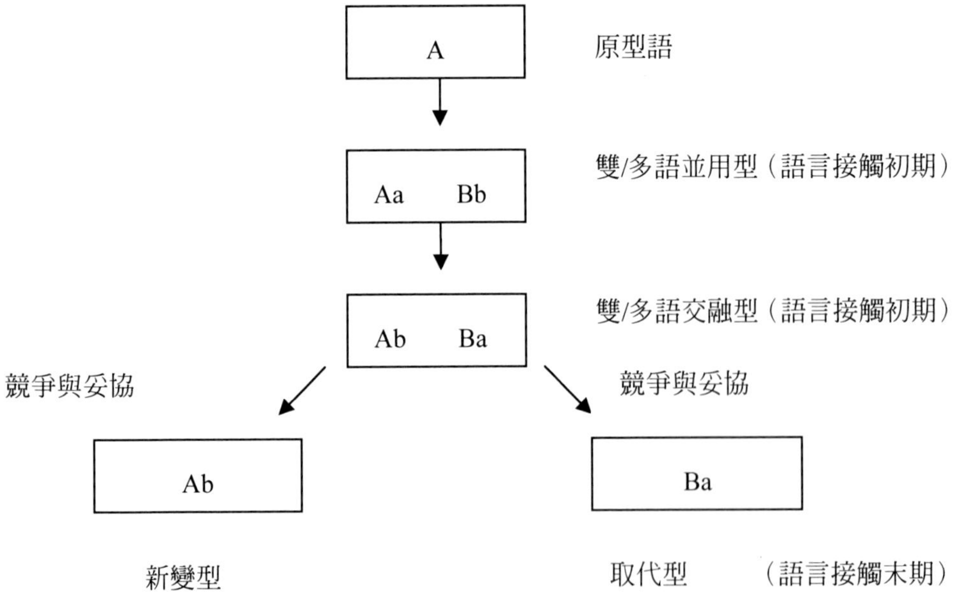

1. 「A」表示本土語言，A 語言可以擁有 a1、a2、a3……an 等語言

　　成份，我們簡稱爲「Aa」

2. 「B」爲外來語言，B語言可以擁有b1、b2、b3……an等語言成
　　份，我們簡稱爲「Bb」

3. 「Ab」代表本土語言被B語言影響而具有B語言成份。

4. 「Ba」代表外來語言被A語言影響而具有A語言成份。

　　所謂取代型的語言是外來語取代原型語變成主要的通行語言，例如華語
就是取代型閩南語或客家話、原住民語成爲臺灣目前主要通行的語言，在高
樹地區則是閩南語取代了原有的客話，故大埔、建興、茶寮、舊寮、司馬等
地的語言變成閩南話、客家話通用，而且根據楊若梅的研究〔註21〕，以茶寮
村爲例，這些地區的客家話正逐漸消失。

　　如果一個地區的語言被另一種語言替代，那麼前者就有可能成爲後者的
底層，兩種不同的語言相接觸、競爭的結果，戰勝語言會吸收戰敗語言的成
分，戰勝的語言就是上層語言，戰敗的語言就轉爲底層語言，底層成分可以
包括語音、詞彙和語法結構。

　　底層語言的產生可以說是一種特殊的語言借用現象，是指從一種語言滲
透到另一種語言的成分。底層語言理論（Substratum theory）認爲在一種上層
語言裡有可能殘留底層語言的成分，底層語言以多種不同的形式對上層語言
產生影響。〔註22〕

　　以大埔村爲例，語言接觸下的結果，競爭與取代在高樹地區閩客混用的
六個村落，我們可以發現比較明顯的在高樹地區有兩種優勢語，華語是政治
文化的優勢語，閩南話是社會的優勢。

五、接觸的現象的解釋

　　賴淑芬在其博士論文《臺灣南部客語的接觸演變》說道：

　　　已有的文獻中有關語言接觸的研究，學者們多半藉由當地語言現象
　　　的描述，和其他次方言比較後，將觀察到的語言現象，歸因於當地
　　　閩南語或現今華語的優勢影響，但是對於閩南語或華語如何影響客
　　　家話的過程以及相關演變，卻少有人論及；在各種語言接觸變化現

〔註21〕楊若梅《屏東縣高樹鄉茶寮村福佬化研究：以語言使用和族群認同爲例》
　　　（2011）國立高雄師範大學客家文化研究所碩士論文。

〔註22〕鄒嘉彥、游汝傑著《社會語言學教程》（台北：五南圖書出版，2007年6月），
　　　第八章〈語言接觸〉，頁286。

象的背後，對於語言改變的原因和機制總是缺乏論述。〔註23〕

也就是說對於語言接觸後演變的過程多以推論的方式進行，而對於語言接觸過程實際的論證和語言內部及外部的變化過程，往往較少論及。

所以該文以「語言變化的因素」、「接觸變化的類型」和「音韻變化的機制」來探討分析高屏地區客家話因為語言接觸所產生的變化，以及討論影響此變化的外在條件和討論語言內部變化的方式。

大埔、榮寮一帶潮州客屬移民，已經語言轉用完成，目前改說閩南話了，而且在身分認同上也已經認為自己是閩南人，只有少數七、八十歲老年層知道自己的「客底」福佬客身分，六十歲以下的人都認為自己是「福佬人」的閩南認同，由語言轉用導致身任認同的轉變，這種例子在中國的歷史上並不少見，高樹地區所發生的語言轉用導致身分認同轉變，只是漢語史上許多例證其中的一個縮影。

第五節　語言轉移和身分認同

Weinreich（1953）認為當雙語社群原本習慣性的使用一種語言，被另一個語言取代，這個社群正經歷語言轉移（Gal 1979），Fishman 認為研究語言維持與轉移的基本資料，為慣用語言的使用模式之明確改變，以上二位對語言轉移的定義都是以語言的使用模式而言，語言的使用由 A 語言改變為 B 語言，而 Fishman 更說明語言的轉移可以指不同的語言，或者是同一個語言不同地域變體，或者同一地域變體不同的社會階級變體。

一、潮州客屬語言轉移而造成的身分認同轉移

具體來說，語言轉用（shift）是指本來使用本來使用 A 語言或方言的居民，放棄 A 語言轉而使用 B 語言或方言。中國西南少數民族放棄本族語，轉用當地方言是屢見不鮮的，在高樹地區，語言轉用的例子也不少，例如第四章我們所提泰山村及其周邊聚落的平埔族，放棄原本使用的語言而改用閩南話，以及前一節所討論的潮州客屬福佬客放棄客家話而改說閩南話都屬於語言的轉用。

〔註23〕賴淑芬：《臺灣南部客語的接觸演變》（國立新竹教育大學臺灣語言與語文教育研究所博士論文，2012 年）。

　　語言轉用的原因很多，一般可以分爲身分認同危機，以大埔村、茶寮村、舊寮村的福佬客爲例；二是政治因素造成，整個臺灣改說華語的現象正是如此，三是雙語現象不能維持長久，四是在語言接觸中弱勢語言的語言特徵逐漸萎縮，例如泰山村及其周邊的平埔族。

　　在語言或是方言的接觸中，相對於優勢的語言，所有弱勢語言的語言特徵都處於不斷萎縮當中，比如客家話和閩南話接觸，原本曉、匣母的字，由 f 變成 h，客家話的 f 聲母原本是強烈的特徵，但隨著語言接觸時間日久，連這個可以區辨方言的特徵都逐漸委縮，客家話的唇齒音 v 逐漸轉變成閩南話的雙唇音 b 也是這樣子的現象，像這樣子的狀況在本區常見，還有六堆較邊緣的地區像是佳冬、新埤都是如此，只有美濃例外的原因是因爲它是個純客鄉鎮，這就是南部四縣客家話典型的特點，正在向臺灣優勢閩南話靠攏。

　　本文在第三章將這些語音變化視爲因爲語言接觸而產生的變化，與語音系統上的類型差異區分開來，並且依此將臺灣南部四縣客家話各次方言間的差異做成區分。

　　A 方言特徵的萎縮如果是不斷借用 B 方言引起的，那在萎縮的同時會不斷增加 B 方言的特徵，極端消長的結果，就會造成語言的轉用，即原來說 A 方言的人群，改說 B 方言或者和 B 方言接近的方言，前面所提到泰山村周邊平埔族和大埔、茶寮、舊寮一帶潮州客屬福佬就是這個例子。

　　一般說來方言萎縮所造成的語言轉用過程式非常緩慢的，但是在整個高樹地區我們發現其轉用是在二、三代之間就可以完成的，排除政治因素之外，以經濟社會生計爲首的外部社會因素，也是目前高樹地區（括大陳新村、大埔周邊、泰山周邊包都說閩南話的主要原因，我們以偷聽的方式還有訪談當方式進行調查，發現閩南話在壯年層（五、六十歲）和老年層（七、八十歲）成爲交際的共同語言，顯示語言轉用的過程在更早的時期就已經開始。

二、平埔族語言轉移所造成的身分認同轉移

　　泰山村的平埔族現在都改說閩南話，筆者親自在泰山村主要街道及商店所聽到的也都是閩南話，像萬巒新厝村（加匏朗）的平埔人一樣他們多能同時操多種語言如閩南話、客家話和排灣話，最後消失的就是自己的平埔語，語言接觸會使相互接觸的語言產生混合、變異的現象，在方言混雜或交接的各個區域內都能發現方言的一些區域特徵，這些區域特徵往往跳脫方言自身

的演變規律，而必須尋找彼此相互影響的各方言，也就是張屏生所說的「聯繫各方言間相互影響的事實，才可能合理解釋這些區域特徵形成的原因」。

三、影響方言變異的社會因素

本文考慮方言的分區時，不是單純地理上或行政區域上的劃分，而是要以語言的特徵作爲劃分的主要依據，一種方言的形成和發展與歷史、文化、族群、開發等社會因素都有密切的關係，必須一併考慮。

以高樹地區的客家話爲例，高樹客家話和臺灣南部四縣客家話的來源和系屬，學者的看法已經趨於一致，分片分區部分我們在第三章已經討論過，臺灣地區的四縣客家話在分片上屬於嘉應小片〔註 24〕，但是對於這種方言如何形成的過程，以及影響方言演變的因素，卻有不同的看法，本文主要從社會因素與語言變異之間的關聯來分析。

筆者也經常在村民出入的場合例如廟宇、鄉公所、活動中心以及街市、商店，觀察他們彼此交談的語言使用情況。發現高樹客家話屬於臺灣南部四縣客家話，除了語言特徵以外，地區開發史的條件應列入考慮，因此推斷本區的高樹客家話應屬移民型的方言。

（一）移民方式形成不同語言類型

橋本萬太郎的《語言地理類型學》把現代漢語方言在地理分布上所呈現的不同類型，推論其原因是和古代漢族移民的方式有關，不同的移民方式，形成了不同的語言類型。移民的方式可以分爲：佔據式移民、墨漬式移民、蔓延式移民、版塊轉移式和閉鎖型移民，因爲移民方式的差異，所產生的方言類型也不同。

佔據式移民是由原本使用同一種方言的居民，佔據一大土地而形成內部一致的大面積方言區，墨漬式移民是像滴在白紙上的墨水慢慢浸潤開來，方言也慢慢向四周擴散，但這些地點卻先後不相連屬，由於無法連成一片，而被別的語言或方言分開來，也可以稱爲「蛙跳式」的移民型方言。〔註 25〕

（二）墨漬式移民形成六堆的客家話

六堆的客家話比較類似蔓延式的移民和漸變型方言，相同方言的居民本

〔註 24〕謝留文、黃雪貞《中國語言地圖集》在 1987 年《中國語言地圖集》（2007）。
〔註 25〕鄒嘉彥、游汝傑著《社會語言學教程》（台北：五南圖書出版，2007 年 6 月），第八章〈語言接觸〉。

來聚居在同一個地區，後來逐漸從中心地帶向四周較偏僻的地方蔓延滲透，久而久之離中心地帶越遠的地方，方言的變異也越大。

　　由於移民越走越遠，和中心地帶的方言接觸也越來越少，另外是移民方言和當地土著方言的接觸逐漸變多，再加上與四週圍鄰近方言的相互影響，就整個方言區來看，在地理上會形成漸變的狀況，不過由於六堆的客家話本來就呈現兩種類型，（參見第三章），中心地區的客家話（竹田、內埔、萬巒、長治）和邊緣地區（佳冬、新埤、高樹）的客家話在音韻的區分上非常明顯，加上左和右堆是六堆最南和最北之地，也就是離中心地帶最遠的地方，前揭的三種變異效果就越加強烈，而屬於語言接觸的變異反映在聲母 f、hu 和 v、b 以及許多的詞彙上，當然也包括構詞。

（三）大陳義胞形成孤島型方言

　　大陳義胞的語言在高樹地區是屬於封鎖型的移民社會所形成的孤島型方言，也稱為方言島，本身大陳義胞之間的語言就有方言差，第一新村（工區）、第二新村（工區）、第三新村（工區）的人來自南麂島，說的是浙江閩南話，保留泉州腔，第四新村（工區）、第五新村（工區）的移民來自一江山、南大陳、竹嶼說的是台州片吳語，他們接受政府的安排，到達本地之後居住在一個很小的區域之內，自成社區，與本地人的接觸與交流相對較少，依據筆者的調查，他們對地方上的節慶和廟宇祭祀活動鮮少參與，而購買生活物品等商業行為，或者是離開後土地租賃的託管會移交本地人代為處理，東振村的村長形容時間一久，大家也是有交情，但是大陳義胞大部分還是離開此地到外地謀生。原本預計這些移民有可能保留原有的方言與某些特徵，但因為人口大量外移，留下來的多屬老幼，而形成方言島，但根據筆者以快速隱秘調查法調查之後發現大陳義胞的第二三代目前多說臺灣閩南語優勢腔，只有某些少數家庭還保留自己的方言。

二、社會因素影響語言競爭

（一）人口變遷

　　洪惟仁曾把語言及方言的競爭力分為五種，即：人口、經濟、政治、文化，認同意識。他說：

> 　　競爭力懸殊的弱勢語言或方言必然會因為和強勢的語言或方言發生
> 無限接觸，而趨於萎縮或被消滅，但是勢均力敵的方言互相競爭時

則會發生方言融合。……漳、泉之間融合成一個不漳不泉的臺灣優勢音便是一個具體的例子。

他以臺灣閩南話的漳音和泉音為例，至少在漳泉之間，無論人口、經濟、政治、文化、認同意識，都沒有巨大的差距，所以當漳腔與泉腔發生接觸時，就融合成一種新的方言，即臺灣閩南話的優勢腔。

在高樹地區的人口統計上我們可以發現，從第四章我們所舉大正十五（1926）年的資料，大正十五（1926）年的高樹庄加上當時屬尚鹽埔庄大路關大字的在臺漢人的祖籍分配狀況，我們可以發現當時的人口及百分比，閩南人約有 4200 人，而客家人約有 6600 人，閩南人僅佔 38.8%，而客家人卻占了漢人的 61.2%。

這是以當時的行政區劃為準所做的籍貫別統計，並不是以語言別所做的統計，在當時的行政區劃分，和方言別已經不一致了，以潮州府客屬的福佬客和平埔族來說，可以肯定平埔族在高樹地區是絕對的弱勢，只佔人口的10%，從人口競爭力來看，當時客家人口多於閩南人，但後來的語言競爭中閩南話卻得勝，不能只歸之於本地區的人口，而必須考慮周遭和整個屏東平原的趨勢。

對照本文所調查當前的語言族群分布資料，由於社會變遷的關係，此時的人口分布和族群別已經無法代表語言別了，此時我們發現通行客家話的地區只剩下高樹中部和大路關，也就是客家話佔優勢的村落剩下高樹、長榮、東新、東振、廣興、廣福，但是如果以臺灣南部甚至是以整個臺灣的範圍來看，依洪惟仁（2003）的資料〔註26〕，大正十五（1926）年的整個臺灣的漢人來說，客家人只佔 13% 左右，泉漳閩南話人口總計 81%，當然高樹地區除了漳泉以外，興化府和永春州的移民也占了漢人的二成，也就是所有閩籍的一半，所以在當時閩南話的優勢，在臺灣已經是壓倒性的，對照洪惟仁（2007）的地理方言學調查，高屏地區的語言分布的資料，在整個高屏地區的屏東平原上，臺灣閩南話的確已經形成一個「混合腔」，在整個屏東北部地區閩南話也是佔盡優勢。〔註27〕

〔註26〕 洪惟仁《音變的動機與方向：漳泉競爭與臺灣普通腔的形成》（國立清華大學語言學研究所博士論文），頁 183。

〔註27〕 請參閱第二章【圖 2-1-1 高屏地區語言分布圖】、【圖 2-1-2 屏東北部語言分布圖】。

（二）優勢語言的傳播

從語言的間接接觸上，在客家電視臺開播前，整個臺灣的電視以及廣播媒體的語言傳播，閩南話佔了大多數，流行歌曲、歌仔戲、本土劇也多以閩南話臺灣普通腔作爲傳播工具，讓客家話更陷入相對弱勢狀態。

由於整個屏東平原強勢閩南話的壓力，高樹雖然客家人口略高於閩南，但是語言的使用上，卻漸漸朝閩南話靠攏，進而出現雙重語言、語言轉用的情形，討論語言演變的時候往往涉及外在因素（external factors）和內部因素（internal factors），本文認爲高樹地區的語言接觸和語言演變，是由外部因素所引起而朝向語言內部系統的改變，由外部因素影響語言的內部結構，但是其過程是慢慢的，漸變的，擴散式的變化，在語音、詞彙和語法上都觀察得到。

三、家庭語言模式影響雙語現象

訪問的過程中不少受訪者表示：家庭中使用的語言影響他們的雙語能力，家庭中如果父母親雙方都是客家人，則其下一代的閩、客雙語能力來自於社區、學校及周圍環境，若是父母親其中有一方是客家人另一方爲閩南人，則此家庭的下一代通常都具備閩、客雙語能力，若是父母親雙方都是閩南人，則父母親不具閩客雙語能力，僅具備句子中語碼轉換的能力，或語詞借用，他們能聽懂部分的客家話，下一代則只具備閩南話和華語的雙語能力。

筆者所調查居住在高樹地區的青年層樣本有 44 人，經過初步的分析發現：

（一）有雙語能力者爲 18 人，占所有受訪樣本的 41%。

（二）父母親都是客籍有 14 人，雙語者 11 人，雙語者比例爲 78.5%。

（三）父母親中有一方爲客家人者有 7 人，雙語者 6 人，雙語者比例爲 85%，其中母親爲客籍的客語能力保存度達八成以上。

（四）父母親都是閩籍有 23 人，說客家話者只有 1 人，雙語者比例爲 0.04%。

（五）我們將高樹地區的家庭因素影響雙能力調查列於下表，發現「母親」是客籍時，對於客家話的保存比例很大。

表 6-5-1　家庭因素影響雙能力調查

	人 數	客家話能力	閩南話能力	雙語比例
父母親皆閩籍	23	1	20	0.04%
父母皆客	14	11	11	78.5%
父母有一方為客籍	7	6（＊5）	6	85%
合計	44	18	41	41%

＊為母親是客家人

　　高樹地區的客家話和閩南話的語言接觸後，本地的客家人幾乎都能夠聽懂及說閩南話，在市場上、街道以及鄉公所等公家機關所聽到的話也是閩客一半一半，因為這個區塊原本就屬客家話的區域，由於人口移入的關係，閩南話在高樹市區十分通行，多數的人都是雙語者，店家會以閩南話試探陌生的客人，對於熟人則是：閩南客人用閩南話，對客家客人用客家話，但客家話裡已摻入許多閩南語詞彙。

　　閩南話在臺灣一直是優勢語言，本地區的客家人大多可以很流利的使用閩南話和人交談，筆者於司馬村、舊寮村、新豐村的北極殿訪談時，高樹地區的閩南人卻會說：「我是閩南人，我聽不懂客家話」或是「我是從外地來的，聽不懂」，所以高樹地區以閩南話為共同語的狀況十分明顯。

四、語碼轉換頻繁，客家話朝著優勢方言演變的方向

　　另外我們也可以發現，由於高樹地區的雙語者對於閩南話、客家話兩種語言間的轉換十分熟習，因此常常將兩種語言不同的成分揉雜在一起，客家人因為會說客家話和閩南話，所以客家話裡不自覺的摻入了閩南話的成分，閩南人不會說客家話，所以當筆者嘗試以客家話交談時，閩南人直接說不會客語，長久以來閩南話就比較不容易雜揉客家話，除非是閩南話所沒有的詞彙，如「粄條」、「覆菜」等。

　　強勢方言和弱勢方言，也稱為優勢方言（或稱權威方言），不僅會對鄰近的弱勢語言產生強大影響，例如微觀整個高樹地區及宏觀整個高屏地區和屏東平原，都很一致顯示閩南話的優勢，所以蓮霧一詞來說，客家話的 v-和變成閩南話的 b-，這些都是受到優勢語言影響的結果，仿效優勢語言。

　　借用和模仿的成分逐漸累積，最終有可能改變一種方言的語音和語法結

構，而造成方言的類型轉變或是宏觀演變，高樹客家話在此不斷借用和模仿閩南話，受到閩南話語言接觸的影響，因爲閩南話在整個臺灣南部地區是優勢的地位，在文化傳播上閩南話也佔盡了優勢，在演變的方向上，方言歷史演變通常是弱勢語言向優勢語言靠攏，方言向共同語靠攏一直是大趨勢，因此可說閩南話是高樹地區的強勢語言。

第七章　高樹地區語言接觸現象分析

　　一般有關語言接觸的研究方法有二，一是定點的方言調查與描述，二是提出理論或類型的分析，本文兼採此二類研究的方法，先對高樹地區的客家話進行方言點的調查與描述，再通過比較的方法，找出高樹地區客家話的特色，接著進行地理分布的探討和族群開發史的解釋，分析出語言接觸作用對本地區客家話的演變影響甚鉅的假設，逐一針對高樹地區語言接觸現象進行討論，本章預計以語言接觸的理論來詮釋高樹地區語言上的演變情形。

第一節　相關的語言接觸理論

　　本章引用的語言接觸理論有三，一、主要是以 Weinreich（1979：1）干擾機制，二、Van Coetsem（1988）的借貸音韻學（Loan Phonology）中的二種轉換類型，一爲借用，一爲強加，三、Thomason（2001）引發語言接觸的機制、Winford（2005）接觸引發的演變的分類。

　　透過這些理論來說明前一章我們所探討的課題，由閩、客、平埔語言的接觸所引起的語言同化，其過程中的各個階段，並以高樹地區的閩、客雙語者語言轉換（language swatching）的語言使用特色爲例，一方面探討這些雙語現象使用特色，歸屬於語言接觸中那一類的機制所致，另一方面，也確認當地有哪些特殊的音韻現象，是否能支持目前現有的語言接觸理論。

一、高樹地區語言接觸的豐富性

　　在前一章，討論高樹地區的客家話分別與鄰近的閩南話及同爲弱勢語言的平埔語發生接觸，各種語言之間的相互接觸，因而產生了語言的移借現象

——即借貸語言成分（借詞、語音），也形成了目前整個高樹客家地區的雙語現象和多語現象，許多雙語者兼用兩種語言，以及潮州府客屬福佬客和平埔族馬卡道、西拉雅轉用別的語言的狀況，福佬客的客家話殘餘干擾、以及高樹地區客家話的閩南話借詞等等，這些語言替代過程中所產生的現象。

因此我們可以知道語言接觸不僅發生在同一語言的方言間，對於沒有親緣關係的語言也能發生語言接觸，前者如高樹地區的閩南話和客家話的相互語言移借、滲透，以及客家話中的閩南話借詞部分；後者如前章我們所探討的客家話中的日語借詞，以及平埔族的語言轉用閩南話等，顯示出本區語言接觸現象的豐富性。

二、國外語言接觸的理論

1960 年代末期，Weinreich（1968）提出干擾機制，Weinreich（1968）的《Language In Contact：Findings And Problems》堪稱是語言接觸與雙語研究的經典之作。André Martinet 曾為他寫序，談到過去的研究偏重於分析語言彼此的殊性，卻忽略了語言彼此間的共性，因此要對雙語者、雙語現象、語言接觸現象進行詳細調查並把成果放入一定的歷史時期再進行驗證。

（一）Weinreich 的干擾理論

Weinreich 強調除了做差異分析（differential analysis）外，還應該做對比分析（contrastive analysis），這部份承襲了其老師 Martinet 的觀點，並提到語言接觸研究的方向。

另外，Weinreich 提出所謂「接觸」的定義，是同時存在於雙語者腦中的兩套語言系統彼此間互動的狀態，可以稱為「干擾」（interference），假如一個人同時使用多種語言，可以說這些語言間發生了「接觸」，說話者的個體就是接觸的核心，其實語言接觸就是發生在雙語者的腦袋中，兩種或多種語言對彼此施加某種作用，而產生干擾，使得說話者語言結構面臨重組的危機，再由個人而逐漸擴散到團體。

（二）Thomason 的借用等級理論

1980～1990 年代，Thomason 認為借用成分的種類和等級跟語言接觸的強度密切相關，Thomason & Kaufman（1988）出版了《Language Contact, Creolization, and Genetic Linguistics》，提出在借用等級的概括中必須考慮兩

個語言之間的接觸強度和等級。

　　因此他提出了借用量表（borrowing scale）將借用的強度分爲五個等級，借用量表的特點是透過分級來評估接觸強度，接觸強度高，借用成分的種類和層次也就高，所造成的影響也越巨大，借用等級從最低層次的偶爾借用，逐漸增強接觸強度的層次和級別，一直到最高強度語言系統都可以被借用。

（三）Van Coetsem 的借貸音韻理論

　　Van Coetsem（1988）的借貸音韻學認爲，語言上的借貸關係是指，會有一個是借用的來源，而另一個接受了借詞。因此就有一方是 sl 來源語（source language），另一方是 rl 接受語（receipient langugae），我們也稱之爲施惠語和受惠語。

　　音韻的借用是接受語對外來語言或來源語的發音的模仿（imitation）和「適應」（adaptation），或者可以稱爲調整，接著進行取代或重製。

　　「模仿」也就是接受語的使用者語音系統中所缺乏的部分，才需要模仿，音韻借用起因於接受語的使用者，在自身的母語或是慣用語中語音系統缺乏對應的音位所導致的，具體的例子就是客家話語者學習閩南話時，由於客家話中沒有 ã 鼻化韻現象，無法區分 a 和 ã，所以唱歌的「歌 kua」往往說成「肝 kuã」，而鬧笑話。

　　從來源語輸入詞彙，接受語的使用者會儘可能去模仿來源語的發音，這種轉換類型表示接受語者是主導者，接受語語者企圖模仿來源語。換言之，以接受語者爲主體，從來源語到接受語進行轉換，這種轉換類型稱爲接受語主導性（Receipient Language Agentivity），在接受語主導性底下的模仿造成音韻借用，這種情況是模仿先行於適應，Van Coetsem（1988）認爲接受語者會採用自身音韻系統最接近來源語的對應音位，來進行發音，例如臺灣客家話和閩南話的日語借詞都已經過接受語客家話和閩南話音韻系統的本土化了，它的發音可能會有異於來源語日語，例如「豐田」我們會說〔to-yo-tʰa〕，日語發音是〔to-yo- ta〕，〔t〕和〔tʰ〕送氣與不送氣之別。

　　反過來說，來源語的轉換類型則是來源語使用者是主導者，接受語是動作的接受者，也就是說 sl 來源語者採用自己的發音習慣說 rl 接受語，稱爲「強加」（imposition），或來源語主導性（Source Language Agentivity），在來源語主導下的適應調整就形成了「強加」，須要特別注意的是，在來源語主體性底下，接受語只有在「來源語者」使用接受語時才受到影響，並沒有影響到

接受語使用者本身。例如閩南人學習華語時總是會漏掉介音和唇齒音，f-說成 hu-「發現 fa ɕian」說成「花縣 hua55 sen51」。

（四）借用與強加

根據 Van Coetsem（1988）的借貸音韻學，所繪製的閩南話和客家話借用與強加的示意圖，我們拿來解釋閩南話和客家話雙語者之間的來源語主導性和接受語主導性之間的差異，之前我們討論過因為閩南話在高樹地區是優勢語言，閩南話就是來源語，客家話是弱勢語言，也是接受語。

圖 7-1-1 閩南雙語人語言的運作

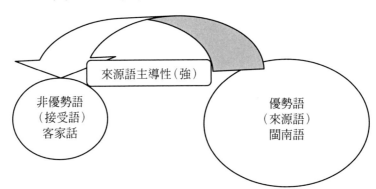

圖 7-1-2 客家雙語人語言的運作

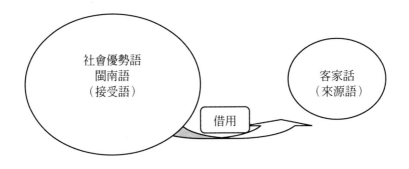

資料來源：邱仲森：《普寧市的客家話及語言接觸研究》（國立新竹教育大學臺灣語言及語文教學研究所博士論文，2014）

（五）Winford 的理論

Winford 主要承襲 Van Coetsem 的分類模式，並對 Thomason（2001）的語言接觸演變分類提出省思。

　　當語言使用者的母語屬於非社會優勢語時，他認爲所有的團體成員都會是雙語使用者，其實會導致這個語言可能同時處在接受語或來源語主導的變化當中，高樹地區的客家話就是在這個狀態，平埔族的語言也是。

　　族群語言（group dominant language）可能會經由優勢族群語言以「借用」模式帶入大量的社會優勢語言的詞彙（在高樹地區爲閩南話），也會藉由弱勢族群語言的雙語者（客家話雙語者），以「強加」模式帶入另一語言特徵。

　　在高樹地區很多雙語使用者，如果周遭環境和族群母語不一樣時，最終有可能將外在環境優勢語轉爲主要語言（高樹地區的潮州府福佬客），也就有可能以「強加」的方式，把處在社會優勢的另一語言的特徵帶進族群語言裡頭，所以目前高樹地區的客家話裡除了有許多閩南話借詞之外，還有部分的語音已經受到閩南話影響，如 f-母和 v-母已經逐漸被 hu-和 b-代的情況。

　　以高樹地區的客家話和閩南話的語言接觸現象爲例，原本閩南人數和客家人數是四比六此通婚、交流十分普遍，加上高樹地區有許多聚落是閩南、客家混居的，因爲長期接觸的結果，高樹的周圍鹽埔鄉和里港鄉都是閩南話區，所以除了北邊的美濃和東北邊的六龜、杉林一帶是客家人以外，高樹地區基本上是被閩南話所包圍的，因此閩南話在此地佔有優勢。

　　所以客家話的使用者與閩南人溝通時，會使用閩南話，而在這個多語社區裡，閩南話這個語言比較廣泛做爲跨族群溝通的工具，也就是共同語。

　　而具有雙語客能力的客家人在相互溝通時，雖然使用客家話，但是由於受閩南話借詞的影響，過度頻繁的語碼轉換，使得他們帶入了閩南話語法、發音特徵在使用的客家話變體裡，客家人久而習慣之，閩南話的語法、發音、詞彙就在本地區散播開來。

　　它其實是藉由閩南話語者的來源語主導，然後透過「強加作用」，把這些閩南話的特徵帶入客家話中。例如是我同你講的「同」，南部四縣客家話普遍不說「佬」，而以「kan[11]」取代，這個「kan[11]」有可能是閩南話的「共」kaη[32]

　　整個高樹地區的客家人都具備高程度的雙語現象，語言接觸的結果，是閩南話爲社會優勢語言，客家話受到比較多的來自閩南話的影響，而改變了高樹客家話本身的結構特徵。

第二節　影響高樹地區語言變化的因素

語言變異的原因，可以由語言外部和內部二大因素來探討，語言接觸當然也是引起語言變化的原因之一，造成語言演變的原因分成兩大類，一是外部的社會語言學因素，一是內部的心理語言學因素，外部的社會語言學因素包含語言接觸語、流行、需求功能取向，內部的心理語言學因素包含發音省力和聽辨上的需求。

以臺灣南部客家話為例，臺灣南部客語諸多層的變化，不僅是單一因素造成的，而是受到內外因素同時作用的結果。〔註1〕外部因素是受到語言接觸的影響，包含受到閩南話和華語的優勢影響，雙語以上的客家話使用者，在語言轉換的過程中受到其他語言影響，本文認為是優勢語〔註2〕，本文所指的優勢語非「個人優勢語」，而是本地區強勢的語言，在高樹地區就是閩南話。

一、語言的外部因素

Thomason（2001）將語言變化的各種「預測因素」（predictors）分為社會因素和語言因素，在社會因素上包含了各語言間接觸的強弱（intensity）、不完美的學習（imperfective learning）現象，以及說話者的態度（speakers' attitudes），此外接觸時間長短、雙語人口多寡、政經優勢等等，也都包含在社會因素也就是外部因素之內。

（一）Thomason 借用量表

Thomason 依據前揭的各種指標訂定出一套借用量表，認為借用成分的種類和等級跟語言接觸的強度密切相關，因此在借用等級的概括中必須考慮兩個語言之間的接觸強度和等級，因此他提出了借用量表（borrowing scale），借用量表的特點是透過分級來評估接觸強度，換言之，接觸強度高，借用成分的種類和層次也就高，借用等級從最低層次的偶爾借用，逐漸增強接觸強度的層次和級別，一直到最高強度的所有語言系統都可以被借用。

〔註1〕　賴淑芬《臺灣南部客語的接觸與演變》（新竹教育大學臺灣語言與語文教育研究所所博士論文），頁120。

〔註2〕　本文所稱的「優勢語」定義和賴淑芬不同，賴淑芬指的是「個人優勢語」，本文所說的是「地區優勢語」。

表 7-2-1　Thomason 借用量表（borrowing scale）

接觸等級	雙語人數量	借用的成分和種類
層次一：偶爾接觸	不是流利的雙語者，很少雙語人。	少結構借用，只有非基本詞彙被借用。
層次二：強度不高的接觸	借用者有一定的雙語者，但仍居少數。	功能詞以及較少的結構借用不只是實詞，虛詞也慢慢進來。
層次三：強度較高的接觸	接觸越來越密集，有越來越多的雙語者。	語者態度、社會因素都是傾向於借用。基本詞彙與非基本詞彙均可借用；中度的結構借用。（結構上有愈來愈顯著的特徵借過來，但還沒有造成很大類型上的改變）
層次四：適度的結構借用	大量雙語者產生，借用者非常廣泛的借用，有更密集的接觸。	語言態度和其他社會因素支持借用。影響音韻、句法、構詞，各個層面都受到廣泛的影響。大量的詞彙借用以及大量的結構借用，所有結構特徵都可借。
層次五：大量結構借用	雙語者非常普遍。	詞彙借用不多，但有大量結構借用。

Thomason, Sarah Gray. 2001. *Language Contact: an Introduction.* 頁 149~151。

高樹地區的語言接觸現象，依據 Thomason 借用量表（borrowing scale）來觀察當屬於層次四以及層次五的狀態，適度的結構借用和大量的結構借用，雙語者的數量是關鍵，高樹中部地區和新豐村由於雙語者十分普遍，應屬於大量結構借用的層次五。

（二）影響高樹地區語言的外部因素

在整個臺灣南部的多語環境中，閩南話在語言競爭上取得優勢地位，人口數量也較多，而華語則是因為政治因素，形成了絕對的強勢語言，以高樹地區在語言使用上為例，在本區新豐村海陸客家人一般皆具備南部四縣客家話和海陸客家話，就老年層而言，在溝通上至少能說三聲帶，也就是加上優勢的閩南話，現今能說四聲帶（加上華語）者也不少，因此歸納本文觀察的外部因素條件。

1、人口比例

從人口的差距上我們可以發現，就新豐村而言，多語者非常普遍，他們因為北客的數量少，加上又和其他族群混居，根據筆者調查目前在新豐村 22 鄰中，只有 7 個鄰，約 20 餘戶是屬於說海陸話的北客，所以在人口比例上，

少於說閩南話和高樹客家話的其他居民，而在高樹鄉的中部以及大路關等客家話地區，雙語者的比例也相當高，從高樹鄉公所提供的人口資料，客家人口比例至少占高樹地區的 6 成以上，閩南加上平埔族則約占 4 成，屬於勢均力敵狀態。

2、開發先後

本文發現所討論的各族群開發高樹地區的過程，也都屬於影響高樹地區語言變異的外部因素，雖然閩、客族群，閩客族群約於清乾隆年間同時開發本地區，佔有了本地區的精華區，也因此在高樹地區經濟發展、以及政治各方面都佔有優勢，在人口數量上也閩、客族群也是占優勢。

3、政治經濟

居住本地區中心的位置的大多數是客家人，尤其是位於政治和經濟中心的高樹市區，但市區內也有為數不少移入的閩南人，隨著經濟的發展，高樹的市區也逐漸形成閩、客混居的型態。

4、家庭語言

筆者在高樹市區、建興、大埔一帶調查當地語言使用狀況時，發現語言的使用，和家庭成員的組合有密切的關係，因為族群之間通婚的關係，家庭內部成員有各種不同的組合，而一個家庭當中父母親的語言態度，更是影響家庭語言使用的關鍵因素。

二、語言內部因素

語言變化並非由單一種原因產生，而是與多種因素有關，有些涉及語言結構性質，有些和社會因素有關，兩者存在一種共變的關係。

洪惟仁認為臺灣閩南話優勢音的形成，也是泉州音和漳州音在臺灣的變體競爭之後，經過二、三百年的融合所形成「混合腔」，雖然漳音變體在競爭過程中，取得了勝利，但是「混合腔」卻是一種的新語言，它既不是漳州腔，也不是泉州腔，而是同時有泉州腔和漳州腔的特徵，雖然臺灣優勢腔經過調查顯示整個向漳音靠攏，而這也不能稱之為漳州方言的競爭力比泉州方言強，泉漳這兩個方言是勢均力敵的，而泉漳競爭中漳音變體取得優勢，是因為語言的內部因素。〔註3〕

〔註3〕洪惟仁《音變的動機與方向：漳泉競爭與臺灣普通腔的形成》（國立清華大學語言學研究所博士論文），頁213。

（一）無標的 i 朝向有標的 ɨ 演變

洪惟仁認爲漳泉的變體競爭勝負不是偶然的，而能夠在競爭中取得優勢的變體，一定是較無標的，其音變律也是一定較合乎語言普遍性的。他認爲：在方言的競爭中越無標的音變律所生的變體競爭力越強，越有機會成爲方言會同的中心，成爲一個語言發展的新潮流，而有標性較高的音變律所產生的變體，在方言競爭中容易被「截流」而趨向枯竭。

他也提出，語言接觸只是一種外在因素，新臺灣話的形成是自然競爭下的匯流式潮流，具有語言普遍性的內在動機，臺灣閩南話的演變表面上是漳泉方言競爭，事實上方言競爭只是催生或加速主流音變律的運作。

高樹地區的語言接觸現象，雙語者的數量是關鍵，高樹中部地區和新豐村由於多語者十分普遍，語言接觸影響了音韻、句法、構詞，語言的各個層面都受到廣泛的影響，除了大量的詞彙借用以及大量的結構借用，所有結構特徵都可借用。

相同處在於語言競爭勝出的關鍵，洪惟仁以潮流論（drift）語言的普遍性限制（constraint），認爲只有服從語言的普遍性「原則」的音變律，才能成爲語言音變的動機（motivation），與方言會同的方向，音變的方向要合乎語言普遍性的參數〔註4〕，參數可以有複數選擇，方言可以從中選擇一個參數作爲音變的策略，不同參數的運用就造成方言變異和語言分化。

（二）高樹地區客家話演變的方式

海陸客家話和高樹客家話的接觸，導致海陸客家話的音韻結構逐漸發生變化，最具體的例子就是新豐村的情況，和和賴淑芬所調查竹柑區、田寮等地方類似，北客南遷到臺灣南部的海陸客家話，受到高樹客家話、南部四縣客家話和閩南話語言接觸的多重影響，所產生的變異，包含了（1）舌面聲母/tʃ、tʃʰ、ʃ、ʒ/特徵逐漸消失，而喪失了海陸話和四縣話的區辨音位。（2）前舌尖聲母/ts、tsʰ、s/大幅顎化。（3）聲調上中平調趨向低平調發展。

這些變異使海陸客家話和四縣客家話之間的區辨性減弱，語言系統朝向簡化發展，兩種客家話朝趨同的方向發展，變化的方向是海陸話朝向南部四縣客家話以及高樹客家話靠攏。〔註5〕

〔註4〕Chomsky 把語言普遍性分析爲「原則與參數」，人類語言的共通性是原則（principal），差異性就是參數（parameter）的不同所造成的。

〔註5〕賴淑芬《臺灣南部客語的接觸與演變》（新竹教育大學臺灣語言與語文教育研究所所博士論文），頁138。

在南部四縣客家話以及高樹客家話的影響下，新豐村的海陸客家話，趨向南部四縣客家話的演變幅度較大。

觀察高樹高樹地區，語言接觸對於高樹地區客家話的影響甚至可以形成一個序列，由閩南話＞南部四縣客家話＞高樹客家話＞新豐村海陸客家話＞新豐村饒平客家話，新豐的饒平客家話已經只剩下認同感，大部分的饒平特徵都已經消失，甚至被新豐村海陸客家話同化了，而新豐村的海陸客家話更是受到南部四縣客家話以及高樹客家話的影響，海陸特徵逐漸消失，高樹客家話則朝向南部四縣客家話與閩南話演變。

高樹地區中部的客家人並不會學習海陸話，也不會講大路關的客家話，但也有華、閩、客三聲帶，相對於此地的其他客家話而言，高樹客家話當然是他們的優勢語言和慣用語言。

這種例子也是典型的在多語社區內，上層語言和下層語言的關係，高樹客家話在高樹地區的客家族群裡佔有了人口數量以及先於其他客家群來此開墾的政治經濟優勢。

三、借用和強加二種類型

Van Coetsem（1998）將語言接觸過程所引發的變化分為「借用」和「強加」二種類型。

借用是指說話者借入其他語言的特徵，借用最明顯和發生頻率最高的部份就是借詞，借詞是指一種語言從別的語言借來的詞彙的一種方式，也就是說借用經常發生在詞彙的層面。

強加是指在語言學習的過程中，說話者將主要語言（第一語言）的使用習慣或發音特色，帶入學習中的目標語，使目標語產生變化，Van Coetsem（1998）認為，當語言彼此接觸時，語言間容易趨向維持「穩固」（stable）的部份，所以在借用的過程中，借入的部份多半屬於語言比較不穩固的部份，強加的過程中所帶進的語言成份是屬於語言中較穩固的（語音、句法），將其優勢語的音韻特色和語法結構帶入學習的語言。

Thomason 與 Kaufman 認為借用常發生在詞彙層面，底層干擾則多出現在句法或語音層面，以日語借詞和客家話有的閩南話借詞能夠證明，借詞的確是最容易產生，也最明顯的部份，而潮州府福佬客的親屬稱謂殘餘雖然沒有停留在語法層面，但也殘留在語音層面，以稱謂的方式存在。

Van Coetsem（1998）指出當語言彼此接觸時語言之間容易趨向穩固的（stable）部分，所以在借用的過程中借入成分多半屬於語言較不穩固的部份，比如說是詞彙的借用，說話者將其母語中的音韻特色或語法結構帶入學習中的語言，在本區以及閩南話語者學習華語的例子，可以發現常遺漏介音。

賴淑芬認為「優勢語」因應目前社會中第一語言不一定是母語的狀況，「優勢語」通常代表說話者經常使用的語言，她卻認為在臺灣的閩、客語接觸除了借詞以外，甚至某些地方的語法虛詞和音韻系統都已經被閩南語所影響，所以影響的層面已經不止於詞彙的借用，而深入到語言的結構也就是較穩定的成分。

由於語言接觸的現象多，大多數的人都是雙語者，在頻繁的語言轉換過程中，優勢語言（含個人和社會）的影響大於母語，因此不管對於借用和強加作用，會影響個人再擴散到群體。

高樹的客家話中就可以說明，例如「虱目魚」馬沙麥 ma11 sa55 mak5，大部分的六堆地區都說「海草魚 hoi 31 tsho31 ŋ11」，只是聲調互異，經過語言接觸後，高樹地區說海草魚的人也多了，從這個詞我們可以看出閩南話借詞的詞彙擴散理論，是從每一個借詞一步步逐漸擴散，使用的借詞不知不覺取代了客家話的詞彙。

移民型語言的擴散會形成語言的接觸，時間一久就會互相吸收對方的成分，發生雙向的語言融合現象，例如北方的漢人自秦漢以來陸續南下，帶來北方漢語，漸漸演變成各種漢語方言，同時也和南方固有的百越土著語言接觸，互相吸收對方的成分，少數民族的語言會吸收大量的漢語詞彙，漢語也會吸收少數民族的語言詞彙〔註6〕，客家話的形成也是依循這樣的模式，所以現在的客家話裡有許多的非漢語成份，除了借詞以外，語音成份和結構的滲透也會隨著語言的接觸而逐漸擴散，當然伴隨詞彙的借用，也有可能借入相應的句法結構。

四、接觸的方向性

無論是哪一種漢語方言，都不敢說是獨立地從它的母語直接分化下來的，在漢語的發展過程中，分化與接觸是交互進行的，同時指出，層的作用有二，一可以解釋語言區域的形成，二是解釋語言的變化，解釋語言的變化

〔註6〕鄒嘉彥、游汝杰，2007《社會語言學教程》。臺北：五南圖書公司，頁143。

除了內部的語音演變以外，從語言接觸和語言融合的角度往往能得到更圓滿的解釋。

賴文英以「層」（stratum）的概念來解釋：

> 當語言因外來接觸或內部音變發生新的變化時，新舊之間變化所產生的不同語言變體，並會對新的變化發揮不同的作用力，這些不同的作用力，在結構上所表現出來的痕跡稱之爲「語言層」（linguistic stratum）。

所以她認爲的語言層包含三大成分，一爲異質成份，二爲歷史音變成分，三爲模糊地（fuzzy area）帶成分，《語言變體與區域方言——以臺灣新屋客語爲例》一書著重在模糊地帶的成分分析，與本文相同的觀點是對於歷史音變的成分：

> 在歷時的形成過程當中，也有可能來自外來成分的疊加，不過，在可能的情形之下，我們仍要分辨何者扮演變化的主要力量，何者扮演輔助變化的次要力量。〔註7〕

這和本文的發現不謀而合，本文認爲，在臺灣南部客家話形成之前，爲大陸各原鄉的各地次方言，在臺灣南部經過語言競爭與融合後，就形成二種不同類型的次方言，也就是本文所說的核心區型和周圍型。

而這些歷史音變的成分就可能是不同成分的疊加，而這二類型也都帶有原本客家話的不同層次，我們將結構上音韻系統上的不同的類型，當成是影響臺灣南部四縣客家話差異的主要力量，而語言接觸當成輔助變化的次要力量。

綜觀今日南部四縣客家話各地次方言所形成的差異，不出此二者，而我們也成功的將類型上的差異和接觸產生的差異分離開來，「層次理論」的確有助於釐清客家話時間層與空間層的語言演變及其相關問題，本文也從內外觀點來了解語言接觸對臺灣南部四縣客家話所造成的變化。

（一）周圍型因語言接觸而向核心型趨同

本文以「比較」的方式來探討「區域方言中的語言變體」，也比較容易找到共時音變的語言變體類型，也就是目前本文所說的六堆四縣客家話所呈現的二大類型三大分區，通過共時的不同語言變體比較，得到歷時的音韻變遷結果此一過程也符合「歷時的音變會以共時的地理分布呈現」的說法。

〔註7〕賴文英：《語言變體與區域方言》（臺北：國立臺灣師範大學，2012），頁183。

原則上邊緣型因語言接觸而向核心型趨同，但各自的音韻系統卻卓然分立，無法同化，惟隨著與言接觸與年齡層的變體，邊緣型的音韻系統有朝向核心型靠攏的趨勢。

六堆範圍內也就是區域範圍內形成的演變力量，這種力量與外部力量有關例如舌尖前原音 i 的特色逐漸消失，而向有 ɿ 的核心型演變。

一般說來有標的元音因為發音困難，會朝向無標的元音變化，但是在高樹客家話的元音 i 卻朝向有標的 ɿ 變化，因此與閩南話有標向無標演變的趨勢相異，在整個南部四縣客家話 i 和 ɿ 的競爭當中，本文發現語言接觸外部的因素似乎大於語言演變的內部因素，與洪惟仁的潮流論相反，因此推估高樹地區客家話的演變，語言外部因素影響，大於語言的內部因素影響。

（二）周圍型和核心型的競爭

六堆客家話經過語言競爭融合作用，兩種次方言的密切接觸引發了〔i〕與〔e〕的並存與競爭，這種小稱詞尾變化的機制包含語碼轉換、語碼交替、協商等。

我們透過對高樹地區語言的了解和六堆客家話的比較，可以得出客家話是移民類型方言，六堆移民來源一致，但組成比例不同，都是廣東省四縣範圍以及福建省汀州。

這二類型特徵都在六堆範圍內找到，推估是各地開發的四縣及汀州祖源人口比例不一，造成不同的結果，產生二大類型區分，又因語言接觸的作用，使得客家話移民型方言的特質產生中心與邊緣產生差異。

邊緣和閩南語接觸較多，因為中心地區人口相對集中相對客家話特徵的保存就產生差異，因此通過六堆開發史的探討可解決此部分的問題。

高樹和南部四縣地區的小稱詞並沒有像桃園新屋地區一樣有那麼多豐富的變體，而是較單純的區分為二類，也沒有辦法像閩南話這樣形成語法化的輪迴，他們只在整個臺灣客家話的小稱詞語法化中擔任其中一個階段，所以無法像桃園新屋從豐富的小稱詞變體看出共時平面的多層次。

當區域中存在不同方言或語言時，方言可能隨區域聚落的分布，也可能隨方言島的形成而逐漸分化並自成一格，方言也會因為外來成份不斷進入，而一直處於變動之中，但不可能一直變動不停，若是這樣那沒有任何語言會流傳下來，它變動的速度以及範圍是語言傳承可以接受的範圍。

和新屋不同的是新屋的區域多方言正在進行整合，而高樹及南部四縣客

家話是已經歷過整合的變動時期，而處於整合過相對穩定的狀態，我們的二片三區，各自有區域的特徵，也有共同的特徵。

賴文英所說區域中的方言如何演變，進而進行整合成區域特徵，從混雜的方言之中區別出各自的特徵，就是區域方言的研究意義。

一定區域中的多種方言存在著許多接觸的影響，而接觸語和來源語的判定有時並不容易，在許多方言的地方會因為使用者的溝通而形成共通語（Lingua Franca），形成區域中的通行語言，閩南話在高樹地區以及高屏地區就是共通語，在臺灣北部則以華語為共通語，在中南部閩南話通常都是優勢語，在高樹和整個高屏地區亦然，容易影響弱勢語言成為這些接受語言的來源語。

優勢語主導區域中的語言特色形成，但其他語言卻也容易在不知不覺中影響優勢語，依照的 Van Coetsem（1988）的借貸音韻學理論，sl 來源語，和 rl 接受語，就是互相協調和進行調整。

六堆客家話的周圍型和核心型，也因此就在高屏六堆地區進行著相互競爭和相互協調。

第八章 結 論

　　本文從微觀的角度探討高樹地區不同的語言之間，因語言接觸的關係所造成各種語言變化的現象，包含借詞、語言替代、語碼轉換、雙重語言、雙層語言、語言轉用等，在語言同化的過程中各階段的細部情況，除了語言本身演變之外，討論的範圍也包含影響語言變化的各種內部、外部因素，像是語言結構、語言比較、族群關係、地區開發史等因素。

　　宏觀的部份從本區語言的地理分布探討後，將視野放大到整個高屏六堆地區的範圍，針對前人所提之族群開發和語言分布理論提供了驗證與補充說明，本文以高樹地區語言接觸造成的語言使用變化的為基礎，提出有關南部四縣客家話分布的看法，稱之為「分散式移民」的假說，並思索探討這樣的演變模式是否能套用於整個高屏地區，進而促進整個高屏地區語言和族群分布的研究論述能更加具體。

　　本文可分為二個研究重點，第一部分主要是探討高樹地區客家話的概況；包括高樹客家話結構的描寫、找出高樹地區客家話的特色並比較高樹地區客家話和其他客家次方言間的差異；第二個重點是探討高樹地區客家話和其他語言接觸的各種現象，依據第一部分所釐清的語言分區和類型，進入本地區各個行政村以下的自然聚落，探討高樹客家話的語言接觸變化，並以實際的田野調查採集語料，透過描述、比較、分析、推論等方法，觀察本區語言接觸的特徵，在借助現有的語言接觸理論與前人研究輔助之下，說明與釐清高樹地區實際的語言現象，在此總結研究貢獻以及成果，最後再提出未來可進一步深入研究的方向。

一、本文總結

本文為高樹客家話以及高樹地區語言接觸的研究，首先探討與調查高樹地區的客家話，說明現有的高樹地區客家話的種類以及客家話結構的描寫，以具有代表性的四個方言點，呈現四種不同的客家話區分，即高樹中部客家話、大路關客家話、海陸客家話和饒平客家話，之後針對高樹地區的各方言點與六堆其他地區和臺灣北部的海陸客家話做比較，除了語音和詞彙上的比較之外，本文也以聲調和構詞方式的研究來凸顯高樹客家話的特殊性，本文比較高樹客家話內部差異及六堆各次方言間的差異，分析這些差異是否為語言接觸所造成的語言變化或是語言本身的結構差異。

本文的研究第一個部份著重在高樹地區各種客家話的描寫，基於多元族群的背景，此地的客家話分成幾種次方言。

（一）高樹地區客家話的描寫與解釋

本文描寫高樹客家話各代表性方言點之語音系統等，先從背景介紹，把自然景觀、人文環境、人口分布以及語言使用狀況、族群混居的特殊現象先做說明，再闡明選作為具有代表性的四個方言點，緊接著描述四個代表性方言點各自的音韻系統，包含聲母、韻母及聲調和連續變調等。

本次調查發現了饒平話，這在文獻上尚未出現過。由於新豐村的饒平客家話只有陳屋一族使用，而且陳屋平常和臺北客之間都以新豐村的海陸話交談，和高樹的客家人都以高樹中部地區客家話交談，連續變調規則，3個發音人完全不一樣，有依海陸客家話規則的，也有依高樹中部地區客家話規則的。

（二）高樹地區客家話的比較分類

本文將比較後的結果歸納為高樹客家話的特色，透過共時的比較，針對高樹地區的客家話和南部四縣客家話的幾個方言點，以及北部的海陸客家話進行語音和詞彙的比較，依語音、詞彙、構詞的順序，最後歸納出高樹地區客家話的特色，進而討論臺灣南部四縣客家話的分類分片分區問題。

本文對南部四縣客家話進行分類，將臺灣南部四縣客家話區分為二個類型，即六堆核心地區型與六堆周圍地區型，但此二型成互嵌式的分布。

接著比較幾個臺灣南部四縣客家話代表性的方言點，羅列出他們的差異，我們也將這些語言內部的差異加以分類，分成語言本身內部結構系統上的差異以及因為語言接觸所造成的差異，以此為基準，再來討論南部四縣客

家話的分區分片，以及高樹地區客家話的歸屬和定位。

　　本文將南部四縣客家話分爲兩片三區，一片爲高樹、佳冬、新埤類型，又稱爲六堆周圍地區型，另一片爲竹田、內埔、萬巒、長治類型又稱爲六堆核心地區型，三個區則是（1）屬於六堆周圍區的武洛、高樹、大路關、新埤、佳冬，（2）六堆核心區的：內埔、竹田、萬巒、麟洛、長治，（3）大美濃區：美濃、六龜、手巾寮、杉林。

　　最大的特色是將六堆地區客家話語言差異的因素，區分爲原本語言類型學上的差異和因語言接觸造成的差異，而針對臺灣南部四縣客家話的區分與脈絡，在不溯及大陸原鄉客家話的比對之下，更顯清楚。

（三）探討語音的變化

　　本文針對（1）舌尖元音〔ɿ〕的有無（2）前高元音〔i〕前零聲母是否會摩擦（3）名詞詞尾是〔-i〕或〔-e〕。（4）〔n〕和〔l〕有無區分（5）〔ian〕韻母的變異，以及 f-和 v-摩擦的強弱等語音現象做了討論和比較，這些比較的結果也都成爲我們南部四縣客家話分類的依據。

　　本文認爲語言接觸是爲造成高樹客家話變化的主要原因，語言變化的外部因素爲語言接觸的誘發，因而導致高樹客家話本身內部音韻系統的變化，其特徵爲：聲母由 f→hu 的變化以及 v→b 的音變，此部分與佳冬、新埤等區相同，但是在演變的速度上不盡一致，大路關地區 v→b 的現象普遍，但是高樹中部地區則相對保留較爲完整，推測此聲母音變的原因是雖同處六堆的外圍地區，受到周圍閩南語包圍，語言接觸所產生的音變，但演變速度不一致，非平行演變的現象。

　　相較於竹田、內埔地區則 f、v 聲母的保存較爲完整，與賴淑芬所歸納的語言接觸現象導致臺灣南部客家話的演變主因，也是臺灣南部六堆客家話變異主因之結論相符，但賴淑芬是將內、外部因素分開來說，本文所持的看法是外部的語言接觸，是導致臺灣南部四縣客家話內部演變的主要因素，這之間是有因果關係的。

　　本文認爲高樹客家話的類型和變化除了本身類型學上的差異之外，還必須加上和此地多元族群的語言接觸所造成的差異，接著我們用微觀的角度針對高樹地區的語種分布進行調查，進而將調查的結果呈現於第四章〈高樹地區的語言族群分布〉，除了文字說明以外並輔以語言分布圖的方式，顯示了本區所有語種的分布概況，從而發現族群的分布與高樹地區的開發史，以及高樹地區的語

言的分布關係密切，亦爲研究本區語言現象和語言接觸課題不可忽略的面向。

（四）高樹地區語言語言分布圖的繪製

1、客家、閩南、平埔和大陳義胞在語言分布圖的呈現

本文針對高樹地區的語言分布，進行逐村甚至到自然聚落的訪查，重點在於調查客家話和優勢語閩南話以及平埔族和大陳義胞之間的族群和語言接觸現象，並逐村逐聚落註明使用語言爲閩南話、客家話、大陳話等，製成一張語言分布圖。

根據語言地圖顯示，高樹地區的語言分布由荖濃溪、隘寮溪沖積平原、沿山地帶、高山地區呈現閩南語、客家語、平埔族，閩南語、南島語的層次性帶狀分布，客家話插在閩南話和閩南話（平埔）的連續分布中間，而切斷閩南話的連續性。

平埔族、大陳義胞、以及潮州府客屬的福佬客，皆已經語言轉用成閩南話，放棄本身的母語。

本文也根據前揭層次性分布進行語言地理學的觀察與說明，輔助以六堆地區及本區的開發史考證、社會語言學的分析，證明本區的語言分布狀況，並不符合洪惟仁的三種假設。

2、客家人侵入平埔族活動範圍

大路關的客家人在開墾初期就侵入了平埔族活動範圍，也是造成現況的原因，歷史證據能輔助說明，語言地理學上「語言連續性原理」的論證和解釋其例外的狀況。我們用語言接觸理論輔以語言地理學的分布加上開發史的證據三種面向來勾勒出本區的語言狀況。

本文的調查發現高樹地區的客家話已經很接近方言島的狀態，因爲它們被周圍閩南話所包圍，請參閱【圖 4-1-1 高樹周邊地區語言分布圖】，講客家話的地區持續縮小，而高樹地區的二個客家話地區，高樹中部客家話區和大路關客家話區，也被平埔後裔混居的閩南聚落（田子村、源泉村、舊庄村、泰山村）的閩南話所切斷，並不相連，除了西北和美濃、六龜客家話區相鄰外，高樹中部客家話區方言島已然成形。

根據史料的記載以及實地的田野訪查，本文印證了高樹地區沿山地帶，除了大路關的廣興村、廣福村外，平埔族的分布包括泰山村、建興村、新豐村及其周圍的源泉（新阿拔泉）、田子、舊庄（舊阿拔泉）、舊寮、南華都有世居於高樹地區的平埔族馬卡道族大澤機社和塔樓社，和清代特意的「番屯」

政策遷來的西拉雅族新港社，成為一條由北而南的「平埔閩南話」分布帶。

大路關（廣福村、廣興村）所在的位置隘寮溪中游左右兩岸原本就是馬卡道族塔樓社的獵場，如今大路關的客家人是晚至乾隆二（1737）年才遷入的，客家人確實比馬卡道族人晚到此地，又越界進入世居的平埔族和排灣族的獵場開墾，從平埔族、排灣族的立場來看，客家人的確佔據了他們原本賴以維生的獵場和土地，所以才引發劇烈的衝突，後來客家人和閩南人又因為開發本地區過程爭奪水源，引發閩南人聯合平埔族和排灣族包圍大路關地區的客家人，造成咸豐三（1853）年的大路關之役，目前的大路關的恩公廟則為當時社會族群衝突所遺留下來的證據。

實際的移民遷徙狀況和假設略有出入，洪惟仁的焦點是：客家人是最後插入的，由西向東，閩南＞客家＞平埔族＞原住民分布的排序如何形成，平埔族為什麼會繞過客家人東遷而被閩南人同化？本文的發現已經足以修正這些假設。

相較於平埔族，客家人的確是後來者，在高樹地區開發初期客、閩是同時遷入本區，經過初期的混居與後來重整，分為閩庄和客庄，後來客家族群占據地區變成本區的政經中心地帶，在客家人大量移入本區以前，隘寮溪中上游一帶（大路關與鹽埔西瓜園）早已是平埔族的獵場，於史實上我們也尋求本地開發史的細節，來印證目前語言分布的狀況。

因此高樹並不符合洪惟仁的假設一，閩南人先來，客家人後到，而是接近假設二，閩客初期混居，後期重整，至於平埔族先是受到客家人的壓力，後加上清朝政府的「番屯」政策，而退居沿山地帶，也未如假設三所說，平埔族繞過客家人而東遷，只是在生存競爭的過程中，平埔族人選擇了和閩南人合作，接受了閩南文化，與其混居，進而優勢的閩南話影響了平埔族，造成語言轉用，他們放棄了自己的語言。

（五）高樹地區語言接觸現象的調查和分析

1、語言轉用十分普遍

語言轉用（language shift），是高樹地區十分常見的現象，高樹鄉的十九個行政村中有不少聚落，已經完成或正在進行語言轉用階段，以新豐村為例，平埔族已經完全轉用閩南話，而臺北客之間彼此會以海陸客家話溝通的人數剩下約 20 餘戶，海陸客家話已經退縮到家庭，成為家庭用語，海陸話的使用只有在少數北客南遷的居民中，而其中的陳屋是講饒平話的，饒平話則只在

陳氏所分出去的幾戶中間保存，只剩不到 10 人會說，這些臺北客則正在進行語言轉用，他們的第四、五代幾乎已經轉用為華語。

大部分的村民包含平埔族在日常生活中都已經常使用閩南話，對外來的人則選擇以閩南話和華語兼用，此為雙語現象往語言轉用發展的過渡時期。

大埔村、荣寮村、舊寮村、司馬村等這些地方都有潮州府客屬移民分布，大部分的客家聚落都已經改說閩南話，只有少部分的詞彙殘餘在親屬稱謂上，日常生活用語的殘餘很少，目前筆者只有發現「溪壩」、「洗浴」等幾個潮州府客家話特色的詞彙，其他像「雞春」、「豬旺」等並不是潮州府各縣客家話的特色。

2、平埔族的分布範圍比實際所知的區域大

本文發現在高樹地區平埔族的分布範圍是大於文獻所記載的，除了人數和比例最多（超過三成）的泰山村以外，新豐村各大山寮、凹湖、尾寮、隘寮各聚落以及建興村（青埔尾聚落）以外尚有源泉村（新阿拔泉）、田子村、舊庄（舊阿拔泉）、舊寮、司馬、南華等地方，只是這些地方的平埔族以顯性或者隱形的方式分布，隱形的平埔族群，因為身分認同問題，而不願承認自己的平埔身分，但平埔族與閩、客族群共同開發本區的史實不容忽略，他們的語言卻消失了，只有少數詞彙殘餘，以及保留口耳相傳中，只以日語記音，但已不知其意思的傳唱歌曲數首。

本文所調查高樹地區的語言分布，與洪惟仁（2006）對於高屏地區語言分布整個高屏地區的大趨勢方向是一致的，在近山地方有一條平埔族閩南話分布帶，而閩南話在本區是優勢語言，這些以平埔族後裔為主的聚落已經語言轉用為閩南話了，本文只發現幾個平埔話的殘餘，在這些目前通行閩南話的地方很難發現客家話的借詞，原因是平埔族在漢化的過程中，選擇了較優勢的閩南文化，也和閩南人混居，也因為和客家人競爭生存空間上處於對立狀態，在清代時族群關係十分緊張。

鄰近的三地門鄉的幾個聚落，山地原住民雖然語言並沒有被同化，但根據筆者的非參與式觀察，由於日常生活和華語接觸的機會頻繁，目前排灣語在年齡層的分布上已經出現斷層，青年層以下交談之間也多以華語為主，摻雜幾個排灣語詞彙，屬於句子間的語碼轉換（code switch），還不能算雙語，可能面臨語言轉用的狀況，而老年層的排灣語中間也夾雜華語，但是屬於雙語者。

3、客家話的變化

本文另一焦點在於探討高樹地區語言接觸的現象，並以區域內各個村各種類型為例子，深入討論高樹地區客家話的接觸變化。也根據第二章、第三章實地田野調查蒐集的語料描述高樹地區客家話的特徵，和第四章語言地理分布類型分析的結果，討論高樹地區客家話語言接觸的真實狀況和現象，則發現語言同化的各個階段在本地區各聚落都可以觀察到，從語言的移借、語言替代、語碼轉換、雙重語言、殘餘干擾，語言同化的五個階段，分別在高樹地區中找到例證，足以證明高樹地區語言接觸的頻繁，正在經歷語言同化，語言接觸是一個正在進行的過程，客家話中的閩南話借詞屬語言的移借，語言的移借和文化的增補為一體兩面，例如閩南話的「愛玉」、「潤餅」、「扁食」都是客家文化中所沒有的，有關海中生物的詞彙也是一例。

當閩南詞彙已經取代原本的客家話詞彙時，客家話詞彙經過語言競爭被淘汰，此時就是文化的減損了，例如客家話的黃蚋（蟑螂）、水沖、馬沙麥等，目前整個高樹地區客家話地區都是雙語區。

部分地區已經經歷語言轉用完成，像是大埔、荖寮、舊寮、司馬的潮州客屬，已經放棄原本的客家話，改說閩南話，進而造成身份認同的轉變，從客家轉為閩南，客家人變成閩南人。

4、語言改變導致身分認同的改變

沿山地帶的平埔聚落像是泰山村、新豐村各聚落、建興村青埔尾也已經完成語言轉用，但是身分認同還尚未完全轉換，僅部分位轉換，所以有顯性的平埔族和隱性的平埔族之別，至於田子、舊庄、源泉、南華這些聚落的平埔族人，由於更靠近純閩庄，閩南、平埔混居狀態下，在日治時期閩南人已占九成，不到一成的平埔族後裔已經完全融入閩南村，其身分認同更是早一步轉換，而這些原本有平埔後裔的聚落也成為純閩庄，這些平埔後裔成為高樹地區消失的平埔族，對照福佬化的「福佬客」我們可以稱之為「福佬平埔」，而語言轉用完成後就只剩下殘餘干擾了。

我們探討高樹地區的雙重語言現象，高屏地區也有不少地方有這雙重語言現象的例子，像是高雄市杉林區上平村、屏東縣南州鄉萬華村大埔社區、車城鄉保力村和萬巒鄉新厝村（加匏朗），和高樹地區一樣的情況都是周圍被閩南話的族群所包圍，這些地方的人都可以流利的交互使用閩、客家話和別人溝通，他們所說的客家話裡會有數量比較多的閩南語詞彙。

接著以自身經驗加上訪查過程的論述客家話地區頻繁的語碼轉換（code switching），以及語碼轉換的作用和差別，只能做句子中的語碼轉換（code switching）的人不是真正的雙語者，而能夠做到句間語碼轉換以及隨著環境選擇適當語言的才是雙語者。

也討論導致語碼轉換的原因，包括各種的詞語替代所引起的作用，或者是私下交談的需要，或者是需要能和對方溝通，在高樹地區的例子是，受訪者為了適應筆者的語言，頻繁地進行語碼轉換，筆者訪問過程中訪問者在一次的交談間轉，換了三種語言使用，依序分別客家話、閩南話、華語。

這種不經暗示地選擇不同種語言和對方溝通，或者為了適應對方話題或語言而做的語碼轉換，而且每種語言都能夠流利的使用，就是真正雙語者。

這種現象發生在建興村的溪埔仔，和高樹中部以及大路關，都是閩南話和客家話、華語之間的語言轉換。

5、以語言接觸理論推估出未來演變的方向

本文所發現高樹地區的語言接觸現象是：本區是個多語社區，其共同語為閩南話，一直以來的優勢語都是閩南話，客家話使用者往往是雙語者，能兼用閩、客方言，在一般語言使用的狀況下，卻因為地區優勢語為閩南話，往往先使用閩南語，再視對方使用的語言別，在交談過程當中進行語碼轉換，由於語碼轉換的次數頻繁，導致原本客家話音韻上的轉變。

透過討論我們發現閩南話在本區是優勢語，在語言接觸影響上也是高樹客家話的來源語，對照整個六堆地區亦然，六堆客家話裡有許多閩南話借詞，甚至是六堆客家話的語音系統也趨同於臺灣優勢腔的閩南話，這種演變的方向會導致語言的同化。

（六）高樹地區語言接觸現象理論詮釋

第七章引用的語言接觸理論，主要是以 Weinreich（1979：1）干擾機制以及 Van Coetsem（1988）的借貸音韻學（Loan Phonology）中的二種轉換類型，一為借用，一為強加，並加入 Thomason（2001）引發語言接觸的機制、Winford（2005）接觸引發的演變的分類。

透過這些理論來說明語言同化過程的各個階段，以高樹地區的閩、客雙語者語言轉換（language switching）的語言使用特色為例，一方面探討這些雙語現象使用特色，歸屬於語言接觸中那一類的機制所致，也確認當地有哪些特殊的音韻現象。

在接觸變化的類型上，本文使用 Van Coetsem（1988）語言接觸的兩種變化類型「借用」和「強加」來解釋臺灣南部六堆客家話語言接觸的現象，輔以 Thomason（2001）的語言變化機制來說明語言使用和語言變化的關係。

本文認同賴淑芬所說：

> 南部客語接觸演變的產生，是在閩南語和華語兩大勢力雙重影響
> 下，客語使用者在語碼轉換或語碼交替過程中，因語言使用中個人
> 優勢語的不同，導致客語在音韻上出現不同程度的調整與轉換。

本文也對洪惟仁引用簡炯仁（1997）的「撞球原理」和「骨牌效應」及「夾心餅乾原理」來解釋整個屏東平原族群間的互動機制做了修正，本文以高樹鄉全境及其周邊（美濃、鹽埔、里港）的幾個方言點，以微觀的區域，經過詳細地調查和比較分析其音韻變化的機制，研究發現洪氏所論述之語言分布與理論需要修正，至少無法完全套用於高樹地區，本區居民多屬不同時期之移民，以其移入之先後為歷史之證據，其語言分布與接觸現狀，與洪氏所言整個屏東平原語言分布之大趨勢；僅有假設二符合，假設一和假設三無法詮釋，需要修正。

因為遷入此地之族群特別多元，包含閩南、客家、平埔族、大陳義胞，故成為高屏地區多元族群與語言接觸之縮影。

二、未來展望

本文調查高樹地區幾個方言點的特色，接著進行比較、分析，探討語音、詞彙的變化，進而比較高樹客家話內部及六堆各次方言間的差異，接著以語言接觸的理論佐以移民史的解釋，探討高樹鄉全境的語言分布及六堆客家話次方言間語言差異變化的因素。

經過田野調查與文獻史實的比對，本文也認為客家人是後來插入高樹地區的說法，因為從平埔族泰山村馬卡道族及鄰近的三地門鄉（青葉、青山、口社、賽嘉等村）排灣族的角度來看，客家族群的確是佔據了他們祖先的獵場，所以引起了之後為求生存而發生的閩客、閩客原之間的械鬥和衝突，位於大路關廣興村的「恩公廟」，創立於清咸豐三（1853）年，即為這段閩、客、原衝突的史實所遺留下的最好註解。

受限於時間、以及筆者之能力，未來可以朝向整個六堆地區的客家話和六堆移民來源的幾個地點的客家話進行比對，就能更精確確立六堆客家話的

來源與變異，若能對比臺灣北部四縣腔之客家話，則對於四縣腔的南北差異和來源，也會有更精準的解釋。

　　本文對於移民型方言也就是高樹地區的客家話進行討論，而我們從文獻和地區開發史二個面向，借助文獻的探討和語言現象雙重證據，將有助於釐清整體方言之發展，移民因素對語言所造成的影響，以及因移民因素所引發的相關問題，還有貼近於現代方言使用者的諸多問題。

　　未來的研究若能確立六堆各地區移民的主體，相信對於南部六堆四縣客家話，以及高屏地區語言接觸的全貌，能夠有更全面的分析與討論。

參考書目

一、專　書

1. 丁邦新，1985《臺灣語言源流》，臺北：臺灣學生書局。

2. 丁邦新，1998《丁邦新語言學論文集》，北京：商務印書館。

3. 丁邦新，2007《歷史層次與方言研究》，上海：上海教育出版社。

4. 丁邦新，2008《中國語言學論文集》，北京：中華書局。

5. 丁澈士、曾坤木，2009《水鄉溯源：屏東縣高樹鄉水圳文化》，臺北：行政院客家委員會。

6. 中原週刊社，1992《客話辭典》，苗栗：臺灣客家中原週刊社。

7. 王力，1985《漢語語音史》，北京：民族出版社。

8. 王福堂，2005《漢語方言語音的演變和層次》修定本，北京：語文出版社。

9. 王士元，1988《語言與語音》，臺北：文鶴出版有限公司。

10. 王瑛曾，1764《重修鳳山縣志》臺灣省文獻叢刊第49種，臺北：臺灣銀行經濟研究室。

11. 王家驊，1996《儒家思想與日本文化》，浙江：人民出版社。

12. 古國順等編著，2002《客語發音學》，臺北：五南出版股份有限公司。

13. 古國順主編，2005《臺灣客語概論》，臺北：五南出版股份有限公司。

14. 尹章義，2003《臺灣客家史研究》，臺北：臺北市政府客家委員會。

15. 林正慧，2008《六堆客家與清代屏東平原》，臺北：遠流出版股份有限公司。

16. 林淑鈴等，2010《臺灣客家族群史臺灣客家族群關係研究——以屏東縣內埔鄉與萬巒鄉為例》，臺北：行政院客家委員會國史館臺灣文獻館。

17. 林立芳，1997《梅縣方言語法論稿》廣東：中華工商。

18. 伊能嘉矩，2011《臺灣文化志》（漢譯本）（下卷）臺北：臺灣書房。

19. 何大安，1988《規律與方向：變遷中的音韻結構》臺北：中央研究院史語所。

20. 何大安，2001《聲韻學中的觀念和方法》臺北：大安出版社。

21. 竺家寧，2002《聲韻學》臺北：五南圖書公司。

22. 吳中杰，2009《臺灣客家語言與移民源流關係研究》，高雄：復文圖書。

23. 李如龍，2001《漢語方言的比較研究》，北京：商務印書館。

24. 李葆嘉，1998《混成與推移——中國語言的文化歷史闡釋》，臺北：文史哲出版社。

25. 李壬癸，2011《臺灣南島民族的族群與遷徙》，臺北：前衛出版社。

26. 李盛發，1997《客家話讀音同音詞彙》，屏東：屏東縣立文化中心。

27. 李丕煜，2005《鳳山縣志》收入臺灣史料集成清代史料方志第五冊，臺北：遠流。

28. 周振鶴、游汝杰，1990《方言與中國文化》，臺北：南天書局。

29. 吳中杰，2009《臺灣客家語言與移民源流關係研究》，高雄：復文書局出版社。

30. 吳煬和，2007《屏東縣高樹鄉劉錦鴻家藏古文書整理計畫》，臺北：客家委員會。

31. 邱彥貴、吳中杰，2001《臺灣客家地圖》，臺北：貓頭鷹出版社。

32. 辛世彪，2004《東南方言聲調比較研究》，上海：上海教育出版社。

33. 袁家驊等，2001《漢語方言概要》，北京：語文出版社。

34. 屏東縣政府，2013《石獅、水圳、鍾理和》，屏東：屏東縣政府出版。

35. 房學嘉，1996《客家源流探奧》，臺北：武陵。

36. 洪惟仁，1992《臺語文學與臺語文字》，臺北：前衛出版社。

37. 洪惟仁，1994《臺灣方言之旅》，臺北：前衛出版社。

38. 洪惟仁，1997《高雄縣閩南方言》，高雄：高雄縣政府。

39. 施添福、黃瓊慧，1996《臺灣地名辭書卷四：屏東縣》，臺北：國史館臺灣文獻館。

40. 涂春景，2003《客話正音講義》，臺灣：作者自印。

41. 徐兆泉，1996《臺灣客家話辭典》，臺北：南天書局。

42. 徐正光，2002《臺灣客家族群史社會篇》，南投：國史館臺灣文獻館。

43. 徐大明，2006《語言變異與變化》，上海：上海教育出版社。

44. 徐通鏘，2007《語言學是什麼》，北京：北京大學出版社。

45. 姜義鎮，1995《臺灣的鄉土神明》，臺北：臺原。

46. 高樹鄉公所，1981《高樹鄉志》，屏東：高樹鄉公所。

47. 高拱乾，2005《臺灣府志》，收入臺灣史料集成清代史料方志文叢第 56 種，臺北：遠流。

48. 陳保亞，1996《語言接觸與語言聯盟》，北京：語文出版社。

49. 陳新雄等編，2005《語言學辭典》，臺北：三民書局。

50. 連橫，1979《臺灣通史》（卷15）〈撫墾志〉，臺北：眾文圖書。

51. 項夢冰、曹暉，2005《漢語方言地理學》，北京：中國文史出版社。

52. 黃伯榮等，2001《漢語方言語法調查手冊》，廣東：廣東人民出版社。

53. 黃淑璥，1959《臺海使槎錄》（卷七），臺灣文獻叢刊第四種，臺北：臺灣銀行。

54. 黃瓊慧，1996《臺灣地名辭書卷四：屏東縣》，臺北：國史館臺灣文獻館。

55. 張光宇，1996《閩客方言史稿》，國立編譯館主編，臺北南天書局出版。

56. 張屏生，2004《內埔鄉四縣腔客家語彙初集》，高雄：高雄師範大學臺研所，自印本。

57. 張屏生，2007《臺灣地區漢語方言的語音和詞彙》冊一～冊四，臺南：開朗雜誌事業有限公司。

58. 張屏生，2012《臺灣客家族群史專題研究　4-1 臺灣客家之區域與言調查：高屏地區客家話多樣化現象研究》，臺北：客家委員會。

59. 張屏生，2012《臺灣客家族群史專題研究　4-2 高屏地區客家話語彙集》，臺北：客家委員會。

60. 張興權，2012《接觸語言學》，北京：商務印書館。

61. 游文良，2002《畬族語言》，福州：福建人民出版社。

62. 溫昌衍，2006《客家方言》，廣州：華南理工大學出版社。

63. 楊時逢，1957《臺灣桃園客家方言》中央研究院歷史語言研究所單刊，臺北：中央研究院。

64. 楊秀芳，2005《臺灣閩南語語法稿》，臺北：大安出版社。

65. 鄒嘉彥、游汝杰，2004《語言接觸論集》，上海：上海教育出版社。

66. 鄒嘉彥、游汝杰，2007《社會語言學教程》，臺北：五南圖書公司。

67. 趙元任，2001《語言問題》，臺北：臺灣商務印書館。

68. 賀登崧著，石汝杰、岩田禮譯，2003《漢語方言地理學》，上海：上海教育出版社。

69. 劉添珍，1992《常用客話字典》，臺北：自立晚報社文化出版部。

70. 謝永昌，1994《梅縣客家方言志》，廣州：暨南大學。

71. 劉還月，1994《臺灣民間信仰小百科——節慶卷》，臺北：臺原出版社。

72. 劉還月，2000《臺灣的客家人》，臺北：常民文化。

73. 劉還月，2001《臺灣客家族群史——移墾篇（上)》，臺灣：臺灣省文獻委員會。

74. 黃雪貞，1995《梅縣方言詞典》，南京：江蘇教育出版社。

75. 黃伯榮等編，2001《漢語方言語法調查手冊》，廣東：廣東人民出版社。

76. 簡炯仁，2001《屏東平原的開發與族群關係》，屏東：屏東縣立文化中心。

77. 曾喜城，1996《萬巒妹仔沒便宜：客話新說》，臺北：中央日報。

78. 曾喜城，1997《屏東客家「李文古」民間文學研究》，臺北：康和出版公司。

79. 曾喜城，1999《臺灣客家文化研究》，屏東：屏東平原鄉土文化協會。

80. 曾彩金主編，2001a《六堆客家社會文化發展與變遷之研究——語言篇》，屏東：財團法人六堆文化教育基金會。

81. 曾彩金主編，2001b《六堆客家社會文化發展與變遷之研究——歷史源流篇》，屏東：財團法人六堆文化教育基金會。

82. 曾彩金主編，2005《六堆人講猴話》，屏東：社團法人屏東縣六堆文化研究學會。

83. 曾坤木，2005《客家夥房之研究以高樹老庄爲例》，臺北：文津出版有限公司。

84. 曾坤木，2012《加蚋埔平埔夜祭——趒戲》屏東：屏東縣高樹鄉泰山村社區發展協會。

85. 詹伯慧主編，2001《漢語方言及方言調查》，武漢：湖北教育出版社。

86. 謝留文，2003《客家方言語音研究》，北京：中國社會科學出版社。

87. 謝留文、黃雪貞 2007《中國語言地圖集》，香港：香港朗文（遠東）出版公司。

88. 謝國平，1998《語言學概論》，臺北：三民書局。

89. 劉澤民，2005《客贛方言的歷史層次》，蘭州：甘肅民族出版社。

90. 賴昭喜、林松生、陳盡珍，2001《六堆客家社會文化發展與變遷之研究‧社會篇》，屏東：財團法人六堆文教基金會。

91. 賴文英，2012《語言變體與區域方言》，臺北：國立臺灣師範大學。

92. 顧黔、石汝杰編著，2005《漢語方言詞彙調查手冊》，臺北：中華書局。

93. 鍾榮富，1997《美濃鎮誌：語言篇》，高雄：美濃鎮公所。

94. 鍾榮富，2001a《福爾摩沙的烙印——臺灣客家話導論》，臺北：文建會。

95. 鍾榮富，2001b《六堆客家社會文化發展與變遷之研究——語言篇》，屏東：財團法人六堆文化教育基金會。

96. 鍾榮富，2003《文鶴最新語言學概論》，臺北：文鶴出版社。

97. 鍾榮富，2004a《臺灣客家語音導論》，臺北：五南圖書。

98. 鍾壬壽，1973《六堆客家鄉土誌》，屏東：常青出版社。

99. 羅香林，1992《客家研究導論》，臺北：南天書局。

100. 羅肇錦，1985《客家語法》，臺北：臺灣學生書局。

101. 羅肇錦，1996《臺灣的客家話》，臺北：協和文教基金會臺原出版社。

102. 羅肇錦，2000《臺灣客家族群史——語言篇》，臺灣：臺灣省文獻委員會。

103. 羅肇錦等編輯，2006《客家語言能力檢定認證基北詞彙初級——（四縣版）》，臺北：行政院客家委員會。

104. 橋本萬太郎，2008《語言地理類型學》，北京：世界圖書。

105. 薛才德，2007《語言接觸與語言比較》，上海：學林出版社。

106. 蔡麗眞等，2007《六堆——地圖上找不到的客家桃花源》，臺北：行政院客家委員會客家文化中心籌備處。

107. 藍鼎元，1721《論臺疆經理書》〈平臺紀略〉〈清會典臺灣事例〉，臺北：臺灣銀行經濟研究室。

108. Aitchison, Jean. 2001. *Language Change: Progress or Decay?* Cambridge University Press. New York.

109. Van Coetsem, Frans. 1988. *Loan Phonology and the Two Transfer Types in Language Contact.* Foris Publications. Dordrecht.

110. Holms, Janet. 2008. *An Introduction to Sociolinguistics. 3rd ed.* England: Pearson Longman.

111. Labov, William. 1994. *Principles of linguistic change: Internal factors.* Oxford and Cambridge: Blackwell.

112. Thomason, Sarah Gray, and Terrence Kauman. 1988. *Languae Contact, Creolization, and Genetic Linguistics.* Berkeley; Los Angeles; London: Universal of California Press.

113. Thomason, Sarah Gray. 2001. *Language Contact: an Introduction.* Washington, D.C.: Georgetown University Press.

114. Weinreich, Uriel. 1979. *Language in Contact: Findings and Problems.* Mounton Publishers, The Hague.

115. Winford, Donald. 2003. *An Introduction to Contact Linguistics.* Blackwell Publishers.

二、學位論文

1. 宋兆裕，2009《屏東高樹大路關廣福村客家話研究》高雄師範大學臺灣文化及語言研究所碩士論文。

2. 林正慧，1997《清代客家人之拓墾屏東平原與六堆客莊之演變》國立臺灣大學歷史學研究所碩士論文。

3. 江敏華，1997《臺中縣東勢客語音韻研究》國立臺灣大學中國文學系研究所碩士論文。

4. 江敏華，2003《客贛方言關係研究》臺灣大學中國文學研究所博士論文。

5. 江俊龍，2003《兩岸大埔客家話研究》國立中正大學中國文學研究所博士論文。

6. 邱仲森，2005《臺灣苗栗與廣東興寧客家話比較研究》國立新竹教育大學臺灣語言與語文教育研究所碩士論文。

7. 邱仲森，2014《普寧市的客家話及語言接觸研究》國立新竹教育大學台灣語言及語文教育研究所博士論文。

8. 余秀敏，1984《苗栗客家語音韻研究》輔仁大學語言學研究所碩士論文。

9. 何志男，2011《六堆地區四縣腔客語聲調比較研究》國立屏東大學文化創意產業學系碩士班碩士論文。

10. 洪惟仁，2003《音變的動機與方向：漳泉競爭與臺灣普通腔的形成》清華大學語言所博士論文。

11. 吳中杰，1999《臺灣福佬客分布及其研究》國立臺灣師範大學華語所碩士論文。

12. 吳中杰，2004《畲族語言研究》清華大學語言所博士論文。

13. 吳餘鎬，2002《臺灣客家李文古故事研究》國立中正大學中國文學系碩士論文。

14. 徐貴榮，2002《臺灣桃園饒平客話研究》國立新竹師範學院臺灣語言與語文教育研究所碩士論文。

15. 莊青祥，2008《屏東高樹大路關之拓墾與聚落發展之研究》高雄師範大學客家文化研究所。

16. 黃瓊慧，1996《屏北地區的聚落型態、維生活動與社會組織》臺灣師範大學地理研究所碩士論文。

17. 黃建德，2004《萬巒鄉客家聚落嘗會之研究》國立臺南師範學院臺灣文化研究所碩士論文。

18. 黃耀煌，2004《客家話聲調的聲學研究》《An acoustic study on the HA KKA tones》國立高雄師範大學英語研究所碩士論文

19. 黃怡慧，2004《臺灣南部四海客家話的研究》國立高雄師範大學臺灣語

言及教學研究所碩士論文。

20. 黃雯君，2005《臺灣四縣海陸客家話比較研究》國立新竹師範學院臺灣語言與語文教育研究所碩士論文。

21. 陳淑娟，2002《桃園大牛欄閩客接觸之語音變化與語言轉移》臺灣大學中國文學系博士論文。

22. 陳秀琪，2002《臺灣漳州客家話的研究-以詔安話爲代表》國立新竹師範學院臺灣語言與語文教育研究所碩士論文。

23. 楊若梅，2011《屏東縣高樹鄉菜寮村福佬化之研究：以語言使用和族群認同爲例》高雄師範大學客家文化研究所。

24. 楊忠龍，2008《多重視野下的族群關係與文化接觸：以高樹東振與美濃吉洋爲例（1955～2005）》高雄師範大學客家文化研究所碩士論文

25. 張雁雯，1998《臺灣四縣客家話構詞研究》，國立臺灣大學中國文學研究所碩士論文。

26. 張錦英，2002《美濃地區客語音變研究——以張家祖孫三代爲調查對象》，玄奘大學國文研究所碩士論文。

27. 楊秀芳，1982《閩南語文白系統的研究》，臺灣大學，中國文學研究所博士論文。

28. 溫昌衍，2001《客家方言特徵詞研究》廣州：暨南大學中文系博士論文。

29. 賴淑芬，2004《屏東佳冬客家話研究》高雄師範大學臺灣文化及語言研究所碩士論文。

30. 賴淑芬，2012《臺灣南部客語的接觸與演變》新竹教育大學臺灣語言與語文教育研究所博士論文。

31. 賴文英，2004《新屋鄉呂屋豐順腔客家話研究》高雄師範大學臺灣文化及語言研究所碩士論文。

32. 賴維凱，2008《高樹大路關與內埔客家話比較研究》國立中央大學客家語文研究所碩士論文。

33. 鄧明珠，2004《屏東新埤客話研究》彰化師範大學國文研究所碩士論文。

34. 鄧盛有，2007《客家話的古漢語和非漢語成分分析研究》國立中正大學中國文學研究所博士論文。

35. 劉勝權，2013《粵北始興客家音韻及其周邊方言之關係》臺北市立教育大學中國語文學系博士論文。

36. 鍾麗美，2005《屏東內埔客語的共時變異》高雄師範大學臺灣文化及語言研究所碩士論文。

37. 羅玉芝，2012《臺灣客家話的閩南語借詞及其共同詞研究》中央大學客家語文研究所碩士論文。

38. Chung, Raung-fu. 1989. *Aspect of Kejia Phonology.* Ph.D dissertation. Illinois University.

三、期刊論文、研討會論文

1. 丁邦新，1982〈漢語方言區分的條件〉，《清華學報》，新 14 卷，新竹：國立清華大學。

2. 千島英一，桶口靖，1986〈臺灣南部方言紀要〉，《麗澤大學紀要》，第 42 卷。

3. 王本瑛，1995〈漢語方言中小愛稱的地理類型與演變〉，《清華學報》，新二十五卷第四期，新竹：國立清華大學。

4. 王政文，2007〈消失的客家人：彰化平原福佬客的形成與變遷〉，第七屆客家研究研究生學術論文研討會。

5. 石萬壽，1986〈乾隆以前臺灣南部客家人的墾殖〉，《臺灣文獻》，第 37 卷第 4 期。

6. 江俊龍，2007〈屏東縣潮州鎮各里的客語特徵考察〉，《語言微觀分布國際研討會論文集》。

7. 呂嵩雁，2007〈臺灣四海客語的音韻擴散研究〉，《臺北市立教育大學學報：人文藝術類社會科學類》，臺北：臺北市立教育大學。

8. 甘于恩、冼偉國，2009〈馬來西亞漢語方言概況及語言接觸的初步研究〉，《粵語研究》，第 4、5 期。

9. 呂嵩雁，2004〈臺灣客家話的語言接觸現象〉，《花蓮師院學報》。

10. 李仲民，2005〈競爭與妥協──語言接觸現象在實際語言中的觀察〉，《中國文化大學中文學報》，臺北：中國文化大學。

11. 李正芬，2006〈語言接觸下的國語語音層次與變體〉，《花大中文學報》，花蓮：花蓮大學。

12. 尹章義，1985〈閩粵移民的協和與對立──客屬潮州人開發臺北與三山國王新莊廟的興衰史〉，《臺北文獻》，74 期，臺北：臺北市文獻委員會。

13. 洪惟仁，2004〈高屏地區的語言分布〉，《第二屆漢語方言小型研討會》，中央研究院語言學研究所語言調查室。

14. 施添福，1996〈國家與地域社會──以清代臺灣屏東平原為例〉，《平埔族群與臺灣歷史文化論文集》。

15. 施添福，1998〈清代臺灣屏東平原的土地墾拓和族群關係〉，《平埔族群與臺灣歷史文化學術研討會論文集》。

16. 曹逢甫、劉秀雪，2008〈閩語小稱語法化研究──語意與語音型式的對應性〉，《語言暨語言學》，9：3，臺北：中央研究院語言學研究所。

17. 陳秀琪，2006〈語言接觸下的方言變遷——以臺灣的詔安客家話為例〉，《語言暨語言學》，7：2，臺北：中央研究院語言學研究所。

18. 楊時逢，1971〈臺灣美濃客家方言〉，《中央研究院歷史語言研究所集刊》，42：3，臺北：中央研究院歷史語言研究。

19. 吳中杰，1995〈客語次方言與客語教學〉，《臺灣客家語論文集》，臺北：文鶴。

20. 吳中杰，1998〈從比較的觀點看臺灣閩客語的互動：以聲母層次為例〉，《第四屆國際客家學研討會論文集》。

21. 吳中杰，1998〈從歷史跟比較的觀點來看客語韻母的動向：以臺灣為例〉，《聲韻論叢第八輯》，臺北：學生書局。

22. 吳中杰，2007〈多族群混居下的語言與空間變遷——以高樹鄉東振、大埔為例〉，《行政院客委會》。

23. 吳中杰，2010〈堆外粵人——六堆周圍地區清代廣東移民屬性初探〉，《六堆歷史文化與前瞻學術研討會論文集》。

24. 吳中杰、范鳴珠，2006〈國姓鄉的語言接觸與族群認同〉，宣讀於第一屆臺灣客家研究國際研討會。

25. 徐貴榮，2006〈卓蘭饒平客家話語音特點——兼談客話 ian 和 ien 的標音爭議〉，宣讀於第二十四屆全國聲韻學學術研討會。

26. 陳祥雲，2002〈清代臺灣南部的移墾社會——以荖濃溪中游客家聚落為中心〉，《客家文化學術研討會-語文、婦女、拓墾與社區發展》。

27. 陳秀琪，2004〈語言接觸下的方言變遷〉，《第二屆「漢語方言」小型研討會》論文集，中央研究院語言學研究所調查室印製。

28. 陳秀琪，2006〈語言接觸下的方言變遷——以臺灣的詔安客家話為例〉，《語言暨語言學》，臺北：中央研究院語言學研究所。

29. 張屏生，1997〈客家話讀音同音字彙的客家話音系——並論客家話記音的若干問題〉，《臺灣語言發展學術研討會論文》，新竹師院。

30. 張屏生，1998a〈臺灣閩南話部分次方言的語音和詞彙差異〉，《南大語言文化學報》，第 3 卷第 2 期，新加坡南洋理工大學中華語言文化中心。

31. 張屏生，1998b〈臺灣客家話部分次方言的詞彙差異〉，《臺灣語言及其教學國際學術研討會論文》，新竹師院。

32. 張屏生，2001〈臺北縣石門鄉武平腔客家話的語音變化〉，《聲韻論叢》，11，臺北：中華民國聲韻學學會。

33. 張屏生，2002〈六堆客家話各次方言的語音差異〉，《第四屆臺灣語言及其教學國際學術研討會論文集》，高雄：中山大學。

34. 張屏生，2003a〈臺灣客家話部分次方言的語音差異〉，《第二十一屆國際全國聲韻學學術研討會》論文集。

35. 張屏生，2003b〈六堆地區客家話和閩南話的接觸〉，《第二屆客家學術研討會論文》，屏東：美和技術學院。

36. 張屏生，2004〈臺灣四海話音韻和詞彙的變化〉，《第二屆「漢語方言」小型研討會》論文集，臺北：中央研究院語言學研究所調查室。

37. 張屏生，2008〈彰化永靖和屏東滿州福佬客閩南話中的客家話殘餘〉，《第八屆國際客方言研討會論文集》，桃園：國立中央大學。

38. 張屏生、呂茗芬，2006〈六堆地區客家方言島的語言使用調查——以武洛地區爲例〉網路版，《第三屆臺灣羅馬字國際學術研討會》論文集，http://iug.csie.dahan.edu.tw/giankiu/GTH/2006/ICTR/lunbun/20.pdf。

39. 張光宇 2000〈論條件音變〉，《清華學報》新三十卷第四期，新竹：清華大學。

40. 曾坤木 2003〈水利與聚落遷移——以六堆高樹老庄爲例〉，《第三屆客家研究研究生學術論文研討會》。

41. 楊忠龍，2007〈多重視野下的族群關係與文化接觸—以高樹鄉東振村爲例〉，《行政院客委會邊陲與聚焦——建構南臺灣的客家研究》。

42. 鄧盛有，2002〈臺灣頭份「四海話」研究〉《臺灣語言與語文教育》，新竹：臺灣語言與語文教育研究所。

43. 鄧盛有，2003〈從新竹縣的「四海話」探究客語的語言接觸現象〉，新竹：臺灣語言與語文教育研究所。

44. 鄧盛有，2005〈語言接觸後的語言演變情形——以桃園縣「四海話」爲例〉，《臺灣語言與語文教育》，新竹：臺灣語言與語文教育研究所。

45. 鍾榮富，1990〈客家話韻母的結構〉《漢學研究》，臺北：漢學研究中心。

46. 鍾榮富，1991〈客家的[V]聲母〉《聲韻學論叢》第 3 輯，臺北：中華民國聲韻學會與輔仁大學中文學系合編。

47. 鍾榮富，1995〈客家話的構詞和音韻關係〉，《第一屆臺灣語言國際研討會論文集》。

48. 鍾榮富，1998〈六堆地區各次方言的音韻現象〉，《第四屆國際客家學研討會》論文集。

49. 鍾榮富，2003〈客家話的基本句型初探〉，《第二屆客家學術研討會論文集》。

50. 鍾榮富，2004〈四海客家話形成的規律與方向〉，《第二屆「漢語方言」小型研討會》論文集，臺北：中央研究院語言學研究所調查室。

51. 鍾榮富，2007〈臺灣南部客家話分類的語音指標〉，《語言微觀分布國際研討會》論文集。

52. 鍾榮富，2012〈臺灣南部客家話分類的語音指標〉，《語言暨語言學集刊》，臺北：中央研究院語言學研究所。

53. 潘悟雲，2003〈語言接觸與漢語南方方言的形成〉，《語言接觸論集》，上海：上海教育出版社。

54. 鍾麗美、宋兆裕，2004〈屏東、萬巒地區客語陰平變調之調查〉，《第三屆客家學術研討會論文集》。

55. 蕭宇超、邱昀儀，2004〈從東勢客語陽平變調看句法範疇定義問題〉，《第三屆家學術研討會論文集》。

56. 蕭宇超、邱昀儀，2004〈東勢客語三至四字組變調〉，《第二屆「漢語方言」小型研討會》論文集，臺北：中央研究院語言學研究所調查室。

57. 羅肇錦，1987〈臺灣客語次方言間的語音現象〉，《國立臺灣師範大學國文學系國文學報》，16。

58. 羅肇錦，2006a〈客家話 hu→f 的深層解讀〉，宣讀於第一屆臺灣客家研究國際研討會。

59. 賴維凱，2006b〈虛詞「啊」字在六堆客語區的功能及用法〉，《第六屆客家研究研究生學術論文研討會》論文集。

60. 賴維凱，2006c〈從《六堆人講猴話》分析六堆人在語言習慣與文化的特色〉，《客家民間文學學術研討會》論文集。

61. 賴維凱，2006〈從虛詞「啊」的用法探討客家移民間語言之變化〉，《第五屆客家學術研討會【屏東客家醫療史・移民與文獻】》論文集。

62. 賴維凱，2007〈從大路關客語變調談客語教學在地化〉，《客家語言文化研討會》論文彙編。

63. 盧彥杰，2006〈記錄一種客家話：《LOEH-FOENG-DIALECT》（客語陸豐方言）的語言特色〉，語文學報，新竹：國立新竹大學中國語文學系。

64. 董忠司，2001〈閩南語的南進及其語言接觸之一例——再論海康音系的保守和新變〉，《第八屆國際客方言研討會論文集》。

65. 董忠司，2008〈閩南語的南進及其語言接觸之一例——再論海康音系的保守和新變〉，《第八屆國際客方言研討會論文集》。

66. 周磊，2007〈語言接觸的微觀研究〉，《語言微觀分布國際研討會》論文集。

67. 張為閔，2008〈龍吟塘軍話」的語言現象及其考〉，《新竹教育大學人文社會學報》，新竹：新竹教育大學。

68. 謝菁玉，2006〈臺灣的哈日語借詞：社會面觀和詞彙影響〉，34：1，Journal of Chinese Liguistics。

69. Haugen, Einar. 1950. *The Analysis of Linguistic Borrowing*. Language. 26: 210-231.

40. Winford, Donald. 2005. Contact-induced Changes classification and Process. Diachronica. Vol.22:2.